金融专业硕士
教学案例集

Teaching Cases for Master of Finance

何淑兰 孙有发 张成科 赵雪瑾◎编著

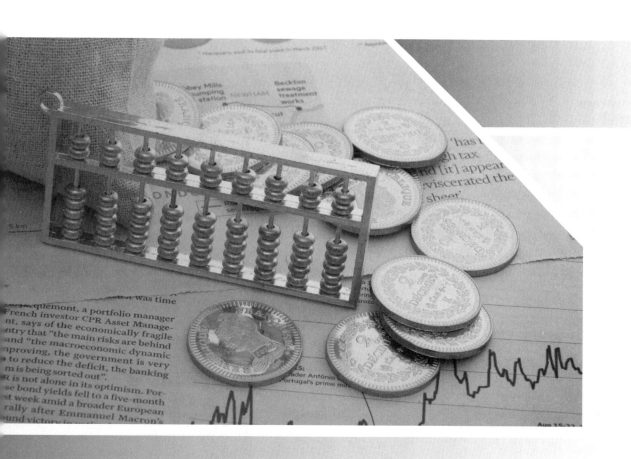

经济管理出版社
ECONOMY & MANAGEMENT PUBLISHING HOUSE

图书在版编目(CIP)数据

金融专业硕士教学案例集／何淑兰等编著.—北京：经济管理出版社，2023.11
ISBN 978-7-5096-9480-0

Ⅰ.①金⋯ Ⅱ.①何⋯ Ⅲ.①金融学—教案(教育)—研究生教育 Ⅳ.①F830

中国国家版本馆 CIP 数据核字(2023)第 217957 号

组稿编辑：高　娅
责任编辑：高　娅
责任印制：黄章平

出版发行：经济管理出版社
　　　　　(北京市海淀区北蜂窝 8 号中雅大厦 A 座 11 层　100038)
网　　　址：www.E-mp.com.cn
电　　　话：(010)51915602
印　　　刷：北京晨旭印刷厂
经　　　销：新华书店
开　　　本：880mm×1230mm/16
印　　　张：13
字　　　数：403 千字
版　　　次：2023 年 11 月第 1 版　　2023 年 11 月第 1 次印刷
书　　　号：ISBN 978-7-5096-9480-0
定　　　价：58.00 元

目　录

经济金融政策篇

公司金融篇

协同破产重整

——当海航仅剩下"海航"*

 案例正文

摘 要：海航集团曾作为世界500强企业第170位，最终却因各种各样的原因，最终破产重整。本文以多元化扩张为视角，分析海航走向破产重整的原因，找寻其重整动因、重整可行性，厘清其独特的协同重整框架，并运用财务指标分析其重整后的表现和结果。这起破产重整案件给我国尚未完善的《破产重整法》和公司破产重整实践带来了巨大的挑战，但机遇往往与挑战并存，重整的顺利完成，让我们进一步挖掘了破产重整的可能性，对后续大型企业集团的破产重整具有一定的指引意义。本案例主要适合"公司金融""企业并购与重组实务"等课程教学，也可作为"投资学"综合分析案例使用，对研究多元化扩张、协同破产重整具有较强的启示和借鉴意义。

关键词：海航集团；多元化扩张；破产重整

Collaborative Bankruptcy Reorganization

—When HNA was just Hainan Airlines

Abstract：HNA Group, once ranked 170th in the world's top 500 companies, has finally reached the stage of bankruptcy and reorganization due to various reasons. From the perspective of diversification and expansion, this paper analyzes the reasons for HNA's bankruptcy and reorganization, finds its reorganization motivation, reorganization feasibility, clarifies its unique collaborative reorganization framework, and uses financial indicators to analyze its performance and after restructuring. result. This reorganization case has brought huge challenges to my country's yet-to-be-completed Bankruptcy and Reorganization Law and corporate bankruptcy and reorganization, but opportunities and challenges often coexist. It has certain guiding significance for the subsequent bankruptcy and reorganization of large enterprise groups. This case is mainly suitable for the teaching of "Corporate Finance", "Business Mergers and Acquisitions and Restructuring Practice" and other courses, and can also be used as a comprehensive analysis

---

case of "Investment", which has strong enlightenment and reference significance for the study of diversified expansion and coordinated bankruptcy and reorganization.

Keywords：HNA Group；Diversified expansion；Bankruptcy reorganization

引　言

近年来，随着我国经济增长速度放缓、产业结构持续调整和转型升级，再叠加疫情效应影响，很多企业因为高杠杆、激进扩张导致债务负担沉重和现金流短缺，一些产业链较长的大型上市企业的经营和发展受到了严重影响。截至 2021 年 12 月 31 日，我国共有 92 家上市公司重整计划经法院裁定批准通过，其中 2019 年共有 6 家，2020 年共有 13 家，2021 年共有 19 家，整体呈现明显大幅增长的趋势。仅 2021 年经法院裁定批准的重整计划就占到总数的 20.65%。

"根据由工作组制定并经关键各方认可的海航集团整体风险化解处置思路，已经严重资不抵债的海航集团各出资人所持股权将被调整清零。"海南省高级法院向海航集团发出《通知书》的那一刻，意味着中国迄今为止规模最大的破产重整案缓缓拉开了帷幕，同时也开启了我国万亿元级债务体量法治化和市场化处置的探索。

积土成山，风雨兴焉；积水成渊，蛟龙生焉；风风雨雨三十载，海航的危机绝非一朝一夕间形成，当最后一根稻草来袭，海航的轰然倒塌似乎已成必然。巨大的债务规模、复杂的股权关系、众多的利益相关者，在机遇与挑战中，海航的破产重整之路会走向何方？该案例的研究对后续大型企业的破产重整处理具有一定的借鉴意义。

一、海航集团概况

海航集团前身是海南航空一家地方性的航空企业，但是历经 30 多年的发展，已跃居国内第四大航空集团。如图 1 所示，在 2017 年发布的《2017 年民航行业发展统计公报》中，海航集团的运输周转量为 15.50%，位列全国第四位。

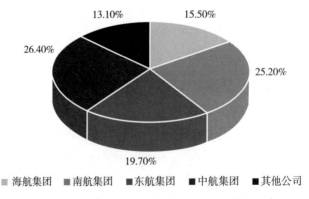

13.10%　　15.50%
26.40%　　25.20%
19.70%

■ 海航集团　■ 南航集团　■ 东航集团　■ 中航集团　■ 其他公司

图 1　2017 年各航空 (集团) 公司运输总周转量比重

在几十年的发展过程中，海航集团通过控股经营形成了以航空运输业为主体，以旅游、金融、商贸及其他相关产业为复合的一个复杂的经营网络,通过对产业相关性的归类,划分为航空板块、实业板块、资本板块、旅业板块、物流板块五大产业板块(见图2)。

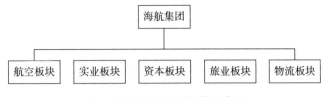

图2　海航集团业务板块示意图

其中,航空板块是海航集团旗下的核心板块,主要负责集团旗下航运企业和相关企业的管理。所辖企业有大新华航空、海南航空、香港航空、香港快运、天津航运、祥鹏航空、西部航空、加纳 AWA 航空、海南航空学校、海航货运、海航航空销售、myTECHNIC、myCARGO、海航技术、扬子江快运、蓝鹰航空。

实业板块是海航集团较为综合的板块,下辖地产、商业、机建、"实业+金融"投资四大核心业态。其中,地产经营范围遍及全国 20 多个城市,核心产品包括海航·中国集、海航·城、高尔夫小镇等。商业则以"连锁百货、海航大集、购物中心、机场商业"为核心产品,旗下拥有民生百货、宝鸡商业等超市品牌。海航实业下辖的机场管理规模位列全国第三,拥有 16 家机场,年旅客吞吐量 3000 万人次,其中海口美兰国际机场、三亚凤凰国际机场年旅客吞吐量均超千万人次。而其中的"实业+金融"投资主要以不动产运营为基础,其在北京、上海、悉尼、纽约都拥有写字楼、酒店、公寓等物业项目。同时,其还在境外运营不动产基金、海航绿色成长基金等 10 余只基金,其中管理基金规模逾 50 亿元。

资本板块则拥有投资银行、租赁、保险、信托、证券、银行、期货、基金、保理等传统及创新金融业务。

物流板块以"实体物流与虚拟物流联动"为发展模式,为客户提供速运、装备制造、海运三大类服务,积极推动"实体+金融+贸易+服务"四位一体的发展循环模式,业务涵盖第三方支付、大型交易中心、物流咨询、物流 IT、集装箱运输、散杂货运输、油轮运输、造修船、船舶配套等。

截至 2017 年,海航集团旗下还拥有 10 家上市企业,包括国内上市公司 8 家:海航控股(600221)、渤海金控(000415)、凯撒旅游(000796)、海航基础(600515)、海航创新(600555)、海航投资(000616)、供销大集(000564)、海航科技(600751)。香港上市公司 2 家:香港国际建设(687. HK)、海航实业集团(521. HK)。

二、海航破产重整背景

(一)宏观与行业因素

2019 年底新冠肺炎疫情的突然暴发给我国的经济带来了严峻考验。如图3所示,经 2020 年 4 月 17 日的核算,我国 GDP 第一季度同比下降 6.8%,为 206504 亿元,改革开放 40 多年来首次出现了经济的负增长。其中,第一产业下降 3.2% 至 10186 亿元;第二产业下降 9.6% 至 73638 亿元,受到的影响最严重;第三产业下降 5.2% 至 122680 亿元。2020 年第一季度我国货物进出口同比下降 6.4%,一般贸易进出口下降 0.7%,受到了比较大的影响,随着疫情的全面暴发,进出口面临着更大的不确定性。此外,国际疫情持续蔓延,全球经济增长的不确定、不稳定因素逐渐增多,我国外防输入、内防反弹的压力不断增大,给我国的复工复产带来了不小的困难与挑战。

具体到航空业,全球航空产业遭受沉重打击。例如,英国最大的支线航空 Flybe 于 2020 年 3 月 5 日

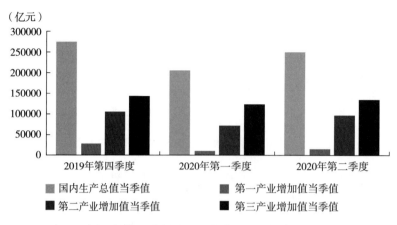

图 3　2019 年第四季度至 2020 年第二季度国内生产总值

宣布进入破产接管程序；达美航空将削减 40% 运力并且计划暂时停飞约 300 架飞机；汉莎航空集团计划停飞旗下 2/3 的飞机。与此同时，相关上市公司股价惨烈下跌，2020 年初至 3 月 22 日，波音下跌 70.83%，空客下跌 51.85%，达美航空下跌 63.49%。全球航空业面临着至暗时刻。

国内航空业也深受影响，损失惨重。如图 4 所示，2020 年 1 月 25 日至 2 月 14 日，民航日均运输旅客 47 万人次，是上年同期的 1/4，2020 年 2 月 15 日至 23 日客流量将再减半，日均旅客预计不超过 20 万人次，流量不足高峰时期的 1/10，客座率不足 40%。随着新冠肺炎疫情的大暴发，国家的发展陷入了停滞状态，严重影响到了航空运输业的正常运行，航班数量骤减，客流量断崖式减少。除客运量外，停工停产还导致货运量急剧减少，一些货运订单不得不被取消，这使原本就受客运量减少而产生影响的航空公司雪上加霜。

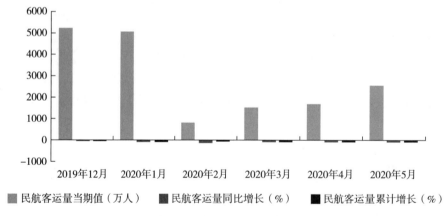

图 4　2019 年 12 月至 2020 年 5 月中国民航客运量

2020 年的困境，仿佛压倒骆驼的最后一根稻草，挣扎无望的海航于 2021 年 1 月 29 日宣布破产重整。海航集团党委书记、联合工作组组长顾刚给员工的一封家书中写道："想起过去那种野蛮生长挖下的要处理的一个个大坑，想起我们很多过去决策的粗糙，想起要研究一个个被别人利用商业条款灭失掉的资产，我就会充满愤怒和不满，这么好的一个集团怎么就走到了今天？"回顾海航集团的发展史，其凭借航空运输业起家，曾是位列世界 500 强企业的大型跨国集团公司，是如何走到今天这一步的呢？这一切还要从它的扩张之路开始说起。

(二) 多元化扩张导致企业资产负债结构失衡

海航集团自 2000 年收购长安航空揭开了其并购扩张的序幕,2004 年海航集团开通跨越大洲的国际航线,自此开启全球扩张的战略布局。2015~2016 年是海航集团海外并购活动发生的井喷年,并购动作频繁、步伐极为迅猛。Dealogic 数据统计显示,2015 年至 2017 年初,海航集团在全球范围内实施并购的交易金额超 400 亿美元,形成以航空为主、多业协同的产业布局,其业务版图已从小小一个海滨城市辐射至全球。2016 年,海航集团的总资产为 10154.99 亿元,到了 2017 年底,其总资产规模飙升至 12319.36 亿元(见图 5),更是凭借 500 多亿美元的营业收入再次进入世界 500 强榜单,至此海航集团已连续三年上榜,也是国内唯一一家登陆世界 500 强的航空企业。20 年时间,海航资产完成从千万元到破万亿元的增长,增长了十万倍。

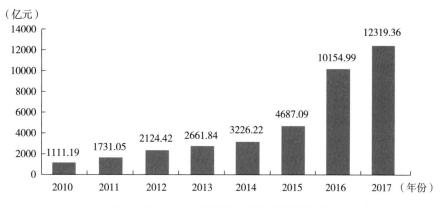

图 5　2010~2017 年海航集团的总资产规模

但是,多元化盲目扩张的代价是高负债。2015~2017 年,海航集团每年都在新增大量负债,三年时间累计新增带息债务约 3668 亿元。2015 年、2016 年、2017 年海航集团对外偿付利息费用分别增长了 64.94%、45.15%、63.67%,仅 2017 年海航集团利息支出就达到 17 亿元之多,连年攀升的利息支出不断对海航集团的资金链提出了更高的要求。

终于在 2017 年下半年,海航出现资金链危机,2017 年底,海航集团遭遇旗下 10 家上市公司中的 7 家突然停牌的巨大危机,其疯狂并购中隐藏的资金链困境彻底被曝光在大众视线中。2017 年,海航的总资产有 1.2 万亿元,负债总额 7365 亿元,其中有近八成是借款,到了 2018 年,海航的负债率达到 70.55%,总负债规模为 7500 亿元。

如图 6 所示,海航集团上市板块总体的资产负债率为 73.86%,一般而言,企业负债率在 40%~60% 属于适宜水平,70% 为警戒线,因此海航集团上市板块整体的债务情况已超过警戒线,海航集团对于偿还债务压力十分大。

2018 年 1 月 18 日,海航集团董事局董事长陈峰接受路透社采访时承认,因美联储升息、中国的"去杠杆"、海航自身进行大量并购等因素,的确对海航获取新融资造成了冲击,导致海航正面临着资金流动性问题,一时间,海航集团被推上风口浪尖。2018 年 7 月 19 日,海航集团跌出了最新世界 500 强榜单,随后海航集团开始出售与主业无关的业务,并对旗下业务板块进行整合。

(三) 财务风险逐渐显现

长期的多元化的盲目扩张,使海航的财务指标迅速恶化,财务风险开始逐渐显现。

1. 盈利能力分析

海航集团的盈利能力如图 7 所示,销售毛利率、销售净利率和总资产报酬率在 2016~2018 年呈明显下降势态，销售净利率在 2018 年甚至为负，总资产报酬率也接近于 0，说明该企业的盈利能力存在很大问题，企业财务风险严重恶化。

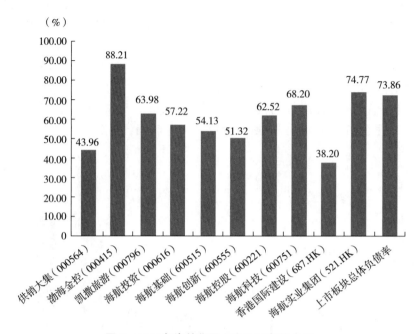

图 6　2017 年海航集团上市公司负债水平

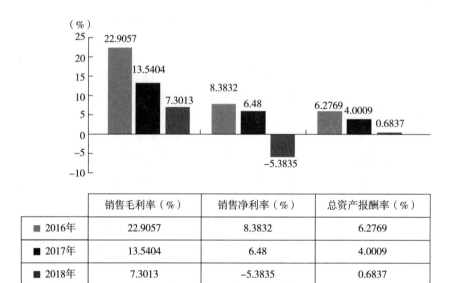

	销售毛利率（%）	销售净利率（%）	总资产报酬率（%）
■ 2016年	22.9057	8.3832	6.2769
■ 2017年	13.5404	6.48	4.0009
■ 2018年	7.3013	−5.3835	0.6837

图 7　海航集团盈利能力分析

2. 偿债能力分析

海航集团的偿债能力如图 8 所示，流动比率在 2016～2018 年一直处于下降状态，且远远没有达到标准值 2；速动比率由原先接近正常值 1 的状态下，慢慢偏离，连年下降；资产负债率值虽没有明显升高，但也慢慢超出了正常范围，负债比例增大，这都说明海航集团偿债能力较弱，发生财务危机的风险比较高。

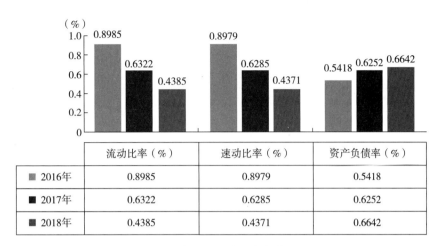

	流动比率（%）	速动比率（%）	资产负债率（%）
2016年	0.8985	0.8979	0.5418
2017年	0.6322	0.6285	0.6252
2018年	0.4385	0.4371	0.6642

图8 海航集团偿债能力分析

（四）出售资产断臂求生

由于自2018年初以来，海航集团旗下上市公司股价表现均持续走低，累计跌幅均在30%以上，累计蒸发市值近千亿元。与此同时，标准普尔将海航集团的信用评级从B+下降至B级，在2018年2月又将海航集团的信用评级下调至CCC+级，并提出海航集团即将出现大量债务到期的情况。"缺氧"的海航为了活命，只能拼命卸包袱，将旗下的资产跳楼大甩卖，为回收资金，海航将手中的德银股份、美国希尔顿酒店、香港地产公司、廉价航空公司的资产一步步卖出。

如表1所示，截至2019年，海航的大甩卖创下了世界资产处置之最，处置的资产已经近3000亿元。海航业务辉煌时的五大板块被甩卖到只剩下两个。太多资产折价卖出，对于海航来说是巨大的损失，但即使是损失也还是要卖，更是体现了海航对于资金的渴求。可惜由于前期过分的扩张业务，负债资金巨大，依然自救无望。截至2019年底，海航集团流动负债约为1202亿元，而短期债务占总债务的比率高达89.45%，面对如此高额的债务，货币资金仅为201.44亿元，货币资金与短期债务之比仅为0.17，短期还债能力堪忧，祸不单行的是，公司带息债务占总投入资本的61.45%，高额负债所带来的大量利息费用进一步增加了偿债难度。

表1 2017年以来海航资产出售情况

时间	事件	金额(亿元)	所属行业
2017年7月	出售天津航空部分股权	46.9	航空
2017年8月	出售海冷租赁75%股权	1.8	租赁
2017年9月	出售莱织花印务10.27%股权、一卡通广告100%股权、NH酒店集团1.14%股权、海洋花园95%股权	约14.06	地产、酒店
2018年1月	出售位于悉尼的写字楼One York	约10.49	地产
2018年2月	出售香港九龙土地两幅	139.2	地产
2018年2月	出售美国纽约Townhouse资产	6.17	地产
2018年2月	出售红狮酒店16%股权	26	酒店
2018年2月	减持德意志银行1.1%股权(第一次减持)	23.5	金融
2018年3月	出售41架附带租约的飞机	60.59	航空

续表

时间	事件	金额(亿元)	所属行业
2018 年 3 月	出售海南高和房地产开发公司 100%股权	11.36	地产
2018 年 3 月	出售海南海岛建设物流有限公司	7.97	物流
2018 年 3 月	出售 Park Hotels & Resorts 25%股权	94.72	酒店
2018 年 3 月	出售希尔顿分时度假俱乐部 25%股权	78.47	酒店
2018 年 3 月	出售希尔顿全球控股公司 25%股权	412.79	酒店
2018 年 4 月	出售广州农村商业银行 2.953 亿股股权	13.19	金融
2018 年 4 月	减持德意志银行 1.1%股权(第二次减持)	23.5	金融
2018 年 5 月	出售香港九龙土地一幅	55.48	地产
2018 年 5 月	出售美国旧金山 123-Mission Street 大楼	18.88	地产
2018 年 5 月	出售 Onwards Asia Limited 100%股权及贷款	55.47	金融
2018 年 6 月	出售西班牙 NH Hotels 17.64%股权	32.99	酒店
2018 年 6 月	出售港龙旅游开发公司 49%股权	1.69	旅游
2018 年 6 月	出售海航首府	57	地产
2018 年 8 月	出售丽笙酒店 51.15%股权	45.99	酒店
2018 年 10 月	出售联讯证券 19.91%股权	18.68	金融
2018 年 10 月	出售皖江金租 35.86%股权	29.8	金融
2018 年 10 月	出售长安银行 5.92%股份	7.68	金融
2018 年 11 月	出售广州兴华实业有限公司 100%股权	10.35	地产
2018 年 11 月	出售凯撒旅游 5%股权	2.59	旅游
2018 年 11 月	出售飞机租赁企业 Avolon Holdings 30%股权	157.32	租赁
2019 年 1 月	出售香港启德机场的基地	39.12(港元)	地产
2019 年 3 月	出售香港国际建设投资管理集团	70.23(港元)	金融
2019 年 3 月	出售两架自有 B737-800 飞机	2700(万美元)	航空
2019 年 3 月	转让全资子公司 Hainan Airlines Civil Aviation 全部股权	5500(万美元)	航空
2019 年 6 月	处置 16 架老旧飞机	27.63	航空
2019 年 6 月	出售其持有北部湾航空 70%的股份	尚不明确	航空
……	……	……	……

2020 年是极不平凡的一年,受疫情影响,各行各业都出现了不同程度的业绩波动,而国内航空公司更是受损严重。中国国航、东方航空、南方航空、海南航空、吉祥航空及春秋航空 6 家上市航空公司预计亏损合计 901 亿~1049 亿元。其中海南航空 2020 年亏损最大,净亏损达 640 亿元,净资产直接变为负数。此外,财报披露,海航旗下持有的航空公司资产在 2020 年均为亏损状态,其中中国新华航空集团净亏损 29.65 亿元,长安航空净亏损 17.98 亿元,山西航空净亏损 9.52 亿元,祥鹏航空净亏损 33.11 亿元,乌鲁木齐航空净亏损 8.44 亿元,福州航空净亏损 14.15 亿元,北部湾航空净亏损 19.11 亿元。

基本上海航旗下所有的上市公司都处于一个业绩快速下滑的状态。这样一来,业绩达不到要求,资金也无法获得,债务却接踵而至,最终,2021 年 1 月,海航宣告破产重整。

三、海航协同破产重整方案的出台

(一)协同重整方案出台的动因和可行性

2007 年，虽然引入了管理人制度与破产重整制度的新《企业破产法》标志着我国破产重整制度进一步完善，使正当使用破产重整成为落实供给侧结构性改革的一项重要举措，为目前陷入财务困境的公司实现转型脱困提供了更多选择，但是在不同企业的管理模式、重整计划草案、关联企业合并重整等方面还存在着一定的问题，适用性仍有待提高。又由于我国航空企业长期负债逐年积累，资产负债率连年升高，资本结构失衡严重，为地方金融稳定带来极高的风险，因此"供给侧结构性改革"与"开展市场化银行债权转股权"的提出，去产能，去杠杆，优化资源配置，化解金融风险，实现经济发展方式转型升级已经刻不容缓。如今供给侧结构性改革不断深化，在行业"去产能"的大环境推动与国家相关政策的指引下，许多面临高负债率、经营业绩下滑、濒临退市甚至破产的困境企业都在当地政府的帮助下以市场化债转股为主要模式进行企业破产重整，以期寻求涅槃重生。

但在破产重整推进的过程中，管理人发现海航集团各板块子公司间关联交易复杂，债权债务规模庞大，相互增信情况普遍，且多数债权人同时对多家子公司享有债权或权益。与此同时，各板块子公司之间在人员管理、资金使用、生产经营等方面存在极为紧密的关联性，事实上不可分。重整价值也是由各板块的子公司整体构成，若将子公司割裂而分别单独重整，一是会面临债权交叉追偿、担保循环追索的困境。债权人清偿难以尽快落地、权利无法得到保障，缠绕公司的债务和担保也难以彻底化解，无法实现轻装前行，将面临失败风险。二是会减损重整价值，难以招募优质的、有实力的重整投资人，即便拆分存续，可能会让公司的行业地位和竞争力大幅下降，不利于彻底化解风险。因此，根据各板块实际情况，依据《全国法院破产审判工作会议纪要》(法〔2018〕53 号)，最终做出了对各板块子公司实施协同重整的决定。

(二)海航破产重整过程

海航破产重整过程如图 9 所示。2021 年 1 月 29 日，海航集团宣布申请破产重整，两个月后开始招募航空主业、机场板块和供销大集战略投资者，重整后老股东团队及慈航基金会在海航集团及成员企业权益将全部清零，不再拥有相关股权。海航拆分为四个板块：航空、机场、金融、商业及其他，由各自全新的实际控制人引导发展，完全独立，各自发展。

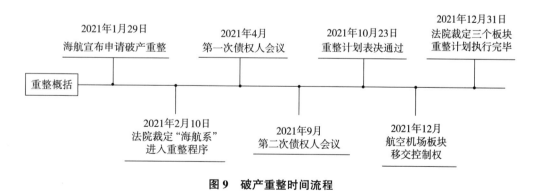

图 9 破产重整时间流程

截至 2021 年 2 月 10 日，海航集团有限公司等 321 家公司合并范围总资产 2532 亿元，总负债 10390 亿元，净资产-7858 亿元。整体已严重资不抵债，债务大面积甚至全面逾期，生产经营难以为继，面临破产清算风险。

2021年2月10日，海南省高级人民法院裁定"海航系"进入重整程序，并于2021年4月陆续召开了第一次债权人会议，会议主要介绍了重整期间的阶段性工作、债务人企业自行管理情况、债权申报及审查等情况。

2021年9月27日到30日，"海航系"各公司召开了第二次债权人会议，并对《海南航空控股股份有限公司及其十家子公司重整计划(草案)》《海航基础设施投资集团股份有限公司及其二十家子公司重整计划(草案)》《供销大集集团股份有限公司及其二十四家子公司重整计划(草案)》及《海航集团有限公司等三百二十一家公司实质合并重整案重整计划(草案)》进行了表决。第二次债权人会议上披露了相关公司的资产负债情况，协同重整具体措施，出资人权益调整方案，债权分类、调整及清偿方案。

2021年10月23日，海南省高级人民法院公布对海航各重整计划草案表决核查的结果，包括海航集团和三家上市公司在内的四个计划(草案)均已获得表决通过。

2021年10月31日，海航集团在官方微信号上发布，海南省高级人民法院裁定批准《海南航空控股股份有限公司及其十家子公司重整计划》《海航基础设施投资集团股份有限公司及其二十家子公司重整计划》《供销大集集团股份有限公司及其二十四家子公司重整计划》及《海航集团有限公司等三百二十一家公司实质合并重整案重整计划》，上述裁定为终审裁定。

2021年12月8日，海航集团航空主业板块实际控制权利正式移交。根据海航集团航空主业板块引战工作安排，自2021年12月8日起，航空主业引战企业的经营管理实际控制权利正式移交至战略投资者辽宁方大集团实业有限公司，并由其确保航空安全，实现航空主业健康发展。

2021年12月24日，海航集团机场板块实际控制权利正式移交。根据海航集团机场板块引战工作安排，自2021年12月24日起，机场板块引战企业的经营管理实际控制权利，正式移交至战略投资者海南省发展控股有限公司。

2021年12月31日，"海航集团"微信号发布消息称，自10月31日重整计划裁定批准以来，至今日(12月31日)，海航集团破产重整中海航股份(600221)、海航基础(600515)、供销大集(000564)三家上市公司重整计划已经执行完毕，并获得法院裁定确认。

历时11个月，中国历史上最大规模的破产重整案例基本完成，为我国破产重整事业的发展积累了重要实践经验。

(三)协同重整方案具体内容

重整方案分别对公司的资产负债情况，协同重整具体措施，出资人权益调整方案，债权分类、调整及清偿方案做出具体说明。

(1)资产负债方面。重整计划书中提到共有13853家债权人向包括海航控股、海航基础、供销大集在内的57家公司提出债权申报，申报金额合计6192.96亿元。安永华明会计师事务所出具的《海航集团等321家公司实质合并重整模拟合并财务报表破产重整专项审计报告》显示，截至2021年9月13日，共计64368家债权人向海航集团有限公司等321家公司提出债权申报，申报金融合计14606.33亿元。

(2)协同重整具体措施方面。三大板块分别对战略投资者的引入、偿债资源、设立《重整计划草案》的表决组等问题做出了说明。截至2022年初，海航集团航空主业和机场板块分别引入了战略投资者，供销大集板块的战略投资者仍在招募过程中。其中航空主业即海南航空控股股份有限公司及其十家子公司的战略投资者为辽宁方大集团实业有限公司，机场板块即海航基础设施投资集团股份有限公司及其20家子公司的战略投资者为海南省发展控股有限公司。海航集团等321家公司则从分块分类规整业务、分层分级规整股权、依法合规规整资产、依法统一清偿债务四个方面对整体架构进行重整。

(3)出资人权益调整方面。海航控股、海航基础、供销大集三家主要上市公司均通过资本公积金转增的方式对出资人的权益进行调整，子公司除个别出资人权益有所调整外，基本保持不变。具体来看，海航控股按照每 10 股转增 10 股实施转增计划，海航基础每 10 股转增 20 股，供销大集每 10 股转增 34.9 股。转增后的股票主要有以下四种使用和分配方式：

1）以一定的价格引入战略投资者；

2）以一定的价格补偿给上市公司的部分债权人，用于清偿债务；

3）补偿未履行的股份注销承诺；

4）中小股东自行保留。

（4）债权分类、调整及清偿方面。债权主要分为五类，分别是职工债权、税款债权、有财产担保债权、普通债权和劣后债权，具体清偿措施如下：

职工债权和税款债权不作调整，且要求在重整计划执行期限内以现金方式全额清偿。

有财产担保债权的本金和利息可在担保财产的市场价值范围内优先受偿，市场价值范围外的部分按普通债权清偿。调整后的有财产担保债权由担保人或者建设工程所有权人留债清偿，并对留债期限、清偿安排、清偿利率、还款时间、担保方式等做出了明确规定。

普通负债方面差异较大：①海航控股板块清偿方案为每家债权人 10 万元以下（含）的部分由 11 家公司以自有资金一次性清偿，自有资金不足的以战略投资者投入的资金作统一清偿安排，即每家债权人最多可受偿 10 万元。超过 10 万元的部分中的本金和利息可以通过救助贷款偿还，本金和利息外的其他部分则按其他普通债权清偿。其他普通债权的清偿方式为关联方清偿 64.38%，股票抵债清偿 35.62%，股票抵债价格为 3.18 元/股。②海航基础板块与海航控股板块在普通债权清偿方式上的区别主要在其他普通债权部分，海航基础板块的其他普通债权全部以转增股票抵债，抵债价格为 15.56 元/股。③供销大集板块普通债权清偿方案为 25 家公司以自有资金一次性清偿每家债权人 1 万元以下（含）的部分，超过 1 万元的部分以供销大集股票抵债，抵债价格为 4 元/股。④海航集团板块的清偿方案为每家债权人 3 万元以下（含）的部分以现金方式一次性清偿完毕，超过 3 万元的部分，除本金和利息可通过救助贷款由战略投资者留债清偿，其他普通债权则按照一定比例以普通类信托份额受偿，建立信托抵偿债务是海航集团板块重整计划中最具特色的地方。

对于劣后债权，均不占用本次重整偿债资源，不安排债权清偿。

总的来说，海航希望通过协同重整，依法化解债务、减轻担保负担、解决合规问题、厘清关联关系，竭尽所能保障各方主体的共同利益。

四、协同破产重整效果

接下来将选取海航集团众多子公司中的 ST 海航和 ST 基础，从中长期财务绩效这一角度，通过破产前后对比来具体分析其破产重整的效果。

（一）偿债能力

偿债能力代表公司用资产偿还债务的能力，也是衡量公司债务风险的指标，分为短期偿债能力与长期偿债能力。首先选择流动比率、速动比率与现金比率对 ST 海航和 ST 基础短期偿债能力进行考察。

如表 2 和图 10 所示，ST 海航的流动比率、速动比率和保守速动比率均处于行业平均水平。破产后用于偿还债务，ST 海航的现金比率急剧下降。根据我国国务院国资委最新出版的《企业绩效评价标准值》（以下简称《标准值》），航空运输业企业速动比率在 0.93 以上为优秀，平均值为 0.39，较低值为 0.29，ST 海航重整前速动比率为 0.36 与 0.42，处在平均区附近。这显示出公司偿还日常到期债务的能力一般。重整后，公司短期偿债能力并没有得到明显提升。

表2 ST海航2019年6月至2021年9月短期偿债能力指标

时间	2021年9月30日	2021年6月30日	2020年12月31日	2020年9月30日	2020年6月30日	2019年12月31日	2019年9月30日	2019年6月30日
流动比率	0.39	0.39	0.37	0.37	0.37	0.42	0.44	0.42
速动比率	0.38	0.39	0.36	0.36	0.36	0.41	0.43	0.42
保守速动比率	0.37	0.37	0.36	0.35	0.35	0.39	0.41	0.40
现金比率	0.07	0.07	0.07	0.21	0.23	0.25	0.33	0.33

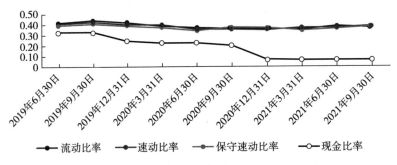

图10 ST海航重整前后短期偿债能力变化

如表3和图11所示，ST基础的流动比率、速动比率、保守速动比率和现金比率在破产前后均处于较低水平。其中流动比率逐年下降，现金比率同ST海航相同，在破产重组后有所下降。根据《标准值》，房地产开发业企业速动比率在1.28以上为优秀，标准值为0.57，在0.23以下为较低，且低于0.12为较差，ST基础重整前速动比率为0.36与0.57，长期处在低值区。公司偿还日常到期债务的能力较弱。重整后，公司短期偿债能力有所下降。

表3 ST基础2019年6月至2021年9月短期偿债能力指标

时间	2021年9月30日	2021年6月30日	2021年3月31日	2020年12月31日	2020年9月30日	2020年6月30日	2020年3月31日	2019年12月31日	2019年9月30日	2019年6月30日
流动比率	0.58	0.56	0.60	0.63	0.73	0.75	1.01	1.03	1.44	1.40
速动比率	0.31	0.29	0.31	0.34	0.36	0.38	0.41	0.41	0.60	0.57
保守速动比率	0.29	0.28	0.29	0.32	0.34	0.35	0.39	0.40	0.56	0.53
现金比率	0.06	0.06	0.05	0.04	0.15	0.16	0.27	0.26	0.40	0.38

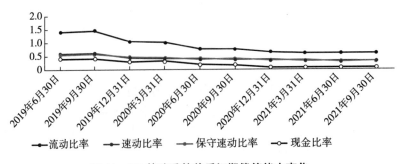

图11 ST基础重整前后短期偿债能力变化

2021 年海航集团破产重整，其中 ST 海航和 ST 基础都是采用资本公积转增股票的形式，引入战略投资者的方式。其中 ST 基础的货币资金虽然从 18.5 亿元增加到 30.2 亿元，但是流动资产并没有明显的增长，其中主要的原因在于其他流动资产、应收票据及应收账款的减少。而流动负债中一年内到期的非流动负债和其他应付款的上升，增加了整体流动负债水平，拉低了流动比率。可以看出破产重组暂时并没有改善这两家 ST 公司的短期偿债能力。

就长期偿债能力而言，本文选取资产负债率与已获利息保障倍数两项指标进行考察。如表 4 和表 5 所示，ST 海航在 2020 年末已经远超出国务院国资委在《标准值》中规定的较差值 88.6%，达到了 113.52%，重整前资本结构严重失衡。已获利息倍数指公司 EBIT 对所需支付债务利息的倍数。ST 海航在 2020 年末的已获利息倍数为负，说明公司长期偿债能力极差。ST 基础在 2020 年末也接近于《标准值》规定的最低档的较差值 88.6%，重整前资本结构也较为危险，已获利息倍数在 2020 年底也为负数，不过之前是大于 0 的正数值，说明长期偿债能力也较差。

ST 海航和 ST 基础仍存在巨额负债，并且资产负债率在破产重整后都有所上升，两个 ST 公司的已获利息倍数有所改善，略高于《标准值》中平均值的-1.2% 和 3.1%，长期偿还债务能力有所改善。

表 4　ST 海航 2019 年 6 月至 2021 年 9 月长期偿债能力指标

时间	2021 年 9 月 30 日	2021 年 6 月 30 日	2021 年 3 月 31 日	2020 年 12 月 31 日	2020 年 9 月 30 日	2020 年 6 月 30 日	2020 年 3 月 31 日	2019 年 12 月 31 日	2019 年 9 月 30 日	2019 年 6 月 30 日
资产负债率(%)	114.60	112.88	113.37	113.52	72.80	71.54	70.86	68.40	65.01	65.10
已获利息倍数	-0.99	0.44	-1.54	-7.63	-5.26	-5.46	-4.20	1.22	0.98	1.30

表 5　ST 基础 2019 年 6 月至 2021 年 9 月长期偿债能力指标

时间	2021 年 9 月 30 日	2021 年 6 月 30 日	2021 年 3 月 31 日	2020 年 12 月 31 日	2020 年 9 月 30 日	2020 年 6 月 30 日	2020 年 3 月 31 日	2019 年 12 月 31 日	2019 年 9 月 30 日	2019 年 6 月 30 日
资产负债率(%)	84.71	85.88	86.53	85.80	61.74	61.72	65.90	65.61	59.69	60.43
已获利息倍数	3.98	1.56	1.11	-2.85	1.59	2.18	0.42	0.35	2.19	1.59

(二) 盈利能力

盈利能力指标代表企业盈利水平，如果企业的盈利能力良好，能够促进企业自身发展壮大。同时盈利可以累积在所有者权益中，为投资者所拥有，并带来长久的收益。

如图 12 和图 13 所示，2020 年新冠肺炎疫情暴发，航空运输业遭到严重的打击，ST 海航破产重整前处于亏损状态。随着疫苗的普及和科学精准的防控，航空运输业渐渐回暖，但是整体仍处于维持盈亏平衡状态，加上疫情的不确定性，未来盈利能力有待观望，而 ST 基础的整体盈利能力与疫情前的水平相当。

(三) 成长能力

本文采用每股经营活动产生的现金流量净额、营业总收入同比增长率、营业收入同比增长率和营业利润来分析公司的成长能力。

如表 6 和表 7 所示，2020 年前，海航集团债务危机与经营困境极大地削弱了公司的成长能力，公司营业利润和营业总收入同比增长率均出现负值。重整计划执行完毕后，ST 海航和 ST 基础调整经营方案，加上国内疫情好转，营业总收入增长率和营业利润均大幅回正，其成长能力要远高于破产重整前。

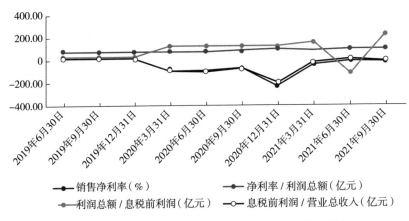

图 12　ST 海航 2019 年 6 月至 2021 年 9 月盈利能力指标

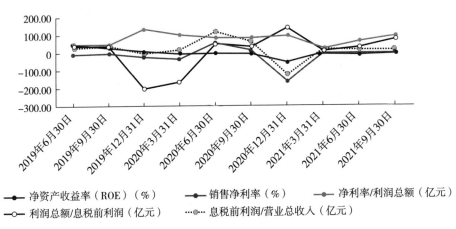

图 13　ST 基础 2019 年 6 月至 2021 年 9 月盈利能力指标

表 6　ST 海航 2019 年 6 月至 2021 年 9 月成长能力指标　　　　　　　单位：%

指标	2021 年 9 月 30 日	2021 年 6 月 30 日	2020 年 12 月 31 日	2020 年 6 月 30 日	2019 年 12 月 31 日	2019 年 6 月 30 日
每股经营活动产生的现金流量净额	135. 19	145. 37	−62. 34	−200. 31	−61. 48	−73. 13
营业总收入同比增长率	−0. 61	36. 13	−45. 23	−46. 24	−7. 29	2. 83
营业收入同比增长率	−0. 61	36. 13	−45. 23	−46. 24	−7. 29	2. 83
营业利润	−51. 36	−88. 26	−626. 17	162. 78	−128. 79	−65. 59

表 7　ST 基础 2019 年 6 月至 2021 年 9 月成长能力指标　　　　　　　单位：%

指标	2021 年 9 月 30 日	2021 年 6 月 30 日	2020 年 12 月 31 日	2020 年 9 月 30 日	2020 年 6 月 30 日	2019 年 12 月 31 日	2019 年 9 月 30 日	2019 年 6 月 30 日
每股经营活动产生的现金流量净额	119. 67	123. 05	−103. 68	−366. 48	−307. 55	48. 86	18. 08	43. 63
营业总收入同比增长率	37. 35	56. 54	−59. 38	−64. 86	−66. 57	6. 83	7. 88	6. 36
营业收入同比增长率	37. 35	56. 54	−59. 38	−64. 86	−66. 57	6. 83	7. 88	6. 36
营业利润	64. 77	75. 83	−9065. 79	−2490. 57	−2431. 60	116. 21	−7. 21	2. 49

(四)营运能力

本文采用总资产周转率、固定资产周转率和应收账款周转率分析海航重整前后资产的运用情况。

如表 8 所示，ST 海航应收账款周转率一直处于较高水平，这反映出 ST 海航营运能力强，同时也说明公司对客户奉行较严苛的信用政策，这或许与近年来公司债务负担过重导致资金链紧张有关。但应收账款周转率并不一定越高越好，过紧的信用政策也会限制公司销售量的扩大，从而影响公司的盈利水平。重整后，公司的总资产周转率和固定资产周转率均有所上升，2021 年 9 月 ST 海航应收款周转率超过《标准值》所规定的良好值 9.4。这证明 ST 海航对下游资源的配置效率提高。因而，从营运能力分析，此次破产重整整体上对 ST 海航营运能力提高是有所助益的。

如表 9 所示，破产重整前 ST 基础的总资产周转率和应收账款周转率低于标准值，总体营业能力较弱，重整后也没有获得明显的改善。

表 8　ST 海航 2019 年 6 月至 2021 年 9 月营运能力指标

指标	2021 年 9 月 30 日	2021 年 6 月 30 日	2021 年 3 月 31 日	2020 年 12 月 31 日	2020 年 9 月 30 日	2020 年 6 月 30 日	2020 年 3 月 31 日	2019 年 12 月 31 日	2019 年 9 月 30 日	2019 年 6 月 30 日
应收账款周转率(%)	10.31	6.72	2.85	8.11	3.70	2.41	1.49	18.47	16.35	10.81
固定资产周转率(次)	0.58	0.39	0.17	0.54	0.35	0.21	0.12	1.12	0.80	0.50
总资产周转率(次)	0.14	0.10	0.04	0.16	0.11	0.06	0.04	0.36	0.28	0.17

表 9　ST 基础 2019 年 6 月至 2021 年 9 月营运能力指标

指标	2021 年 9 月 30 日	2021 年 6 月 30 日	2021 年 3 月 31 日	2020 年 12 月 31 日	2020 年 9 月 30 日	2020 年 6 月 30 日	2020 年 3 月 31 日	2019 年 12 月 31 日	2019 年 9 月 30 日	2019 年 6 月 30 日
应收账款周转率(%)	1.78	1.21	0.67	2.31	1.13	0.57	0.25	3.32	1.58	0.90
固定资产周转率(次)	0.51	0.35	0.19	0.90	0.51	0.25	0.11	1.64	0.92	0.49
总资产周转率(次)	0.06	0.04	0.02	0.09	0.05	0.02	0.01	0.13	0.07	0.04

目前，破产重整短时间内并没有给 ST 海航与 ST 基础这两家公司的各项指标带来明显的增益，仅成长能力远高于之前。新冠肺炎疫情的持续反复，也为未来公司的经营发展蒙上了一层面纱。一个公司要想实现长远稳定的发展，仍需要加强对生产经营的管理，提高企业的盈利能力。目前来看，前路仍然坎坷，需要等市场和时间说话。

五、总结与展望

自 2021 年 10 月 31 日海南省高级人民法院裁定批准重整计划以来，在法院的监督下，经依规公开遴选，确定由中信信托有限责任公司和光大兴陇信托有限责任公司组成的联合体为信托受托人。至今，海航集团破产重整专项服务信托已依法成立，海航集团等 321 家实质合并重整计划已经执行完毕并获得法院裁定确认。自 2020 年 2 月 29 日联合工作组成立，历经两年多，海航集团风险处置工作基本结束，这意味着国内目前最大规模的破产重整案件已执行完毕，一度拥有万亿元资产的海航集团最终被一分为四。

海航集团的协同重整计划为公司的未来发展指明了方向。海航集团将通过资产重组和债务重组，减轻债务负担，提高公司的偿债能力。同时，海航集团将加强内部管理，提高经营效率，以实现公司的可持续发展。

《"十四五"民用航空发展规划》强调：2021～2022 年是恢复期与积蓄期，重点是调控、扶持和恢复。2023～2025 年是增长期和释放期，重点是扩大国内市场、恢复国际市场、提升行业规模容量和质量效率，最后全方位推进民航高质量发展。尽管全球疫情反反复复，但在相关政策指导下，在海航集团的努力下，我们有理由相信航空板块会逐步恢复，加之海南省强有力的旅游、商贸支撑，海航将会重获新生。

协同破产重整

——当海航仅剩下"海航"

 案例使用说明

一、教学目的及用途

(一)适用对象

本案例主要为金融硕士开发,适用具备一定金融学和管理学专业知识的学生。

(二)适用课程

本案例主要适用于金融专业硕士的"公司金融""企业并购与重组实务""财务报表分析"等课程,也可作为相关课程延展阅读材料之用。

(三)教学目的

本案例讲述了海南航空从发展兴起、迅速扩张到深陷财务危机,直至最后深陷泥潭,破产重组的整个过程。案例从海航利用资本市场频繁进行杠杆交易、过快发展多元化业务,最终深陷财务危机这一饱受争议的热点事件出发,讲述了海航凭借 1000 万元兴家再到被迫破产重整的衰落史。本案例的主要教学目的有:

(1)通过本案例,引导学生加强对资本运作的理解,探究企业如何在资本运作及多元化扩张经营中寻求平衡,从而实现企业的持续健康发展。

(2)通过本案例,加强对企业破产重整问题的研究,包括破产重整的模式选择、方案设计提供经验借鉴。尤其是大型集团企业的破产重整,涉及多方利益主体,其联动协调机制的建立、资产处置方法的创新及挖掘和运用综合模式保护债权人、股东、职工的合法利益具有重要的现实和理论意义。

(3)通过本案例,引导学生掌握企业的账面价值、公允价值、清算价值的评估,通过不同价值的评估,最大可能反映破产企业存续的价值,加强投资者对破产重整的认识,提高对破产企业投资的能力。

二、启发思考题

(1)结合案例,试分析快速多元化扩张给海航带来的风险。

(2)结合案例,试分析破产重整的模式。海航采用的协同破产重整模式是如何平衡多方利益诉求的?对大型企业集团的破产重整有何借鉴意义?

(3)结合案例,试分析破产重整的目的、优势、意义。为什么海航集团不适合破产清算?

(4)结合案例,试从不同角度分析制订破产重整计划的重难点。对比不同破产重整方式的优缺点。

(5)结合案例,试说明为什么其他企业愿意投资破产企业?如何评估破产企业的投资价值?有哪些评估方法?

(6)结合案例,试分析我国破产重整案的市场化进程。什么是市场化的破产重整?市场化的破产重整需要具备哪些条件?政府应当扮演什么角色?怎么建立多方联动的协调机制?

三、分析思路

教师可以根据相应的课程灵活地采取不同的教学方式分享和学习该案例,以下对该案例的分析思路仅供参考:首先,根据课程内容介绍相关理论知识,涉及课程可能包括"公司金融""企业并购与重组实务"等。其次,介绍案例发生的市场行业背景,在帮助学生了解客观环境条件后,围绕以下要点展开:

(1)掌握多元化投资的相关定义,了解多元化投资、多板块协调发展的实质,并结合海航扩张的案例讨论怎样才是有效的多元化投资。

(2)运用"公司金融"中的资本结构理论及债务期限结构理论,通过分析海航集团的财务报表指出其出现流动性危机的原因,并阐述企业盲目多元化扩张的动机及所面对的风险。海航在深陷流动性危机后采取了哪些自救措施,结果如何?

(3)了解企业破产重整、破产清算的区别,并分析海航集团可否进行破产清算,为什么?由利益最大化的原则分析,协同破产重整模式是如何平衡多方利益的?

(4)为什么越来越多的企业愿意投资破产企业?如何评估破产企业?投资破产企业的风险与机遇并存,那么该如何规避风险,把握机遇,获取双赢?

(5)近年来受全球经济大环境的影响,企业破产重整案层出不穷,协同破产重整模式为政府、企业、投资者提供了新的风险规避方式,在该模式下,政府应该如何协调多方,更好地保护投资者利益?

由同学们进行深入讨论后自行发表各自观点。最后,教师进行案例总结,进一步深入学习相关理论。

四、理论依据与分析

(一)财务指标

(1)资产负债率。资产负债率反映在总资产中有多大比例是通过借债来筹资的,也可以衡量企业在清算时保护债权人利益的程度。资产负债率这个指标反映债权人所提供的资本占全部资本的比例,也被称为举债经营比率。

$$资产负债率 = \frac{总负债}{总资产}$$

(2)现金流量利息保障倍数。现金流量利息保障倍数是经营活动产生的现金流量净额加付现所得税再除以现金利息支出所得的比率。它反映了企业一定时期经营活动所取得的现金是现金利息支出的多少倍,更明确地表明了企业用经营活动所取得的现金偿付债务利息的能力。

$$现金流量利息保障倍数 = \frac{经营活动产生的现金流量净额+付现所得税}{现金利息支出}$$

(3)现金流量比率。该比率用于衡量企业经营活动所产生的现金流量可以抵偿流动负债的程度。比率越高,说明企业的财务弹性越好。不同行业由于其经营性质的不同(服务型、生产型),经营活动产生的现金净流量的差别较大，因此行业性质不同的企业该比率的变化较大。

$$现金流量比率 = \frac{经营活动产生的现金净流量}{期末流动负债}$$

(4)流动比率和速动比率。流动比率和速动比率都是用来表示资金流动性的，即企业短期债务偿还能力的数值，前者的基准值是2，后者为1。

$$流动比率 = \frac{流动资产}{流动负债}$$

$$速动比率 = \frac{流动资产 - 存货}{流动负债}$$

(5)总资产周转率。总资产周转率是指企业在一定时期主营业务收入净额同平均资产总额的比率。总资产周转率是综合评价企业全部资产经营质量和利用效率的重要指标。

$$总资产周转率 = \frac{主营业务收入净额}{平均资产总额}$$

(二)破产重整理论基础

一般而言，重整制度的理论根据可以概括为三个理论，即营运价值论、社会政策论和利益与共论。

(1)营运价值论。所谓营运价值就是企业作为营运价值实体的财产价值或者企业在持续营业状态下的价值。在许多情况下，企业的营运价值高于它的清算价值，即高于它的净资产通过清算变价所能获得的价值回收。除了固定资产的价值外，营运价值包含许多非物化的投入和无形资产利益。公司在清算过程中固化的资产尚有贬值、流失的可能，非物化的投入和无形资产、利益更是会随着清算过程的结束而消灭。

重整制度则弥补了清算这种低效率处理方式所带来的巨大浪费。重整制度通过维持企业的营业，从而避免了企业营运价值的落空。重整制度通过运用多种手段对困境企业进行整理，帮助企业复兴。重整比清算在经济上更有效率，因为它维持了企业的就业和资产。可见，重整制度相比传统的清算制度而言，挽救了困境企业的营运价值，也挽救了宝贵的社会资源，是一种更有效率的、经济的资源处理方式。

(2)社会政策论。创立和发展重整制度的内在依据，不应该仅仅来自当事人基于个别利益的个别理性判断，还应来自社会基于整体利益的整体理性判断。美国社会法学派的创始人和主要代表人物罗斯科·庞德把利益分为三类：个人利益、公共利益和社会利益，并强调，在三类利益中社会利益是最重要的利益。

重整制度的建立，是对传统的以破产清算为中心的制度取向的巨大变革，这种制度取向存在着两个重大的缺陷。一是造成资产价值流失和失业救济、连锁破产等社会成本，导致社会资源的浪费。现代社会的经济就其本质特征而言乃是整体化、社会化、规模化的经济，各个经济活动主体之间的关系日趋密切化和一体化。此经济组织的崩溃或解体，往往给该经济组织带来灾难性的影响。各种经济组织间的这种多米诺骨牌效应，对国民经济的发展影响巨大。

二是造成普遍的"破产畏惧症"导致社会中的"债务积淀"，即大量到期债务不能清偿并且越积越多的现象。债务积淀的消极作用不仅表现为债务数量的增加，而且表现为债权效益的下降。由此造成了交易风险和成本的提高及社会经济效率的降低，从而使社会通过效益增长来消化积淀债务的能力削弱甚至消失。重整制度更体现了注重社会利益的立场，"它把企业置于中心地位时，并不仅仅着眼于包含在企业关系中的各方当事人利益，而且着眼于企业在社会经济生活中的地位及企业的兴衰存亡对社会生活的影响"。重整制度的关注越过了债权人和债务人的个体利益，转而成为以社会经济秩序的稳定和社会经济结构的优化为本位的社会利益。

（3）利益与共论。利益与共理论是以多边协商为基础的公司重整计划之依据所在。利益与共的理论将债权人和债务人及债务人的投资者（股东）联系在一起，并为他们提供了利益上的激励，促使他们共同投身于困境公司的复兴中来。这意味着，法律应当使债权人成为重整企业事实上的所有人，从而在债权人与债务人及债务人的投资者之间，建立起一种利益与共的关系，使他们共同致力于拯救企业。

具体而言，重整制度通过一种"双重产权"的设计，来对债务人的财产权进行安排，即在承认债务人和出资人（股东）的已有产权的基础上，赋予债权人以财产支配者的法律地位。在这种双重产权设计的情况下，实践运作中，财产的实际支配被委托给了一个中立者——法院任命的管理人。具体到公司重整计划上，其最突出的表现是在重整计划的拟定过程中，债权人和债务人及债务人的投资者（股东）都享有发言权。所以与其他再建型债务清理制度最大的不同是，投资者（股东）也参与到重整计划中来，不仅享有发言权并且在符合条件的情况下还享有参与表决的权利，这样一方面使公司复兴具有了凝聚力，另一方面又为重整计划的执行扫清了障碍。

（三）破产重整清偿方式

破产重整是现代破产制度中的一个组成部分。我国《企业破产法》规定了三种制度：破产清算、破产重整、破产和解。其中破产重整是指不对破产企业立即进行清算，在法院主持下由债务人与债权人达成协议，制订重整计划，规定在一定期限内，债务人按一定方式全部或部分偿清债务，同时债务人可以继续经营其业务。目前常用的几种破产重整清偿方式包括债转股、现金清偿（一次性清偿、分期清偿、留债清偿）、信托受益权清偿等。

（1）债转股。债转股指的是，公司的债权人普遍同意取消部分或全部债务以换取公司的股权。债转股通常发生在大公司遇到严重的财务困难时，往往导致这些公司被其主要债权人接管。这是因为这些公司的债务和剩余资产都很大，导致债权人无法推动公司破产。于是，债权人更倾向于接管公司来持续经营。至于原公司的股东权益，一般在这些交易中大幅削减，可能会被完全消除。正是由于债转股的这种特性，债转股常被作为破产重整的一种具体方式。通过实施债转股，有利于减少偿还普通债权人所需要的资金，使重整期间的生产经营资金更加充裕，重整计划得以顺利实施。

（2）留债清偿。如果问留债清偿的具体定义是什么，以我国现行的《企业破产法》及相关法律并不能给出一个准确的答案。目前已有的对留债清偿这一现金清偿方式的阐述包括"留债是重整计划对于依法已到期债务的一种偿还安排，是关于债务偿还的一种具体履行方式，并非一般意义上的当事人对主合同履行期限的变更"，"对已到期债务偿还的一种具体履行方式，该履行方式对留债债权人、债务人均具有法律约束力"等。结合实际来看，留债清偿要对留债金额、留债期限、清偿安排、清偿利率、还款时间、担保方式等做出具体规定。

因留债清偿既可以为重整企业缓解巨额债务清偿所带来的偿债资金压力，又可以提高债务清偿成功的可能性，所以该清偿方式一出现就表现出了强大的生命力。但不可否认，随着留债清偿使用规模的扩大，与该清偿方式相关的问题也逐渐显现，如部分重整计划对"留债"各方的权利和义务未做出明确规定，导致企业在司法上重整成功，但留债后债权人的利益保护问题未得到合理解决。

（3）信托受益权清偿。信托是指委托人基于对受托人（信托投资公司）的信任，将其合法拥有的财产委托给受托人，由受托人按委托人的意愿以自己的名义，为受益人的利益或者特定的目的，进行管理或者处置的行为。概括地说是："受人之托，代人理财。"近年来，利用信托等新型金融工具搭建债务清偿通道成为重整实践中备受关注的领域。

信托受益权清偿一般指由重整企业新设一家发起人公司作为委托人成立信托计划，并将计划用于清偿的全部资产注入信托计划，作为信托财产统一经营管理，与此同时债权人成为信托受益人，以未来信托收益受偿的一种债务清偿方式。未来债权人能从信托计划中受偿多少，需要看信托计划处置资产和经营收入的具体情况。

五、案例具体分析

(一)快速多元化扩张的风险

结合案例,试分析快速多元化扩张给海航带来的风险。

1. 融资端风险

海航集团融资方式的最大问题就是过度融资,也可以称为过度负债。过度融资简单地说,就是企业的有息负债规模超过了企业的经营规模。由于企业过度使用财务杠杆,导致企业负债压力较大,债务到期无力偿还,企业经常处于拆东墙、补西墙的状况,更严重的是会存在企业资金链断裂的风险。

衡量和判断企业是否过度融资,从财务角度讲,主要表现在如下几个方面:

(1)长期偿债能力。如图1所示,2013~2017年海航集团资产负债率总体而言是下降的,且略低于行业均值,说明海航集团长期举债能力逐年增强且优于行业平均水平,这主要是由于海航雄厚资产带来的举债红利;但现金流量利息保障倍数与行业均值差距较大,且自2013年便呈下降趋势,2017年较2013年下降幅度达77.45%,说明截至2017年底,海航集团的现金流不足以支撑其偿还负债利息,海航集团存在潜在的流动性危机。

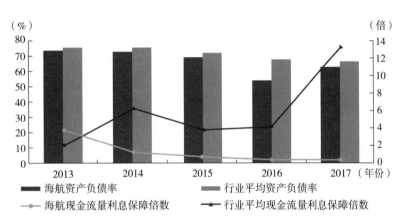

图1 2013~2017年海航集团与行业平均的长期偿债能力变动趋势

(2)短期偿债能力。如图2所示,海航集团流动比率与速动比率较低,流动资产是否具备足够的变现能力用于满足企业债务的偿还问题令人担忧;此外,其现金流量比率近五年均低于1且低于行业均值,说明海航集团在经营活动中产生的现金流量净额并不足以偿付流动负债,反映海航集团潜在的流动性危机。

(3)营运能力。如图3所示,海航集团总资产周转率低于行业均值,大致保持在30%的水平,说明总资产周转速度较缓慢,经营效率并不乐观;海航集团的固定资产周转率近五年始终低于行业均值,一定程度上抑制了企业的获利能力。由此推断,海航集团营运能力并没有因并购而提升,反而因并购产生大量闲置资产,导致资产利用率不高,很可能造成企业管理困境。

从上述分析可知,海航旗下企业多依赖于通过债务融资来满足企业资金需求,虽然根据MM定理,企业在一定程度上加大债务融资的范围有利于提升企业的价值,但这基于企业投资项目产生的现金流入足以覆盖债务融资的资本成本,此外海航更加倾向于银行贷款和股权质押。就海航而言,企业体系过于庞大,而融资渠道较为单一,且限制条件较多,当企业陷入困境时,这类融资方式受阻,企业现金流供应的命脉被切断,一旦引发企业性的系统性风险,海航集团将万劫不复。由此可知,不论对于海航还是

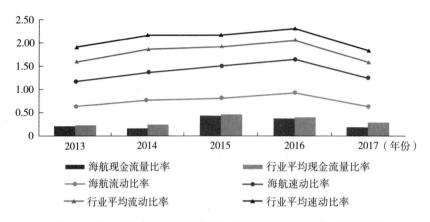

图 2　2013~2017 年海航集团与行业平均的短期偿债能力变动趋势

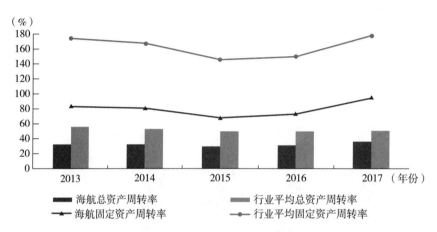

图 3　2013~2017 年海航集团与行业平均的营运能力变动趋势

其他企业都应该注重扩宽企业的融资渠道，根据自身的发展阶段选择合理的融资方式，聚焦多种融资工具，分散资金风险。此外，还应减少依靠债务滚存的方式以获得资金的平衡，当企业发生财务危机时，容易产生资金敞口不利于企业的正常操作运转，再加之其过窄的融资渠道，使企业的经营更加岌岌可危。

2. 业务端风险

企业实施多元化战略必定意味着其经营的业务数量将会大大增加，而新业务的扩展需要连续、大量的资金，由于海航集团的自身利润无法满足此资金的需要，因此海航不得不通过举债、抵押股权、增发股份、信托等方式来筹集巨额资金，而当企业采取债券方式融资时，就不得不面对本息偿还的时效性，而新扩张的多元化业务需要面对公司重建、人员配置的多方面问题，无法在短期内为企业带来预期收益，甚至还可能由于决策不当、管理失误等给企业带来亏损，所以在企业扩张期间风险与收益并存。

海航集团采取了非相关多元化的扩张战略，涉足房地产、旅游、物流、酒店、零售、金融等自身并不熟悉的领域，这些业务在初始发展阶段的盈利能力较弱，需要灌注大量资金，并且这些新扩张领域与航空领域的相关性并不强，没有战略关联性，多元化扩张业务缺少相应的协同性。海航集团旗下的商业板块下属的 300 多家超市存在诸多亏损，而且其酒店品牌也并没有得到很好的整合，同时其旗下的金融性机构虽然拥有全套的牌照资源，但被整合后所形成规模效应的仅有租赁与信托业务，并且更多时候是参与集团内部服务业务，并没有真正意义上参与到市场竞争中，去实现对外部市场盈利及现金流的创造，海航集团频繁的扩张并未得到良好的资源整合，进而影响到了企业的获利能力与现金再创造能力，因此盲目的多元化扩张缺乏协同性让海航的发展面临产业多元化的风险。

企业在进行多元化发展的同时，应时刻注意以主业为主，把控好扩张节奏，注重多元化发展的关联性，追求"1+1>2"的经营效果。不同行业间差异性明显，无法合理地发挥与主业间的联动作用，管理层分身乏术，资源就会难以调配，也就注定会以亏损收场。此外，还应随时留意外部宏观发展环境，当经济向好时，企业现金流充裕，这在一定程度上会麻痹企业的感官，陷入不断扩张的思维定式，一旦经济下行或无法整合资源带来正向的收益弥补不断扩张并购的成本，企业将空有庞然大物的外壳，实则无法正常运转。

(二)破产重整的模式及海航破产模式

结合案例，试分析破产重整的模式。海航采用的协同破产重整模式是如何平衡多方利益诉求的？对大型企业集团的破产重整有何借鉴意义？

1. 破产重整的模式

破产重整模式是企业在重整计划中选取的为解决企业财务问题、复兴或提升企业生产营运而实施的对策及手段。以公司破产重整是否对原运营资产及主营业务继续留存为分类依据，可以将破产重整的模式分为两种：一种是借壳上市模式，另一种是营业保留模式。

(1)借壳上市模式。借壳上市模式是一种有上市需求的非上市公司所采用的间接上市模式，同时能够给予上市公司重生。非上市公司参与招标成为重整上市公司的重整投资方，通过收购重整公司大量的股权从而达到控制，然后处置不良资产再通过反向购买将优质资产投入以达到上市的目的。此种模式通过重整程序将企业不良资产清除并加入优质资产，能够使企业资产配置更为优化，不仅能够更好地保护债权持有者的利益，而且能最大限度地保护债务人和股东的利益。在此模式下，重整投资方最看重的是重整上市公司的"壳资源"，重整投资方收购企业的最大目的就是上市。其次看重的才是重整上市公司现存的资产价值，考虑是否能够通过资产整合为重整投资方带来价值链或供应链上的整合，例如，重整方与破产重整上市公司处于同一行业，也可能会看中上市公司产业方面所带来的价值。再有便是企业无形资产的价值和企业所具备的商誉，如企业拥有多项处于行业尖端的专利技术或商标权。

(2)营业保留模式。营业保留模式是上市公司进行重整的传统模式，在并不排除保留原有经营业务的前提下，由重整投资人向重整上市公司投入资金，也可能会由重整投资人注入其他经营资产，处置并重新整合重整公司原来的经营资产，达到恢复生产从而复兴企业或是实现提升上市公司盈利能力的目的。在保留主营业务的前提下处置不良资产、持有债权等以恢复断裂的资金链，用这笔资金清偿债务及继续运营企业，最终改变公司的经营境况使公司得到复兴。营业保留模式下的经营资产会继续存在于上市公司现所在地，并将通过重整引入投资方大幅改善原有生产经营状况，为当地的经济带来巨大利好，并且上市公司的现有员工不会被裁员，也有利于当地社会环境的稳定，此种模式对上市公司所在地经济十分有利。在这种模式下重整公司的重整投资人多是以下两种情况：

一是重整投资人是重整公司所处行业里的行业领导者，他们所看重的是上市公司的现存资产能为公司供应链带来整合效应或者重整公司的品牌具备品牌效应等；二是重整投资方想通过重整公司谋求利益，在重整公司的股价非常低的时候购入，获取企业重整结束复牌后股价上涨带来的利润。

在确定好破产重整模式后，需要进一步确定在重整计划草案中所采取的具体方式。重整方式的选择会影响偿债资金来源、股权结构调整及企业日后的生产经营方式等，因此需要根据上市公司具体情况选择合适的破产重整方式。目前上市公司破产重整方式主要有以下五种：上市公司维持原有股权结构且继续经营原有业务、原出资人筹集资金清偿债务、债权转股权、引进战略投资人、买壳或借壳上市。

2. 海航协同破产模式

海航采用的协同破产模式是如何平衡多方利益诉求的？对大型企业集团的破产重整有何借鉴意义？

海航的破产重整引发业界、社会与市场的强烈关注。这不仅是因为海航的品牌效应，其市值与负债数千亿元，还因为海航集团债务结构复杂，下属企业众多、业务多元且分布广泛，是迄今最大、最复杂、最重要的破产重整案之一。

海航重整联合工作组按照"法治化、市场化、可操作性"原则，根据海航整体债务风险情况着手制定破产重整方案，经多方多轮磋商，形成了一个最大可能保护各方利益的风险化解方案。该方案获得相关部门的理解和支持，并向绝大部分债权机构进行了介绍，平衡了多方利益诉求，最终经最高人民法院批复同意后，由相关地方人民法院受理实施。归纳起来，海航的协同破产重整方案有如下几个特点值得大型企业破产借鉴：

(1)协同破产重整，分板块引入战略投资者。该方案采取对海航集团三家上市公司内部协同重整、非上市公司实质合并重整、上市公司与非上市公司共计378家公司同步重整、联动推进的模式，按照业务板块将优质资产和非优质资产混合搭配打包出售。3家上市公司主要采取引入战略投资者、统一偿债的方式破产重整。各大板块各自由新的实控人股东带领前行，相互完全独立，确保各板块各自回归主业，健康发展。引进的战略投资者方大集团具有丰富的行业经验和资源，能够提供市场渠道，为公司发展带来新的资金支持，推动企业加速重回健康发展轨道。

(2)创新实施破产重整服务信托的架构。海航集团新设立海南海航二号信管服务有限公司作为信托计划中的总持股平台公司，成为信托计划的委托人。信托财产是委托人持有的总持股平台100%股权以及对各业务板块享有的应收账款债权。债权人为受益人，将通过信托计划下的信托收益，来获得债务的清偿。根据不同种类的债权进行了优先受益权、普通受益权、劣后受益权的结构化设计。在法院的监督下，经依规公开遴选，确定由中信信托和光大兴陇信托组成联合体为信托受托人。信托公司作为专业的资产管理机构，具有专业人员队伍优势、资金渠道资源、第三方专业机构资源等，可以通过资源统筹和调配，在破产重整工作中形成合力。通过以上架构，信托公司与债权人协商制定的破产重整计划，包括债务清算、债务重组、资产处置等措施，旨在实现债权人的利益最大化。

(3)广泛听取意见，采用多种债务清偿方式。工作组进驻海航后，花费数月时间对海航集团及旗下2000余家企业的资产、负债、关联往来等逐一核查，重新评估整个集团的资产，确定其价值和可变现性，厘清集团的管理结构、股权关系和债权关系。近300家债权机构前后开了30多次大会议、无数次小会议进行磋商和博弈，收集了几百条意见，充分考虑利益相关方的权益，包括员工、供应商、债权人等，获得了80%债权机构的支持。海南省政府以及监管部门的有关领导也多次听取了汇报，最终形成的方案被认为是确保所有债权人利益最大化的解决方案，也是多方均能够接受的一个结果。综合运用了现金清偿、债转股、信托受益清偿等债务清偿方式，大多数债权人的债权得到妥善安排，避免债务风险传导、蔓延，有效防范金融风险，并且债权人还可以通过抵债获得的股票、信托份额持续享有重整后海航集团发展的红利。

(4)持续监管和审计。海航协同破产重整方案将建立持续的监管和审计机制，对每一份资产、每一个项目进行审计核算，确保重整方案的有效实施和企业的合规运营。监管和审计的强化将提高企业的透明度和规范性，确保破产重整过程的合法、公正和透明，增强市场信心。同时通过改进管理体系、优化资源配置、提高产品质量和服务水平等措施，提升企业的竞争力和市场份额。

随着增量资源的注入，航空运输市场逐渐回暖，运营负担显著减轻，市场经济环境逐渐向好，海航集团将恢复持续经营能力和盈利能力，继续维持以海航控股为核心的全国第四大航空公司；海航集团体系内上市公司继续维系上市资格，消除资本市场的潜在重大震荡，全体中小股东的利益得到保护，未来有望获得更有价值的回报，重整后的海航实现了各利益相关者之间的相对共赢。

(三) 破产重整的目的、优势、意义

结合案例，试分析破产重整的目的、优势、意义。为什么海航集团不适合破产清算？

我国《企业破产法》规定了三种破产制度：破产清算、破产重整、破产和解。破产重整是指针对可能或已经具备破产原因但又有维持价值和再生希望的企业，不对破产企业立即进行清算，而是在法院主持

下由债务人与债权人达成协议，制订重整计划，规定在一定期限内，债务人按一定方式全部或部分偿清债务，同时债务人可以继续经营其业务的破产制度。

1. 破产重整的目的

破产重整的目的是通过清理债权债务，引入战略第三方，公司企业整体转让，易主经营等措施，挽救困境中的企业，以使企业获得新生。以海航集团为例，巅峰时期的海航集团曾一度以6128亿元的营收名列中国民营企业第二名，在资本市场上的布局牵涉18家上市公司。这样一个巨无霸集团如果直接进行破产清算，产生的影响恐怕难以估量，且为海航带来最大收益的三家公司：渤海租赁、海航控股、海航科技都还表现出顽强的生存能力，海航希望通过破产重整实现如下目的：

（1）法人主体资格继续存续，参与市场竞争。

（2）负债降到合理水平。通过各种债务清偿方式化解海航集团的债务风险，把债务规模降至可以承受的合理范围。

（3）引入有实力的重整投资人。如此大规模的集团需要有与之实力匹配的重整投资人，助力海航未来的发展，偿债只是解决生存问题，未来的发展才是能否重获新生的关键。

（4）理顺运营管理机制。若不想悲剧重现，合法、合规的管理机制对重整后的新海航来说是至关重要的。

2. 破产重整的优势

三种破产重整制度的异同如表1所示。

表1 破产重整、和解、清算的对比

内容	破产重整	破产和解	破产清算
法律意义	调动各利害关系方积极性，挽救企业于困境，恢复企业生产经营能力，实现企业再生，预防破产	债权人与债务人达成和解，减免债务、延长债务履行期限，使债务人摆脱困境，避免破产	无法通过重整或和解挽救企业，由破产管理人对债务人财产进行清算、评估、处置，并依法定程序分配
申请主体	债权人、债务人、占债务人注册资本1/10以上的出资人（股东）	债务人	债权人、债务人、清算组
启动条件	破产原因发生或可能发生时	一是债务人不能清偿到期债务，且资产不足以清偿全部债务；二是债务人不能清偿到期债务，且明显缺乏清偿能力	一是债务人不能清偿到期债务，且资产不足以清偿全部债务；二是债务人不能清偿到期债务，且明显缺乏清偿能力
审批程序	较容易取得	不易取得	不易取得
执行主体	债务人执行	债务人执行，管理人监督	管理人执行
目的	挽救企业并清理债务	清理债务	破产清算
结果	大概率重生	重生或死亡	死亡

具体来说，破产重整的优势体现在以下几个方面：

（1）有利于债务人。破产重整是法院内的重组，具有强制性，即一旦法院受理了破产重整，其他诉讼程序都将终止；债务人企业的全部债务停止计息；担保债权人对担保物的执行也将不被执行。降低债务人的财务成本，控制了公司的可能损失。如海航在申请破产重整后就受到了破产保护，相关保护制度可以确保海航集团能够维持持续经营，有效保护海航集团的经营性资产，间接维护了全体债权人、职工的合法权益。

（2）重整措施多样化。债务人可以灵活运用重整程序允许的多种措施达到恢复经营能力、清偿债务、重组再生的目的。以海航为例，为清偿债务，在引入战略投资者的基础之上，又综合运用了现金清偿、债转股、信托受益权清偿等债务清偿措施。各种清偿方式的灵活运用，有利于平衡各方利益，进而提高重整计划的成功率。

（3）市场化特征显著。多元化的申请主体、公开透明的重整计划、法律赋予重整程序的优先效力共同决定了重整方案是在一个市场化的环境中推进的，对市场负责，受市场监督。

3. 破产重整的意义

（1）对被重整的债务人而言，债务人重整的直接目的是挽救财务状况恶劣或已暂停营业及有停业危险的公司，因其有继续经营的价值、重整的可能和必要，从而予以重整使其免于解体或破产，并能够清偿到期债务，使濒临破产或已达到破产界限的债务人起死回生。

（2）对债权人而言，若债务人重整成功，将有效避免一旦其进入破产清算所导致的债权清偿比例过低这一现象的产生，一定程度上避免了最差局面的发生，有机会挽回损失。

（3）对社会整体利益而言，因债务人重整的间接目的也是保护债权人及社会部分公众的整体利益，其中包括职工利益，故债务人的重整成功也有利于社会经济的安定与发展。

结合案例来看，海航有关负责人接受采访时提到了破产重整的整体愿景：重整实施完毕后，海航集团的负债将大幅削减、运营负担显著减轻、经营管理制度进一步优化；随着增量资源的注入、航空运输市场逐渐回暖、市场经济环境逐渐向好，海航集团将恢复持续经营能力和盈利能力，将继续维持以海航控股为核心的全国第四大航空公司；海航集团体系内上市公司继续维系上市资格，消除对资本市场的潜在重大震荡，全体中小股东的利益得到保护，未来有望获得更有价值的回报；全体债权人的债权得到妥善安排，避免债务风险传导、蔓延，有效防范金融风险，并且债权人还可以通过抵债获得的股票、信托份额持续享有重整后海航集团发展的红利。某种意义上，这份整体愿景就是破产重组之于海航集团的意义所在。

4. 为什么海航不适合破产清算？

早在 2017 年，海航集团就陆续暴露出流动性危机，集团寄希望于通过出售非核心业务自救，但比自救成功先一步到来的是新冠肺炎疫情的暴发。2020 年 2 月，海南省政府依法会同相关部门成立了海航集团联合工作组，全面主导和推动解决海航集团风险处置工作。尽管联合工作组在入驻前已做了充足的准备，但工作推进的过程还是十分艰难，海航的实际情况比预想的更糟糕。直到 2021 年初海航宣布破产重整，工作组入驻已有近一年的时间，海航既已"病入膏肓"，为什么没有直接清算？结合案例来看，原因主要有三个：

（1）清算意味着企业注销，企业营运价值将不复存在。对企业来说，营运价值包括企业的品牌、管理团队、营销团队、经销网络、伸展能力等。海航虽已危机重重，但作为曾经的世界 500 强，该企业的营运价值不容忽视。也就是说，海航有继续经营的价值，在清算前还有重整的可能和必要。

（2）清算会带来一系列后果，如影响重大的员工失业。公开信息称，2017 年海航员工总人数已超过 41 万人，虽然危机爆发后员工有所减少，但其就业人数仍是一个十分可观的数字。这样一个庞然大物瓦解，在疫情肆虐的背景之下，无疑会增加社会不稳定因素，因此从公共利益角度来说，相对裁员较少的重整是更加合适的选择。

（3）重整可以向清算转化，但清算不能转向重整程序。重整的前提是企业还具备被救的前提，2022 年 1 月，沪深交易所分别发布了破产重整事项征求意见稿，对上市公司破产重整进行了全流程规范，对忽悠式重整坚决"亮剑"。如果公司重整不成功，终将走向清算。

（四）破产重整计划的重难点和方式的优缺点

结合案例，试从不同角度分析制订破产重整计划的重难点，对比不同破产重整方式的优缺点。

1. 制订破产重整计划的重难点

由破产重组的目的、优势、意义可知，破产重组的基本宗旨不只在于维护债权人的合法权益，甚至也不只在于保障债务人的合法权益，而是以社会利益为本位，着眼于各经济主体的动态平衡和社会经济的长远发展。由此宗旨出发，在制订破产重整计划时就不能只关注眼前的困难，而要考虑长久的发展。以海航为例，可以将制订破产重组计划的重难点概括为以下几个方面：

（1）规整业务：因为破产重组的最终目的是挽救困境中的企业，使企业获得新生，所以理顺各业务之间的关系，分清主次，基于核心业务，培养真实竞争力才是能否真正救活企业的关键。纵观航海一路高歌猛进的扩张之路，使它早已经不是"海南岛上的一家航空公司"那么简单，几百家公司分布于全国各地，涉及航空、机场、船舶制造、金融服务等多业务、多行业，可惜激进的扩张模式未能使不同业务之间的协同效应很好地发挥。为统筹业务经营，提升协同价值，破产重整计划的重难点之一就是通过实质合并重整，对各公司业务进行分块分类规整。

（2）规整股权：股权结构是公司治理机制的基础，它决定了股东结构、股权集中程度及大股东身份、导致股东行使权力的方式和效果有较大的区别，进而对公司治理模式的形成、运作及绩效有较大影响，换句话说，股权结构对公司治理中的内部监督机制直接产生作用。对海航来说，各家公司不仅涉及外部股东，还有内部交叉持股、无序持股等情况，导致各公司之间没有风险隔离，严重影响了各业务板块的持续健康发展。因此，通过实质合并重整，借助出资人权益调整安排，重新厘清并调整各板块股权架构，规整股权层级，并明确各层级公司治理机制就成为海航重整计划的第二个重难点。

（3）规整资产：在海航集团多年来混同无序的运作下，各公司既持有与自身业务关联度高且有价值的实物资产及无形资产，同时也持有大量与自身业务无关的低效资产，甚至是存在权属瑕疵风险的资产。通过实质合并重整，可重新规整各公司所持资产，厘清资产权属，实现同类资产及业务的归集，提升业务协同效率，保障重整后轻装上阵，进一步提升经营质效。

（4）清偿债务：无论是哪个公司，破产重整计划的重中之重都是债务的清偿安排。清偿安排是否合理，直接决定了破产重整计划能否顺利完成。海航现有的三份破产重整计划草案均对债权分类、债权调整、债权受偿方案做出明确规定，灵活运用多种债务清偿方式，努力实现利益相关主体的共赢。

2. 不同破产重整方式的优缺点

（1）现金清偿。

优点：对债权人来说，有明确的现金支付数值和明确的清偿时间计划。债权人能够准确计算当前能够回收的资金，整体上时间效率高。

缺点：对债权人中的金融债权人的清偿程度往往较低，导致普通债权人当前债权价值明显低于其余方案。对债务人而言，现金清偿不利于降低自身的负债压力、不利于改善资金状况。

（2）债转股。

优点：对债权人来说，不直接削减债务，股权方式折算得到的清偿率相对较高，价值较高。对债务人来说，降低负债的同时增加了企业净资产，能够有效降低企业的负债，且不需要将资金用于清偿债务，资金可以更多应用于自身的运营，改善资金状况。

缺点：对债权人来说，未来企业剩余收益的分配权受多种因素影响，存在较大的不确定性，且时间效率很低，需要较长时间才能实现权益。对债务人而言，摊薄了股权份额。

（3）留债清偿。

优点：对债权人来说，将部分债务缩减或调整还款期限换取更高的清偿率，使债权人仍保留对企业的求偿权利。对债务人而言，将债务延期支付，减轻当前的偿债压力，有利于重整后企业改善资金状况。

缺点：对债权人来说，未来企业的偿债能力是否好转存在较大的不确定性，且时间效率较差，因为该方式不仅降低偿债额度，还延长支付期限。对债务人而言，降低偿债压力的效果一般，留债清偿实质上只是将当前压力，延至未来偿付。

（4）信托受益权清偿。

优点：对债权人来说，信托财产具有效力层级最高的法定破产隔离的作用，破产重整项目中，以剥离资产设立的财产权信托，由信托公司独立运作，可以有效隔离与原破产主体其他财产之间的关联性，债权人通过信托受益权人身份持续享有剥离资产运营处置的相关收益，维护债权人的利益。对债务人而言，减轻即期坏债压力。

缺点：对债权人来说，时间效率较差。

（五）评估方法

结合案例，试说明为什么其他企业愿意投资破产企业？如何评估破产企业的投资价值？有哪些评估方法。

之所以其他企业愿意投资破产企业，一方面是因为投资企业本身具有扩张的需求，通过投资破产企业来扩大自身经营规模；另一方面是因为被投资的破产企业仍存在投资价值，未来仍具有发展的方向，并且可以带来收益。

企业价值评估方法可分为四类：第一类为资产价值法，是按企业的资产进行评估。这类方法认为企业的价值等于企业所拥有的资产的价值，据此进行价值评估，如账面价值法、重置成本法等，在企业出现经营困难时，它可以提供一个评估价值的底线。第二类可称为类比法，是按同类企业的市场价格进行评估，如市净法、市盈率法等，该方法在对待国外比较成熟证券市场上公开标价的上市公司时应用得较多，但在我国尚未成熟的资本市场中还不宜广泛应用。第三类可称为收益现值法，认为企业的价值等于企业未来收益流的折现值，如内在价值法、经济增加值法、EBO 模型等。第四类就是期权估价理论，它是将期权定价理论应用于企业价值评估。其他各式各样的价值评估方法都是由这四种基本方法组合变换而来的。

对于海航而言，显然不能单独采用资产价值调整法，因为重整的目的本来就是使海航持续经营下去，而且采用资产价值调整法得出的结果必然等于或接近于清算价值，使评估本身并无多大意义。而且海航在进入破产程序申请重整之后，很难找到与其失败原因及重整可行性等方面相似的可比企业，更何况我国资本市场不够完善，会计信息失真情况比较严重，连普通企业的价值评估都很少采用市场比较法，因此，市场比较法对于海航的价值评估也不适用。

而采用收益法的前提是企业在未来能够持续经营并盈利，对于破产的海航来说，其未来持续经营与正常企业是有区别的，它首先要经过一个重整阶段，如果重整成功，才会进入以后的持续经营阶段，而未来能否重整成功及重整成功后企业经营状况会怎样具有较大的不确定性，对估计现金流量及折现率会更加困难，从而使这种方法很难实行。

期权定价法主要是针对具有期权特性的资产采用的一种评估方法，由于缺乏定价所需的信息和其他影响价值的因素，要找到完全真实反映海航经营期权价值的一般期权，然后套用适合的模型是非常困难的。

综上所述，由于海航破产的特殊性，在评估其价值时，需要以普通债权人的破产重整与破产清算所获得收益为标准。其中，清算收益是指企业如果选择破产清算，实际清算中企业的普通债权人能够获得的平均债务清偿比例；重整收益是指企业如果选择破产重整，实际重整中企业的普通债权人可以获得的平均债务清偿比例。因此，采取普通债务清偿比例作为重整收益和清算收益评价指标更为合理，比较重整收益率与清算收益率的大小，用重整收益率减去清算收益率，这是最直接的价值评估方法，基本公式为：

$$重整价值 = 重整收益率 - 清算收益率$$

（六）破产重整案的市场化进程

结合案例，试分析我国破产重整案的市场化进程。什么是市场化的破产重整？市场化的破产重整需要具备哪些条件？政府应当扮演什么角色？怎样建立多方联动的协调机制？

（1）我国破产重整案的市场化进程。什么是市场化的破产重整？市场化的破产重整需要具备哪些条件？

2007年6月，《中华人民共和国企业破产法》新引入了一项制度——破产重整制度，并由此开启了适合我国国情的破产重整制度的探索之路。

2014年之前，大多数破产重整案件尚处于摸索重整方案阶段，为达到企业新生的目的，重整企业在灵活应用和组合现金清偿、债转股、应收账款清偿等多种破产重整模式的基础之上，还提出了并非全部处置有效经营资产、第三方托管保证资产价值、聘请专家和引入战略投资者等更具市场性和专业性的重整措施。2015年，长航凤凰披露的破产重整计划中使用了股票公开竞价的清偿方式，摆脱了以往依赖国有股东财务资助，以"堵窟窿"的方式挽救困境企业的传统做法。在此之后，法院也在多起破产重整案中表达出要慎重行使强制批准权，确保市场主体充分博弈的态度。直至2017年重庆钢铁重整一案，控股股东让渡全部所持股份，引入我国第一只钢铁产业结构重整基金作为重组方，以市场化、法制化的方式化解了企业的债务危机，为上市公司的重整提供了可供复制的范本。

随着破产重整案件越来越多，相关领域的专家学者逐渐达成共识，若想要通过破产重整，让具备条件的困难企业重获新生，就必须坚持市场化的原则。鉴于我国国企数量众多，有时政府干预的效率确实会更高，但从长远来看，重整是否成功，并不仅仅体现在重整计划的通过上，重整后的企业能否迅速恢复生机、信任能否恢复，都是需要考虑的问题。而在这些问题上，市场化的破产重整显然更具优势。

海航集团的重整草案为每一个需要被挽救的企业都制定了个性化的"治疗方案"，老股东权益清零，组合运用了现金清偿、债转股、留债清偿、信托受益权清偿等清偿方式，按照法制化、市场化的原则解决债权、债务问题，若海航可以重整成功，我国市场化的破产重整实践将向前迈出坚实的一步。但我们需要认识到，我们离真正意义上的市场化的破产重整还有一段不小的距离。

现在国际上相对成熟和普遍的市场化破产重整模式为：债务人、股东等市场主体聘请重组顾问、财务顾问、法律顾问甚至投行，经过尽职调查、协商谈判，制定出初步的重组方案，然后申请破产重整。接下来，法院只要审查程序合法，就可以确认这些市场中介的法律身份，让他们继续谈判，法官只需居中监督和裁判。这与我国法院指定管理人，由管理人接管破产重组，没有给市场主体谈判博弈提供充分的平台，而给法官主导破产重组提供了较大的权力的模式是有很大差别的。由此可见，在市场化的道路上，我们还有很长一段路要走。

市场化的破产重整需要具备哪些条件呢？根据国际案例的经验我们可以总结出两条基本要素：

首先是以破产法为核心的充分的法律约束和支持。市场主体聘请专业人士进行谈判需要法律的约束和支持。谈判结果转化的重整计划需要符合破产法的要求。重整企业需要受到法律的约束，从而保证信息披露等义务的执行。同时，为达到企业新生的目的，需要相关法律为破产重整计划的实施提供特殊的便利。

其次是市场主体的充分参与。债务人、债权人、股东等市场主体，在企业出现危机时都应该酌情主动聘请各自的专家和顾问进行谈判，参与重整计划的制订过程。没有市场主体的充分参与，就无法实现真正市场化的破产重整。

（2）政府应当扮演什么角色？怎样建立多方联动的协调机制？

在市场化破产重整过程中，虽然是由法院主导，以司法权为核心，但是事实上，破产重整案件的处理并不能完全依赖司法权，司法权的本职属性是判断权，具体到破产案件中，司法权处理的仅为债权债务关系及其衍生诉讼问题，对于股权变更、维稳处置、规划调整、政策帮扶等显然力不从心。如果仅凭法院的司法裁判难以统筹解决破产重整中遇到的前述问题，重整将难以成功，反之，适度增加政府行政权力的介入和支持，则能大幅提升重整成功率。一方面，政府对于职工安置、债权人沟通、投资人谈判等都具有得天独厚的条件；另一方面，政府拥有工商、税务、财政、社保、公安等方面的管理职能，有义务且有能力为重整企业提供帮助与支持。

在海航破产重整案件中，由于涉及社会的方方面面，使政府、法院、企业、投资者面临非常严峻的考验。因此，聚合多方力量，通过"多方联动的协调机制"破解海航集团重整难题是必要的。

首先，多部门统一领导，协同作战，齐心协力解决海航集团破产重整案件，政府职能部门能更好地解决企业所存在的历史遗留问题，而这些问题管理者很难独自解决，政府内部上下级管理体系及管理者的弱势地位使双方沟通效率较低，如果能由当地政府牵头成立清算组或者通过专项协调会的形式让职能部门意识到破产案件的重要性及协同处理的必要性，并形成一定的工作机制，便能解决海航集团破产关于"效率"的最大问题。

其次，政府可为企业重整搭建战略投资者平台，由政府兜底，使战略投资者具备投资信心，全身心投入企业重建工作中。防止投资者为了达到自身利益最大化的目的，给管理者施加较大压力。

最后，多方联动的协调机制可以促进管理者高效管理，积极维护债权人的利益，对于整体的投资规划、相应的投融资决策等有更完善的把握。事实上，破产的实质是保护，保护的核心更是债权人。由于破产的形势及现实情况的可变性会导致管理者与债权人处于相对对立地位，政府可以通过协调机制规避债权人对管理者的对抗情绪，逐渐回归到合法维权的道路上来。

六、关键要点

(一)关键点

本案例分析的关键在于厘清海航集团的融资方式和多元化扩张模式，分析企业扩张的动因和风险，以及分析破产重整的目的、优势、意义，分析制订破产重整计划的重难点、市场化的破产重整。

(二)关键知识点

(1)资本结构。
(2)财务指标。
(3)破产重整理论。
(4)破产重整方式。

(三)能力点

能够识别企业过度融资的现象，并分析企业破产的重整计划。

七、建议课堂计划

本案例可资用于专门讨论课，计划课时 90 分钟，具体安排如下，仅供参考。

(一)课前导入(20 分钟)

(1)简要介绍案例内容，明确讨论主题(5 分钟)。
(2)提出启发思考题，请学生完成案例阅读并进行小组讨论，初步回答启发思考题(15 分钟)。

(二)课堂讲授(40 分钟)

(1)简要介绍海航集团发家—扩张—危机的大致过程，并且在介绍过程中逐步引导学生寻找海航集团破产重整的具体原因与涉及的金融学理论知识。

（2）针对海航集团无序多元化扩张进行评价。

（3）分析海航集团破产重整的意义及实施破产重整计划的难度。

（4）重点讨论分析海航集团破产重整与其他破产重整案例的区别，掌握市场化破产重整与行政化破产重整的区别。

（三）课堂讨论（30分钟）

进行小组讨论，进一步回答启示思考题，引导学生分析大型企业集团在发现破产危机时该如何自救。

金融机构篇

硅谷银行，为何踏上不归路？*

案例正文

摘 要：2023 年 3 月 11 日，拥有 2000 多亿美元资产的硅谷银行宣告破产——这是自 2008 年金融危机以来，最大的一家银行倒闭事件。曾经风光无两的硅谷银行为何踏上一条不归之路？利率上升是罪魁祸首吗？硅谷银行的内部风险管理该承担什么责任？美联储在硅谷银行倒闭事件中扮演了何种角色？本次事件对中国的银行业及监管层有何启示？

结合美国科技业寒冬、美联储利率政策反转等背景，本案例试图通过梳理硅谷银行破产事件的全过程，还原事件真相，剖析危机背后的深层次原因。希望通过对硅谷银行破产事件的来龙去脉、深刻影响及应对策略的分析，引导学生了解银行危机的形成机制，帮助学生理解和掌握金融机构风险管理、金融理论与政策、金融监管等课程中的相关理论知识。

关键词：硅谷银行；美联储；金融监管；利率政策；风险管理

Why did Silicon Valley Bank Close Down?

Abstract：On March 11, 2023, Silicon Valley Bank, ever holding more than ＄200 billion in assets, declared bankruptcy. It is the largest bank-failure incident since the 2008 financial crisis. Why did Silicon Valley Bank go bankruptcy? Was the rising interest rate to blame? Or the internal risk management of Silicon Valley Bank take? What roles did the Fed play in the incident? And what lessons can this incident teach to China's banking industry and its regulator?

Grounding on the hard time of American technology industry and the reversal interest rate policy guided by the Federal Reserve, this paper tries to unmask the truth behind the incident and reveal the underlying reasons by reorganizing the whole process of the Silicon Valley bank bankruptcy. This case aims to guide students to master the developing mechanism of bank crisis, understand the basic knowledge of risk management of financial institutions, financial theory and policy, and financial regulation.

Keywords：Silicon Valley Bank；The Federal Reserve；Financial regulation；Interest rate policy；Risk management

---

* 本案例由广东工业大学经济学院孙有发、肖皓中、杨沂舟、宋毅成撰写，作者拥有著作权中的署名权、修改权、改编权。本案例只供课堂讨论之用，并无意暗示或说明某种行为是否有效。

引子——硅谷银行经营状况风云突变

2023 年 3 月 7 日，硅谷银行（Silicon Valley Bank，SVB）官方宣布很荣幸连续五年登上"福布斯年度美国最佳银行榜单"，在这份榜单中，硅谷银行排名第 20 位。

然而就在两天之后……

3 月 9 日，硅谷银行（SIVB. US）暴跌 60.41%，从 267.83 美元/股跌至 106.04 美元/股。3 月 10 日盘前，硅谷银行再度暴跌 58.75% 至 43.74 美元/股，公司不得不紧急临时停牌。硅谷银行的危机一度引发华尔街投资者的恐慌，包括摩根大通、美国银行、花旗集团、富国银行等美国四大银行被抛售，导致市值缩水 524 亿美元。当然，最惨的仍是事件主角硅谷银行，不到两天时间其市值蒸发 132.66 亿美元，相当于 900 亿元人民币市值灰飞烟灭，近似于 1/10 中国石油的市值。

3 月 10 日，一位用户在硅谷银行官方账号下声讨，并配上了大哭的表情："Hey guys，you guys aren't answering my calls，I need to get my money out."海外社交媒体上流传的视频显示，在硅谷银行的一些网点外，人们排起长队取钱，种种情况都反映硅谷银行正面临严重的挤兑危机。

3 月 10 日晚间，联邦储蓄保险公司（FDIC）宣布接管硅谷银行，并在事实层面上宣告了硅谷银行的倒闭（fail）。一位外资金融机构高管表示，英文消息中多用"fail""close"而较少用单词"bankruptcy"（破产），实质上都是一个意思。一家被银行业效仿学习的"优等生"和"明星银行"，在短短 3 天里，落得破产、被接管的下场，消息不仅震惊华尔街，更令全球银行业咋舌。

"明星银行"为何踏上不归路？其背后隐藏了哪些不为人知的故事？硅谷银行事件是否会成为引爆美国金融业危机的导火索？本次事件对中国金融监管有何启示？本案例将深入分析硅谷银行破产事件的背景、起源和发展，通过解读该银行投资及风险管理策略存在的漏洞来一步步揭晓谜底。

一、内忧外患——硅谷银行光鲜亮丽的背后

(一)业务快速扩张，监管却未跟上

SVB 金融集团是一家多元化的金融服务公司，也是一家银行控股公司和金融控股公司。SVB 金融集团于 1999 年 3 月在美国特拉华州注册成立。SVB 金融集团通过其主要子公司硅谷银行提供商业和私人银行产品和服务。硅谷银行是一家加利福尼亚的特许银行，成立于 1983 年，是美国联邦储备系统的成员。

从表 1 中可见，2019~2022 年末，SVB 金融集团的总资产增长了近 2 倍，从 710 亿美元增长到 2118 亿美元。其投资证券总额在这 3 年中更是增长了 3.13 倍，从不到 300 亿美元猛增到 1200 亿美元以上，投资证券总额在其总资产中的占比从 2019 年末的 41.0% 提高到 56.7%。投资证券在其总资产中占据半壁以上的"江山"。与此同时，SVB 金融集团的股东的所有者权益从 65 亿美元提高到 160 亿美元，增长了 1.46 倍。SVB 金融集团的全职员工人数在 3 年间从 3564 人提高到 8553 人，增长了 1.4 倍。总之，以上数据在 3 年中都是"more than doubled"（增长在 1 倍以上），可见 SVB 金融集团的业务扩展的迅猛。

表 1　SVB 金融集团财报信息

指标	2022 年末	2021 年末	2020 年末	2019 年末
总资产(亿美元)	2118	2116	1155	710
投资证券总额(亿美元)	1201	1280	493	291
存款总额(亿美元)	1731	1892	1020	618
股东的所有者权益(亿美元)	160	162	82	65
全职员工总数(人)	8553	6567	4461	3564

　　SVB 金融集团规模的迅速扩张给该机构本身带来了一些问题。其中，最值得关注的是，它的总资产在 2022 年末已经达到了 2118 亿美元。现在看来，这是一个很关键的数字，很耐人寻味。根据美国原《多德-弗兰克法案》的规定，资产规模超过 500 亿美元的银行将触发更严格的审慎监管标准，包括定期接受美联储主导的压力测试等。但在 2018 年，作为《多德-弗兰克法案》的修正案，美国国会通过《经济增长、监管救济和消费者保护法案》(The Economic Growth, Regulatory Relief, and Consumer Protection Act)。根据《经济增长、监管救济和消费者保护法案》的规定，美联储对银行控股公司实施强化审慎标准的门槛从平均合并资产总额达到 500 亿美元增加到 2500 亿美元。美联储还可能对平均合并总资产在 1000 亿~2500 亿美元的银行控股公司实施更高的审慎标准。

　　2019 年 10 月，美联储理事会发布了有关规则(Tailoring Rule)，将增强审慎标准适用于大型银行控股公司，并将资本和流动性规则适用于大型银行控股公司和存托机构，作为《经济增长、监管救济和消费者保护法案》的实施细则。基于"Tailoring Rule"，银行控股公司根据其系统重要性的程度、规模和其他几个基于风险的指标被分为四类。

　　其中，第一类最严，只有美国的全球系统重要性银行控股公司才可能被划为第一类。第二类的标准是：平均合并总资产在 7000 亿美元或以上；或平均合并总资产在 1000 亿美元或以上，并且跨司法管辖区的业务活动规模在 750 亿美元或以上；不属于第一类的银行控股公司。第三类的标准是：平均合并总资产在 2500 亿美元或以上；或平均合并总资产在 1000 亿美元或以上，并且有 750 亿美元或以上的非银行资产、资产负债表表外敞口或加权短期批发融资；不属于第一类和第二类的银行控股公司。第四类的标准是：平均合并总资产在 1000 亿~2500 亿美元，某些其他基于风险的指标不到 750 亿美元；不属于第一类、第二类和第三类的银行控股公司。除其他事项外，第四类机构须遵守：①某些流动性风险管理和风险委员会的要求，包括流动性缓冲和流动性压力要求；②每年制订和维护资本计划的要求；③在监管主导下每两年进行一次资本压力测试。压力测试方面，第四类银行控股公司须每两年进行一次由美联储组织的监督压力测试。而第三类组织须每年接受一次监督压力测试，并且须每两年进行一次由机构自身组织的压力测试。这些压力测试用于确定银行控股公司是否有足够的合并资本来吸收亏损及严重不利的经济状况带来的损失。解决方案规划方面，第四类机构无须向美联储和美国联邦储蓄保险公司(FDIC)提交一份关于在发生重大财务困境或倒闭时如何迅速有序地解决问题的方案。而第三类机构则必须提交此类方案。

　　由于截至 2022 年底 SVB 金融集团的总资产为 2118 亿美元，还不到 2500 亿美元，所以它被视为第四类银行控股公司，以上这些在 SVB 金融集团的财报中已有清晰的表述。尽管按照 SVB 金融集团在 2020 年和 2021 年的扩张速度，它达到 2500 亿美元的总资产似乎"不是梦"，但 2118 亿美元的总资产使它避开了第三类银行控股公司所需要承担的一些责任。这样一来，SVB 金融集团仅须每两年进行一次由美联储组织的监督压力测试，而不是一年一次。现在看来，由于 SVB 金融集团扩张得太快了，每两年进行一次压力测试可能根本无法满足风险管理的需要。2022 年，美联储大幅加息。而 2021 年和 2022 年 SVB 金融集团的资产中投资证券占比超过一半，随着利率的大幅上升，其持有的债券的账面价值明显下滑，从而影响其流动性。硅谷银行的倒闭，与这家银行迅速扩张的情况下监管在一定程度上不能与时俱进是脱不了干系的。而这家银行在加息周期中的资产结构问题，凸显了其流动性不足，在风吹草动时成了压垮骆驼的最后一根稻草。

（二）货币政策反转，美联储屡加息

把时间轴拉回到2020年全球疫情暴发，从美国"一口气降到底"的无限量化宽松说起。"量化宽松"就是中央银行在实行零利率或近似零利率政策后，通过购买国债等中长期债券，增加基础货币供给，向市场注入大量流动性资金以鼓励开支和借贷，也被简化地形容为间接增印钞票。2020年初，新冠肺炎疫情暴发，全球经济遭受重创。为了刺激经济，2020年3月，美联储推出无限量化宽松，开启直升机撒钱模式，并承诺将长时间维持0利率水平。过度印钞的后果一定是通货膨胀，但直至2020年下半年美国国内也没出现明显的通货膨胀，市场沉浸在宽裕流动性带来的"虚假繁荣"中。宽裕的流动性还带来了科技企业的融资热潮，在硅谷，许多科技初创企业手里积累了大量的现金。硅谷银行自然是"近水楼台先得月"，在这时以接近零利率的成本吸收了大规模储蓄存款。数据显示，2020年6月至2021年12月的一年半时间，硅谷银行的存款由760亿美元上升到超过1900亿美元，增幅接近2倍。面对储蓄存款大量流入，硅谷银行的可投资金也快速上升。但在大放水环境下，科技企业通过直接融资就可以轻松募集到资金；相应地，硅谷银行的贷款端需求疲软，资金无处可去。于是就像之前硅谷银行经营模式中介绍的那样，硅谷银行选择用这些钱买入大量美国国债，想吃储蓄存款和国债之间的利息差，这也为后续"爆雷"埋下种子。

然而从2022年开始，为了应对国内的高通胀，美联储不顾外界对于经济衰退的担忧，毅然开启量化紧缩。"量化紧缩"是量化宽松的逆向操作，就是国家层面的缩减资产负债表，把发放到市场上的钱收回一部分来，一般是为了维护货币信用和缩减市场流动性。从2022年3月开始，美联储连续8次加息，目前已将基准利率上调到4.50%~4.75%。市场利率攀升导致硅谷银行持有的长期国债价格不断下降。通俗来讲，就是硅谷银行当时购买的无风险国债年收益是1%，但是现在资金的机会成本已经上升到了4%以上。虽然这样看硅谷银行的投资是亏损的，但这个亏损暂时不会暴露。这是因为在硅谷银行的会计处理下，资产市值的波动不会直接反映在当期利润上，只有在被迫出售或者到期兑换时才会体现，这也正对应了硅谷银行危机之初进行的操作，由此"爆雷"。

（三）科技业入寒冬，资产来源动摇

与普通商业银行不同，硅谷银行的存款基础绝大多数来自科创企业及VC/PE基金，而且客户大多集中于高新科技及生命科学、医疗健康领域，占比超过了60%。早期或成长期的科技创新企业的经营状况和融资需求通常难以预测，受市场环境和政策变化的影响较大。硅谷银行需要在风险管理和资产负债匹配方面做出特殊的安排，才能应对可能出现的流动性危机或信用损失。然而美国高科技行业持续了近20年的发展盛宴在2022年戛然而止，企业业绩低迷，股价暴跌，引发迅猛的裁员潮。从2022年末开始，各大公司裁员人数动辄上万，全球科创中心硅谷首当其冲。

2022年11月，特斯拉CEO马斯克完成对推特的收购后，迅速启动裁员计划，裁员比例近50%，以求改善推特面临的亏损和债务问题。脸书母公司"元"公司为应对股价和收益双下滑及行业困境，也宣布裁员1.1万人，约占员工总数的13%。进入2023年，美科技公司裁员潮愈演愈烈。新年伊始，谷歌母公司字母表宣布计划裁员1.2万人，占全球员工总数的6%；微软表示将裁员1万人；亚马逊宣布将裁撤约1.8万名员工。3月14日，"元"公司宣布将启动第二轮裁员计划，进一步裁撤1万名员工，跃居裁员榜首位。据企业服务数据库公司Crunchbase统计，2022年，美国科技行业有超过14万名员工被解雇。美国Layoffs. fyi网站数据显示，截至2023年3月14日，就有485家科技公司裁撤了13.8万个技术岗位。

高科技企业扎堆裁员绝非偶然。由于美联储激进加息，通胀居高不下，经济衰退风险加剧，致使市场需求疲软，对科技行业股价和业绩造成巨大冲击。互联网企业所倚重的数字广告市场也不再顺风顺水。政府部门对获取用户隐私信息加强监管，针对广告追踪功能限制措施的推出，经济低迷导致广告商削减

开支，都给以数字广告业务为主的互联网公司带来严重打击。个人电脑等个人电子产品的需求量下滑，使科技企业的处境更趋恶化，英特尔、微软等企业业绩深受影响，也间接影响其他科技企业的增长潜力。

缺乏规划和远见及疫情防控期间盲目扩张等，是造成企业困境的重要因素。如"元"公司2022年底员工人数为8.6万人，环比增长20%，大约是新冠肺炎疫情之前规模的两倍。"元"公司首席执行官马克·扎克伯格的"坦白"很有代表性。他表示，在新冠肺炎疫情之初，世界迅速向在线转变，电子商务激增导致收入大幅增长。"许多人预测，这将是一种永久性的加速。所以我决定大幅增加投资。不幸的是，这并没有按照我的预期进行……我错了，我要对此负责。"

大规模裁员标志着硅谷"美好周期"的结束，进入寒冬。目前的硅谷银行危机更是雪上加霜。硅谷银行在硅谷创投生态中，发挥着举足轻重的作用，它的猝然倒地将产生深远影响。硅谷银行倒闭风波将加剧市场对金融、创投行业爆发系统性危机的忧虑。长期以来，风险投资家和硅谷初创公司严重依赖硅谷银行获得贷款和融资。遭受惊吓之际，人们对硅谷银行的信任短期无法恢复，中小银行经营势必举步维艰。风险基金对在短期内难以产生回报的高科技领域投资也将越发谨慎。科技企业，尤其是初创公司未来融资难度会急剧加大，造成新的科技企业裁员潮是大概率事件。极端情况下，甚至会发生中小银行和初创公司倒闭潮，引发更广泛的震荡，动摇硅谷作为引领未来科技创新的中心地位。

硅谷科技企业高管都意识到行业步入艰难时日的长期性。以硅谷为代表的美国科技产业进入凛冬非一日之寒。不少科技界人士认为，其整体发展遇阻的趋势在2023年仍将持续，重回坦途道阻且长。

二、病入膏肓——硅谷银行风险管理失败引发连锁反应

(一)短债长投，流动性风险暗中酝酿

截至2022年12月31日，硅谷银行总资产2117.93亿美元，同比增长0.15%；总负债1954.98亿美元，同比增长0.32%；净资产1200亿元，其中归属母公司股东权益1115亿元，2022年全年营业总收入56.45亿美元，同比增长18.59%；净利润16.72亿美元，同比下降8.78%。前文提到，硅谷银行在2020~2021年流动性宽松的大环境下，科创企业融资畅通下，带来大量的存款沉淀，硅谷银行的资产总计2020年和2021年分别同比增加62.68%及83.08%。

从硅谷银行的资产结构来看(见图1)，其中固定收益证券占比为55%，贷款净额占比为35%，现金占比为7%，可供出售证券和其他占比共计3%。而从固定收益投资组合的具体构成来看(见图2)，其中个人住房按揭贷款支持证券占比为55%，美国国债占比为14%，商业房地产抵押贷款支持证券占比为13%，政府债券、公司债券及无担保债券占比共计9%，2022年3月以来，美联储连续8次加息、累计加息450BP，10Y美债利率快速攀升，截至2022年末，10Y美债利率高达3.88%，较2021年末上行了235BP。无风险利率的大幅抬升，导致美债、MBS价格的快速下跌，而美债、MBS分别占到了硅谷银行可供出售金融资产（AFS）和持有至到期投资（HTM）的62%和75%。截至2022年末，硅谷银行AFS与HTM(见图3)分别浮亏25亿美元和152亿美元，合计浮亏177亿美元，而同期其所有者权益仅为163亿美元。

同时我们看到在加息的大环境下，2022年硅谷银行固定收益类投资的久期进一步拉长：从公司披露的久期情况来看，截至2022年12月31日和2021年12月31日，公司固定收益投资证券组合的估计加权平均久期分别为5.7年和4.0年。截至2022年12月31日，固定收益证券总投资组合(包括公允价值掉期的影响)的加权平均久期为5.6年，2021年12月31日为3.7年。截至2022年12月31日，硅谷银行AFS证券组合的加权平均久期为3.6年，截至2021年12月31日为3.5年。截至2022年12月31日和2021年12月31日，AFS证券组合的加权平均久期(包括公允价值掉期的影响)分别为3.6和2.4年。截至2022年12月31日，HTM证券投资组合的加权平均久期为6.2年，截至2021年12月31日为4.1年。可以看到，在连续且快速的加息期间，硅谷银行没有降低久期，反而进一步拉长了久期，使其亏损进一步加剧。

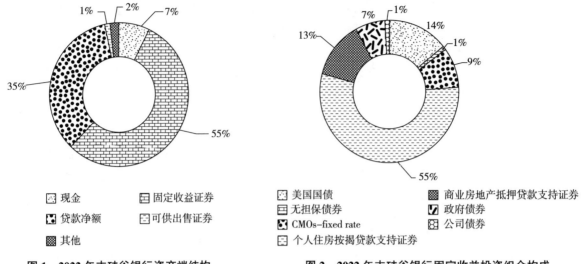

图 1 2022 年末硅谷银行资产端结构

图 2 2022 年末硅谷银行固定收益投资组合构成

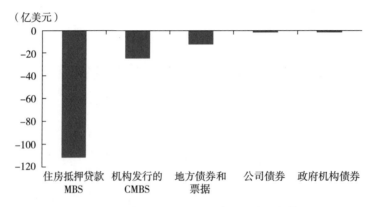

图 3 2022 年末硅谷银行 HTM 未实现净亏损情况

（二）投资亏损，一纸拉开危机序幕

为了解决硅谷银行在债券投资上的巨额亏损，以及其资产负债表上的高风险敞口。2023 年 3 月 8 日，硅谷银行发布了一项战略转型计划，其主要内容包括：①计划处置所有可供出售的金融资产组合共 210 亿美元，但会带来 18 亿美元的亏损；②计划通过增资扩股方式募集资金 22.5 亿美元(包括公开发行普通股 12.5 亿美元、定向发行普通股 5 亿美元、发行可转换优先股 5 亿美元)，以弥补其债券投资的 18 亿美元的亏损；③将定期借款规模由 150 亿美元增加至 300 亿美元。

这一消息迅速引发市场恐慌，投资者对于银行业的资本水平和存款用途感到不安，担忧"雷曼危机"重现。当地时间周四（2023 年 3 月 9 日），硅谷银行暴跌，并带崩整个银行板块，当日摩根大通、花旗、富国、美国银行总市值合计蒸发超 520 亿美元。计划的发布不仅没有为投资者提振信心，反而将投贷两侧的客户信任同时推向冰点——市场认为这是硅谷银行自救的最后一招，对其前景信心尽失。加上包括彼得·蒂尔的创始人基金在内的一些风险投资机构的投资人敦促他们投资组合内的公司从硅谷银行内提取存款，造成的结果就是：一边是投资者纷纷开始抛售手中所持股票，导致其股价暴跌超过 60%，当日市值蒸发 94 亿美元；另一边是存款人担心自己的存款资金受损，于是纷纷从各银行取款。这一举动吓坏了许多客户，致使硅谷银行发生了挤兑，大量的提款摧毁了银行的财务状况。当地时间周四(2023 年 3 月 9日)，包括 FoundersFund 等在内的风险投资基金就向企业发出预警：从硅谷银行撤出资金，以防万一。监管机构周五(2023 年 3 月 10 日)的一份文件显示，仅在 9 日一天，硅谷银行的储户就试图从账户中提取总共 420 亿美元(约合人民币 2900 亿元)，约占银行存款总额的 1/4。

金融改革集团 Better Markets 首席执行官丹尼斯·凯莱赫指出，硅谷银行的储户提款速度太快了，其财务状况恶化得也非常快。初创公司 Ruth Health 的联合创始人艾莉森·格林伯格在周四时就收到了来自投资人的邮件。"邮件上说，硅谷银行正在崩溃，我应该马上将资金取出。"此后，该公司的另一位联合创始人开始分多次提取现金。然而就在其准备进行最后一笔转账时，硅谷银行的网站页面显示崩溃，其无法再重新登录账号。值得一提的是，当地时间周四，硅谷银行首席执行官格雷格·贝克尔（Gregory Becker）还试图安抚客户，让其保持冷静，称尽管出现亏损，但银行财务还是可观的。然而与此同时，有报道称，就在银行倒闭前不到两周，贝克尔也"按计划"抛售了价值 360 万美元的公司股票。

2023 年 3 月 9 日当天，硅谷银行股价跌超 60%，进而波及整个银行板块和美股市场，富国银行和美国银行跌幅都在 6% 以上。据报道，由于巨额的存款被提走，使银行的现金余额只有约 9.58 亿美元。这样巨大的现金流出使硅谷银行无法维持正常运营，并面临流动性危机。

(三) 评级下调，英国关闭 SVB UK

2023 年 3 月 10 日，英国央行宣布，将把硅谷银行金融集团英国附属公司(SVB UK)纳入银行倒闭程序（见图 4）。这意味着英国金融服务补偿计划 FSCS 将尽快向符合条件的储户支付受保存款，最高限额 8.5 万英镑(联合账户的最高限额为 17 万英镑)。

图 4　英国央行发布关于 SVB UK 的声明

SVB UK 的其他资产和负债将在倒闭时由银行清算人管理，回收资金将分配给其债权人。英国央行称，SVB UK 在英国的业务有限，没有支持金融系统的关键功能。

国际评级机构穆迪则下调硅谷银行母公司 SVB 金融集团的评级，并表示将撤销其评级。穆迪将硅谷银行的长期本币银行存款和发行人评级分别从 Baa1 和 A1 下调至 Caa2 和 C；将 SVB 金融集团的本币高级无担保和长期发行人评级从 Baa1 下调至 C。

(四) 美股巨震，宏观经济喜忧参半

美东时间周五(2023 年 3 月 10 日)，硅谷银行"爆雷"事件令市场恐慌情绪还在蔓延。美股三大指数

均跌超 1%（见图 5），银行板块陷入巨震。截至收盘，纳斯达克股票指数（以下简称纳指）跌近 200 点，跌 1.76%，报 11138.89 点；标普 500 指数跌超 56 点，跌 1.45%，报 3861.59 点；道琼斯指数（以下简称道指）跌超 345 点，跌 1.07%，报 31909.64 点。追踪美国上市银行表现的关键指数——KBW 银行指数跌 3.91%，周累跌 15.74%，创有记录以来最大周跌幅。

图 5　2023 年 3 月 10 日美国三大指数均跌 1%

周道指累跌 4.44%，创 2022 年 6 月中旬以来最大单周跌幅；纳指累跌 4.71%，创 2022 年 11 月以来最大单周跌幅；标普 500 指数累跌 4.55%，创 2022 年 9 月下旬以来最大单周跌幅。

2023 年 3 月 10 日最新公布的 2023 年 2 月美国非农就业数据显示，2 月非农就业新增 31.1 万人，超过预期的 22.5 万人，1 月前值的新增 51.7 万下调至 50.4 万。不过失业率及薪资方面有所降温，数据显示，2 月失业率为 3.6%，高于预期的 3.4%。平均时薪同比增长 4.6%，低于预期的 4.8%，环比增长 0.2%，也低于预期的 0.4%。

这份"喜忧参半"的就业数据令美联储的加息前景再添变数。分析认为，虽然就业数据的增幅高于预期，但失业率的上升和工资增长的放缓对美联储来说是令人鼓舞的。目前没有明显的理由表明，美联储 3 月将重新加快加息步伐至 50 个基点。盘面上，受硅谷银行流动性危机事件影响，市场避险情绪显著升温，金融行业成为"重灾区"，KBW 银行指数跌 3.91%，周累跌 15.74%，创有记录以来最大周跌幅。

硅谷银行母公司 SVB 金融集团盘前一度暴跌近 70%，而后宣布停牌（见图 6）。总部同样位于加利福尼亚的另外两家银行也股价暴跌。第一共和银行盘初曾跌超 50%，并多次暂停交易，最终收跌 14.8%。PacWest Bancorp 盘初跌近 37%，一度暂停交易，最终收跌 37.9%。

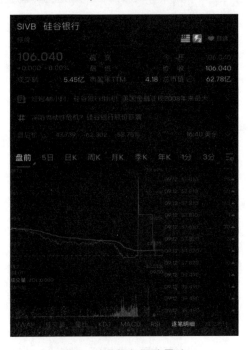

图 6　硅谷银行股价暴跌

三、脱胎换骨——硅谷银行宣布破产后迎来新生

（一）FDIC 接管残局，明星银行正式破产

2023 年 3 月 11 日凌晨，加利福尼亚金融保护与创新部（DFPI）宣布，关闭硅谷银行（见图 7），理由是该行流动性不足和资不抵债。于前日晚间，联邦储备委员会也宣布了对硅谷银行采取紧急措施。

图 7 DFPI 发布公告

最终，DFPI 指定美国联邦储蓄保险公司（FDIC）作为硅谷银行的接管方。这标志着美国历史上最大规模、最具影响力、最负盛名的科技金融机构正式宣告破产。FDIC 也于同日发表声明称，为了保护受保存款人，FDIC 创建了圣克拉拉存款保险国家银行（DINB）。在硅谷银行关闭时，作为接收方的 FDIC 立即将硅谷银行的所有受保存款转移给 DINB。硅谷银行由此成为 2023 年美国第一家倒闭的投保银行机构。

联邦储蓄保险公司在新闻通报中指出，截至 2022 年末，硅谷银行的总资产约 2090 亿美元，存款总额约 1754 亿美元。所有受保储户最迟在 2023 年 3 月 13 日早上可以完全支取其存款。不过超出保险限额的存款数额尚未确定。根据 FDIC 规定，每个账户有最高 25 万美元的保障。"这或许是最糟糕的结果。"一位硅谷创投机构合伙人向记者直言。FDIC 同时指出，将保留硅谷银行的所有资产以供日后处置。贷款客户应当继续照常付款。在硅谷银行宣布被接管后，雷蛇联合创始人陈明亮在推特上表示，推特应当买下硅谷银行并改造成为一家数字银行。而特斯拉创始人、推特 CEO 马斯克则回应称：对这个提议持开放态度。

2023 年 3 月 12 日晚间，财政部、美联储和 FDIC 发表联合声明，将硅谷银行和签名银行的倒闭认定为"系统性风险豁免"（Systemic Risk Exception，SRE），为全额兑付这两家银行的储户的损失扫除了法律障碍。根据 FDIA 的相关规定，经由 FDIC 的 2/3 多数董事，以及美联储的 2/3 多数董事的批准，财政部长可与美国总统磋商后认定某金融机构的违约或倒闭构成 SRE，并采用各种措施来避免系统性金融危机：其中包括在资产清算时与买方谈判更灵活的条款，也包括超越标准承保上限、对全部储户的全部存款余额进行兑付。

三家监管机构的联合声明特别指出，本次 SRE 的认定和相应的救助计划仅针对两家银行的储户，不包括无担保债权人（如银行的供应商、债券投资人等）和权益持有人，且损失"不会由美国纳税人承担"。根据 FDIC 的规定，该等兜底性救助对 DIF 造成的缺口将由向各银行和金融机构征收特别费用来覆盖。

此外，美国财政部长珍妮特·耶伦、联邦储备委员会主席杰罗姆·H. 鲍威尔和 FDIC 主席马丁·J. 格伦伯格发表了以下声明：今天，我们正在采取果断行动，通过增强公众对我们银行系统的信心来保护美国经济。此步骤将确保美国银行系统继续发挥保护存款，以及以促进强劲和可持续经济增长的方式为家庭和企业提供信贷的重要作用。在收到 FDIC 和美联储董事会的建议并与总统协商后，财政部长耶伦批准采取行动，使 FDIC 能够以充分保护所有储户的方式完成其对加利福尼亚州硅谷银行的决议。从 2023 年 3 月 13 日开始，储户将可以使用他们所有的钱。与硅谷银行的决议相关的损失不会由纳税人承担。股东和某些无担保债务人将不受保护。高级管理人员也已被免职。根据法律要求，存款保险基金为支持未投保的存款人而遭受的任何损失，将通过对银行进行特别评估来弥补。

最后，美国联邦储备委员会周日宣布，它将向符合条件的存款机构提供额外资金，以帮助确保银行有能力满足所有存款人的需求。

(二)股东千亿美元财富清零，公司高管提前减持

数据显示，截至 2022 年末，共有 528 家机构投资者持有硅谷银行股票，合计持有市值 109.54 亿美元。其中，全球最大公募基金先锋集团的持股数量最多，持股市值高达 15.32 亿美元。贝莱德、摩根大通、景顺等知名全球投资机构也大量持有硅谷银行的股票，持有硅谷银行市值均超亿美元的机构投资者有 28 家。

CNN Business 网站显示，硅谷银行金融集团目前总市值约为 63 亿美元，在其所有权中，共同基金占 53.74%，其他机构占 45.23%，个人利益相关者占 1.61%。

目前前十大股东包括：先锋集团(10.85%)、道富基金(5.22%)、贝莱德基金(5.18%)、瑞典养老基金 Alecta(4.46%)、摩根大通(3.67%)等 (见图 8)。据欧洲投资杂志 *IPE* 报道，作为硅谷银行第四大股东，瑞典养老基金 Alecta 于 2023 年 3 月 13 日发表声明，在硅谷银行倒闭前，它对硅谷银行的总投资已达 89 亿瑞典克朗。而除了硅谷银行，Alecta 还投资了签名银行和第一共和银行，在三家银行上的总损失达到 145 亿瑞典克朗(12.7 亿欧元)。Alecta 承认，在 FDIC 接管硅谷银行和签名银行后，它将其在这两家银行的持股减记为零，导致总资本损失了约 1%。

Top 10 Owners of SVB Financial Group					
Stockholder	Stake	Shares owned	Total value ($)	Shares bought / sold	Total change
The Vanguard Group, Inc.	10.85%	6,413,197	1,847,706,188	+153,394	+2.45%
SSgA Funds Management, Inc.	5.22%	3,082,695	888,155,256	+4,918	+0.16%
BlackRock Fund Advisors	5.18%	3,063,085	882,505,419	+102,521	+3.46%
Alecta Pension Insurance Mutual	4.46%	2,633,100	758,622,441	+225,000	+9.34%
JPMorgan Investment Management, Inc.	3.67%	2,171,478	625,624,527	+148,604	+7.35%
Artisan Partners LP	2.75%	1,624,103	467,920,315	+210,959	+14.93%
Geode Capital Management LLC	2.12%	1,251,764	360,645,726	+43,282	+3.58%
Harding Loevner LP	2.01%	1,186,039	341,709,696	+132,439	+12.57%
Franklin Mutual Advisers LLC	1.68%	991,990	285,802,239	+942,916	+1,921.42%
Capital Research & Management Co.	1.57%	925,165	266,549,288	-3	-0.00%

图 8　硅谷银行前十大股东

美国当地时间 2023 年 3 月 13 日，被接管后的硅谷银行系统重启，储户们陆续取回存款并分享喜讯。3 月 14 日一早，A 股上市公司九安医疗（002432.SZ）公告，其在硅谷银行中的存款已可以全额使用，未受损失。此前，九安医疗披露，截至 3 月 10 日，公司及子公司在硅谷银行的存款金额，占公司现金类资产及金融资产总额的比例约 5%。据估算，这笔存款或超过 6 亿元人民币。

"涉事银行的管理层将被解雇，涉事银行的投资者不会得到保护。"2023 年 3 月 13 日，美国总统拜登就硅谷银行事件发表讲话时表示。"他们（投资者）明知道自己在冒险。当风险没有回报时，投资者就会损失他们的钱。这就是资本的运行方式。"

"硅谷银行已经资不抵债，股东权益清零。在清偿顺序上，先是储户们的存款，然后是银行的债主，最后才是股东。股权本身就是高风险高回报。"融 360 联合创始人、CEO 叶大清表示。叶大清在 PayPal、美国运通、第一资本银行（Capital One）等硅谷、华尔街、华盛顿等金融机构任职多年，见证过美国中小银行的破产重整潮。

Wind 统计显示，截至 2022 年末，共有 528 家机构股东持有硅谷银行 80.44% 的股份。而且在 2022 年第四季度，机构股东们的持股比例还大幅上升。其中，先锋基金、贝莱德、瑞典养老金基金、摩根大通、景顺集团等持股比例靠前，而对冲基金 DE Shaw、Two Sigma 等增持较多。不过，在硅谷银行倒闭前，这些机构还持有多少硅谷银行股票尚未可知。有市场消息称，一些大型创投机构在此前已经注意到硅谷银行的资产结构异常及存款快速流出风险，悄悄转移了其在硅谷银行的资金。

在 2023 年 3 月 8 日硅谷银行抛出其雄心勃勃的改革计划，并暴露其出售金融资产导致亏损 18 亿美元后，储户们和股东们开始上演生死大逃亡。交易信息显示，3 月 9 日，硅谷银行暴跌 60.41%，当日成交了 3874.65 万股，占其总股本的 65%，成交额 48.63 亿美元。有投资者称，如此暴跌是抄底的好机会。而第二天，硅谷银行在盘前再度暴跌 58.75%，成交量 1148.57 万股，成交额 5.45 亿美元。更多的股东们被埋葬，硅谷银行随后紧急停牌，数小时后，FDIC 宣布了其倒闭被接管的消息。至此，在册股东们的财富悉数清零。

而公司高管却未受影响。按照惯例，硅谷银行在每年 3 月的第二个星期五发放年终奖。虽然今年跟宣布破产的日子重合了，大量客户排队取钱吃了"闭门羹"，但是硅谷银行的员工仍然如期收到了年终奖。

尽管这笔奖金的数额到底是多少还不清楚，但来自美国招聘信息网站 Glassdoor.com 的信息显示，该银行一年发给员工和高管的奖金范畴在 1 万~20 万美元。其中初级的助理岗为 1.27 万美元一年（约为 8.29 万元人民币），常务经理则在 14 万美元一年（约为 96.7 万元人民币）。

在硅谷银行披露大规模亏损不到两周前，首席执行官 Gregory Becker 根据一项交易计划卖出了 360 万美元公司股票。监管备案文件显示，2023 年 2 月 27 日，Becker 卖出了 12451 股母公司硅谷银行金融集团的股票，为一年多来首次（见图 9）。他在 2023 年 1 月 26 日提交了出售股票的相关计划。Becker 本人和硅谷银行金融集团都没有立即回复有关 Becker 出售股票及他在提交相关计划时是否清楚公司当时计划筹资的问题。在事发前，这种偷偷减持跑路的行为如今惹恼了无数投资者。除去首席执行官外，硅谷银行的首席财务官 Daniel Beck 也减持了 57.5 万美元硅谷银行股票。

Transaction Date	Reported DateTime	Company	Symbol	Insider Relationship	Shares Traded	Average Price	Total Amount
2023-02-27 Sale	2023-03-01 5:18 pm	SVB FINANCIAL GROUP	SIVB	Beck Daniel J Chief Financial Officer	2,000	$287.59	$575,180
2023-02-27 Sale	2023-03-01 5:12 pm	SVB FINANCIAL GROUP	SIVB	BECKER GREGORY W President and CEO	12,451	$287.42	$3,578,652

图 9　硅谷银行两名高管破产前减持股票

而有意思的是，硅谷银行的首席行政官（Chief Administrative Office，-CAO）居然是当年爆雷的雷曼兄弟的 CFO！资料显示，在 2007 年加入硅谷银行证券之前，其担任雷曼兄弟全球投资银行的 CFO，负责固定收益部门的会计和财务需求。时至今日，当年雷曼兄弟爆雷，让曾经历 2008 年金融股灾的投资人仍心有余悸。

(三) 第一公民银行收购，硅谷银行重获支持

2023 年 3 月 27 日，经过逾两周的努力，第一公民银行股份公司宣布，已经与联邦储蓄保险公司 (FDIC) 完成硅谷银行收购谈判，收购原属硅谷银行的存贷款和其他资产及负债。

第一公民银行官网资料显示，该行以 164.5 亿美元的折价购得约 1100 亿美元硅谷银行资产，其中包括 720 亿美元贷款，同时承担 936 亿美元硅谷银行负债。该交易的结构是整个银行购买，并承担损失份额。

联邦储蓄保险公司称，硅谷银行倒闭预计耗费约 200 亿美元的联邦储蓄保险公司储蓄保险基金。从理论上讲，第一公民银行将以约 23% 的折扣收购硅谷银行的部分资产，这应该会大大增加第一公民银行的利润和账面价值。第一公民银行在这笔交易中购买的资产很可能是硅谷银行曾经拥有的质量较高的资产。

此外，并非所有硅谷银行的资产都将在这笔交易中出售，价值约 90 亿美元的证券和其他资产将留在硅谷银行，FDIC 可能会随着时间的推移将其货币化，以偿还储户。

硅谷银行以前的 17 家分行将变成第一公民银行的新分行，这将大大增加后者的地理覆盖范围和渗透率，一旦整合完成，这将具有规模优势，例如，每个分行的管理费用较低，这应该有利于第一公民银行的盈利能力。

对第一公民银行来说，收购硅谷银行是一个非常好的交易，将使其资产加倍，也舒缓了投资者对银行业危机的紧张情绪。美股市场对这一交易的消息反应也相当积极，收盘涨跌互现，道指涨近 200 点，纳指跌近 0.5%，第一公民银行大涨约 54%，创 2022 年 1 月以来收盘新高。这一消息同时也带动了其他地区性银行和大银行的股票价格，第一共和银行股票上涨 11.97%，为几个星期以来低迷的银行板块带来了一丝希望。

为什么美国第一公民银行敢接手硅谷银行的资产呢？这就要从第一公民银行的发展历程说起。第一公民银行成立于 1898 年，原名史密斯菲尔德银行 (Bank of Smithfield) 直到 1994 年，在收购了西弗吉尼亚州的一家银行后，第一公民银行才开始在北卡罗来纳州之外开设分行。几年后，该行创立了一个联邦储蓄子公司，使其能够在全国范围内进一步扩张。在之后的时间，第一公民银行通过收购陷入困境的竞争对手，将其打造成了一家全国性的银行机构。

情报分析师 Herman Chan 在发给媒体的电子邮件中表示："第一公民银行有过收购陷入困境银行的历史，这是一种在困难时期发展银行的战略——以有利的价格进行并购。"自 2008 年以来，第一公民银行已经至少收购了 12 家破产倒闭的银行。

到 2023 年 3 月，第一公民银行从 FDIC 手中收购的资产价值近 1430 亿美元，并使其从鲜为人知一跃变成美国最大的风险投资和私募股权行业的投资银行之一。根据美联储的数据，这也意味着第一公民银行现在将成为美国最大的 15 家银行之一，资产超过了摩根-士丹利或美国运通公司。

其实在美国银行业，这样的吞并并不少见。目前的美国四大银行——花旗、摩根大通、美国银行和富国银行，都是通过不断合并重组而来的，这些银行的前身都是无数家小银行，比如花旗银行前身是纽约城市银行，但通过合并旅行者集团、欧美银行、美国第一联合资本等，成为一个超级巨无霸。

四、余波未平——硅谷银行破产事件产生的影响

(一) 初创企业首当其冲

硅谷银行倒闭，首当其冲遭受影响的就是初创行业，而且范围远不止在美国。中国香港《南华早报》

2023 年 3 月 18 日报道称，作为全球科技行业的重要贷款方之一，硅谷银行倒闭引发的危机在全球蔓延的担忧，给科技初创企业带来不确定性。卡塔尔半岛电视台此前的报道称，硅谷银行在全球科技生态系统中拥有巨大影响，长期以支持大型机构可能认为风险过大而无法放贷的初创企业而闻名。

更多受影响的亚洲企业来自印度。据报道，总部位于印度海德拉巴的软件服务公司 Byteridge 是硅谷银行危机的受害者之一，在硅谷银行爆雷后，其创始人兼 CEO 花了几个小时试图将资金转移出去，但没有成功。他坦言正在为其他后果做准备。印度《前线》杂志认为，相比其他国家，印度受影响的科技初创公司数量是最高的。这些企业的创始人中很大部分严重依赖硅谷银行。据《印度时报》报道，知情人透露，至少有 40 家印度初创企业在硅谷银行有 25 万~100 万美元的存款，超过 20 家初创企业存款超过 100 万美元。这些公司的创始人近日争先恐后地试图将钱从账户中取出，否则可能面临第二天就发不出工资的危险。印度电子和信息技术国务部长拉吉夫正在与受影响的初创企业接触，寻找解决办法。

（二）银行面临信任危机

在硅谷银行倒闭后不久，2023 年 3 月 12 日，美国财政部、美联储和美国联邦储蓄保险公司发表联合声明宣布，因"系统性风险"，美国签名银行当天被纽约州金融服务局关闭。这是美国继硅谷银行后，被关闭的第二家银行。5 月 1 日，美国第一共和银行也随之宣告破产。目前，前两家银行均已被美国官方接管，而第一共和银行则在美国官方的协调下纳入了摩根大通的管辖范围。据了解，第一共和银行破产之前，它们约有 2300 亿美元存款，其中 1100 多亿美元资产未受联邦存款保险保护。短短 2 个月不到的时间，3 家银行"轰然倒塌"。按照资产总规模来算，上述 3 家银行总资产规模近 5500 亿美元，远超 2008 年金融危机时 25 家倒闭银行的资产总和。

而随着美国银行业危机持续发酵。2023 年 5 月 4 日，西太平洋合众银行收跌超 50%，盘中股价一度跌至 2.48 美元，创历史新低。银行业指标 KBW 银行指数（BKX）收跌 3.8%，连跌四日，创 2020 年 9 月以来最低位。尽管美联储主席鲍威尔坚称"美国银行系统健康且具有弹性"，但这场震荡还是引发了人们对美国银行业的质疑。市场担忧，这场美国银行业"倒闭潮"远未结束，区域性银行或将成为接连倒下的"多米诺骨牌"。

从宏观环境看，美国高利率的环境可能暂时没法实现逆转，银行的资产负债表短期内难以恢复健康状态，银行倒闭事件大概率将持续，但尚不至于酿成系统性金融风险。银行业面临的两个主要风险是资产负债错配与高杠杆，这是银行的经营模式决定的。而由于硅谷银行等区域性银行的特殊性和美联储及时采取的措施，大概率不会引发系统性危机。

（三）监管部门负担更重

硅谷银行事件促使美国政府和监管机构加强了对银行业和科技行业的监督和干预，提出了更严格的资本要求和风险管理规范。

2023 年 3 月 12 日，美联储宣布推出一项新的预防银行挤兑的融资工具——银行期限资金计划（BTFP）。美联储在声明中指出，"为了支持美国企业和家庭，将向符合条件的储蓄机构提供额外资金，以确保银行有能力满足所有储户的需求。这一举措将增强银行系统保护存款的能力，并确保向经济持续提供货币和信贷。美联储准备应对任何可能出现的流动性压力"。

另外，据外媒报道，拜登在白宫发表讲话时呼吁美国国会恢复重启《多德-弗兰克法案》。拜登表示，"在奥巴马-拜登政府时期，我们对硅谷银行和签名银行等银行提出了严格的要求，包括《多德-弗兰克法案》，以确保我们在 2008 年看到的危机不会再次发生。不幸的是，上届政府取消了其中的一些要求。我将要求国会和银行监管机构加强对银行的监管，以降低此类银行倒闭事件再次发生的可能性，保护美国的就业机会和小企业"。

五、前车可鉴——案例小结与启示

（一）案例小结

在 2020 年全球疫情暴发后，美联储推出了无限量化宽松政策，通过购买国债等手段增加基础货币供应，向市场注入大量流动性资金。这使硅谷银行成为受益者之一，其存款和可投资金迅速增长。然而，随着 2022 年开始的量化紧缩政策和科技行业的困境，硅谷银行面临着资产来源动摇和信任危机。美联储连续加息导致市场利率攀升，使银行持有的长期国债价格下降，投资回报率下降。同时，科技企业裁员潮和行业低迷也给硅谷银行带来了巨大挑战。

总的来说，使硅谷银行踏上不归之路的"罪魁祸首"是其激进的资产配置策略。硅谷银行在追求快速扩张和利润最大化的同时，忽视了对市场风险的充分评估和规避，特别是在科技行业这样快速变化且不稳定的领域。随着美联储的加息，硅谷银行抛售国债的行为带来了存款的挤兑，而其相对集中的客户群体则加速了硅谷银行破产的"死亡螺旋"。

（二）反思与启示

1. 硅谷银行倒闭对我国银行业健康运营的启示

（1）加强商业银行的风险管理。银行在经营管理中应该始终坚持安全性、流动性、营利性三大原则，强化稳健经营。硅谷银行将三大原则顺序倒置，重点关注营利性，忽视了流动性。纵观全球银行发展史，银行忽视基本原则，铤而走险导致风险迅速积累、银行危机接踵而至的案例比比皆是。2008 年国际金融危机期间，英国北岩银行流动性较差的资产占比高达 86%，最终因流动性枯竭而破产。

从商业银行经营的角度来看，硅谷银行的成功在于服务科创企业及风投行业，失败也在于服务科创企业和风投行业，所谓"成也萧何，败也萧何"；如果其服务对象丰富、层次错落有致、信贷产业项目多样的话，可能就不会落到今天这样的结局。

在客群经营方面，中小商业银行根据自身禀赋，拓展特定的客户群，提供特色服务，形成差异化的核心竞争力，是一条非常好的发展路径。不过客户群或行业的选择必须考虑可持续性。如果选择的客户群和行业周期性特征明显，会给经营埋下隐患。我国个别银行曾经设置过行业事业部，但随着行业整体进入下行周期，事业部难以为继。硅谷银行所选择的领域，虽然会有波动，但总体是一个持续发展的领域。

在资产负债经营管理方面，单纯的信贷风险管理能力并不能保障一家银行的安全运营，即使是特色经营，也要关注特色周围的业务机会以平衡集中度风险。此次硅谷银行破产一个最大的诱因就是资产期限错配引发的流动性危机，即在过去美联储大幅放水导致存款大幅增长时大肆进行资产扩张，并将过多的资金投向中长期债券资产，当美联储大幅加息时引发美债收益率升高导致美债资产价格下跌，形成了美债的巨额亏损。

从货币政策的层面来看，商业银行一定要注意货币信贷政策的稳健，避免大起大落引发政策性风险。硅谷银行破产除了资产期限错配是主因之外，还有一个重要诱因就是美联储的过度宽松与过快紧缩，2022 年美联储大幅加息 425 个基点，使美国货币政策从之前的大幅"放水"到快速"收水"，使资金供给也快速减少，这对于硅谷银行资产限期错配无疑会产生重挫。

（2）增强金融机构的风险管控。《巴塞尔协议Ⅲ》强调流动性风险管理的重要性，建立了流动性覆盖率、净稳定资金比例等流动性风险管理监管标准。包括硅谷银行在内的银行破产案例中，流动性危机往往是"压死骆驼的最后一根稻草"。硅谷银行走向今天破产的命运，金融监管当局在风险监管指标上掌控能力不到位，或者说相关风险监管指标科学性有待增强、灵敏度有待提高也是一个重要原因。

从硅谷银行出现的流动性风险看，我国金融监管部门在防范银行流动性风险方面的监管指标也需要进一步修订、完善和补充；当前我国银行流动性风险监管指标主要有流动性比率（流动性资产余额/流动性负债余额×100%）、超额准备金率［（在央行超额准备金存款+库存现金）/人民币各项存款期末余额×100%］、核心负债比率（核心负债期末余额/总负债期末余额×100%）、流动性缺口率［（流动性缺口+未使用不可撤销承诺）/到期流动性资产×100%］等四个指标。现在看来，四个监测银行流动性风险指标还远远不够，尤其对风险提示还难以及时到位。

由此，有必要在这个流动性风险监测指标的基础上再增加两个相应的风险监测指标：一是银行贷款期限配置指标，设定全部贷款的合理限期，使商业银行贷款各类信贷配置处于一个合理水平；二是贷款风险敏感率指标，设定不同贷款对风险的承受度及对政策变化、经济环境影响的敏感度，测量不同贷款的风险系数，从而得出信贷流动性风险。

通过新增两个贷款流动性风险监测指标，可进一步衡量银行信贷可能产生的风险程度或状况，可提前制定防范措施，做到对信贷风险防范的未雨绸缪，让我国更多银行在未来避免走硅谷银行破产的老路。

2. 硅谷银行倒闭对我国银行业监管的启示

硅谷银行的主营业务和模式让其成功运营了近50年，其投贷联动模式孵化了众多出色的科技巨头公司，成为科技金融领域的标杆。硅谷银行信贷不良率低，投贷联动业务的股权投资业务回报率高。但由于利率风险、流动性风险及薄弱的预期管理水平，这样一家小而美的银行，最终因挤兑而破产。硅谷银行危机对我国商业银行和科技金融的发展有以下启示：

（1）理性看待硅谷银行的科创金融商业模式。硅谷银行亏损资产与科技行业本身并无关系，其科创金融的商业模式仍然值得借鉴。硅谷模式为初创企业提供投贷联动的金融服务，还对风投机构提供融资支持。硅谷模式经过长时间的实践，已经证明是一种可持续的商业模式。

（2）中小银行形成特色经营能力时需加强流动性管理能力。中小银行在形成特色营业模式的同时，仍需加强对利率风险、流动性风险的预判。针对科创企业的客户特点，还可以鼓励大型银行的支行进行专业支持，同时在总行层面管理资产负债风险。

（3）完善货币政策工具箱，发挥好最后贷款人职能。央行应做好危机应急预案，丰富货币政策工具。在履行最后贷款人职能时做到迅速响应，快速调查了解问题根源，降低道德风险的同时为暂时出现问题的银行迅速补充流动性。同时做到新媒体时代的市场公关管理，为市场注入信心。

（4）警惕加息和恐慌蔓延对我国中小银行的冲击。美元流动性的大幅收放之间，金融体系的薄弱环节就会爆发风险事件。英国养老金风波、瑞士信贷银行爆雷、黑石违约及硅谷银行倒闭也都是在这一逻辑链条上爆发的风险点。我国要密切关注美元市场利率变化，监测存款稳定性相对较差的部分中小银行的资产负债健康状况。此外，还应关注单位存款比重较高的银行，因为存款保险对企业存款的覆盖率低，挤兑压力比个人存款大。

（5）加强商业银行的信息披露和预期管理。金融系统出现问题时，信心比黄金更珍贵。硅谷银行发布的公告未披露关键信息，引发投资者的担忧，破坏存款人的信心，最终引发挤兑。流动性风险管理还要关注股市的传染机制，和投资者管理形成协同联动。

（6）银行分档监管仍需考虑一致性原则。2023年2月18日原银保监会、中国人民银行发布《商业银行资本管理办法（征求意见稿）》，明确了商业银行分档监理原则。我国在提升监管精细化程度与可比性的同时，应坚持不同等级银行机构之间、不同类别风险之间监管实质的一致性，避免监管缺位和监管套利。

3. 美国政府处置硅谷银行危机的策略对我国银行业危机管理的启示

（1）美国政府处置硅谷银行危机的策略。在诸多银行陆续出现风险后，美国政府部门主要采取了以下措施：一是采取监管宽容政策，争取"以时间换空间"；二是分类施策处置大行，保证危机期间金融体系整体稳定。美国此次救助硅谷银行给政府处置银行危机带来一点启示。

第一，严格系统性风险判定标准和启动条件。美国危机管理机制在权衡防范系统性风险和道德风险的关系上，取得了较好实践。1991年《联邦储蓄保险公司改进法案》设置"系统性风险例外"条款时，明确了严格的判定标准，须由联邦储蓄保险公司和美联储联合判定。为防范该条款被滥用，2010年《多德-弗兰克法案》进一步限定"系统性风险例外"条款的使用，以确保在公共资金承担损失前，原股东和无担保债权人先承担损失，严肃市场纪律。

第二，建立快速明确的系统性风险决策程序。由于系统性风险传染速度快、外溢性强、影响范围广，美国在严格限定"系统性风险例外"条款使用条件的同时，建立了快速明确的系统性风险决策程序，切实提高风险应对效率。在硅谷银行倒闭出现风险外溢后，美国危机管理机制迅速反应，经美联储、联邦存款保险公司判断，由财长报请总统决策后立即启用"系统性风险例外"条款，从识别到判定再到启用的整个决策过程历时不到48小时，快速稳定了市场情绪。

第三，发挥存款保险基金在系统性风险处置中的作用。存款保险制度作为金融安全网的重要支柱之一，是保护存款人利益、防范化解金融风险、维护金融体系稳定的重要基础性制度安排。在处置实践中，美国建立了以存款保险为主的危机管理机制。具体来看，联邦存款保险公司既是系统性风险的判定者之一，又承担具体的风险处置责任，相机抉择使用处置工具，灵活处置问题银行，在维护美国金融体系稳定中发挥着重要作用。

第四，坚持市场化、法治化的处置原则。一方面是确保各债权人得到依法公平清偿。在过桥银行或收购承接过程中，联邦储蓄保险公司根据资产状况，按照法定破产清偿顺序转移负债，确保各债权人的保障程度不低于破产清算下的清偿率。如处置硅谷银行时，基于硅谷银行有效资产最多仅能覆盖存款的预估，联邦储蓄保险公司按照债权清偿顺序，将全部存款和几乎全部资产转移至硅谷过桥银行。另一方面是引入市场竞争最大化实现银行经营价值。在处置过程中，联邦储蓄保险公司主要通过招标遴选收购承接方，市场化出售经营价值，实现处置成本最小。在紧急情况下，联邦储蓄保险公司设立过桥银行后，也会迅速向市场营销出售。如处置硅谷银行时，从联邦储蓄保险公司设立硅谷过桥银行到市场化出售历时仅半个月。

第五，实现处置成本在市场与公共部门、当期与未来间的合理分担。美国的危机管理机制通过合理分担处置成本，有效降低了公共部门处置成本。一般来说，纳税人不承担损失，并且联邦储蓄保险公司承担损失前，无担保债权和股东权益依法先承担损失。在针对个体风险时，非受保存款也要依法承担损失，从而实现处置成本在市场与公共部门间的合理分担。在具体处置时，联邦储蓄保险公司通常采取损失分担策略，与收购承接方在未来一定时期内分担损失并共享收益，吸引收购承接方承接资产与负债，同时激励其最大化回收资产，以减少联邦储蓄保险公司当期支出、增加未来收益，从而实现处置成本在当期与未来间的合理分担，降低处置成本。

(2)对我国银行业危机管理的启示。作为货币政策制定者，央行货币政策应避免大放大收。疫情防控期间，发达经济体推行量化宽松政策、快速实施零利率，后续又因通胀高企而快速加息缩表，使商业银行在宽松阶段配置的低收益资产，需要在紧缩阶段用高利率负债平衡，造成较大亏损。

第一，央行应当加大货币政策与财政政策，以及与金融监管的协调力度。保持币值稳定、抑制通胀是中央银行义不容辞的职责，但提高利率、紧缩银根有其负面效应，一旦超出了金融市场（尤其是债券市场）或金融机构的承受力，出现银行挤兑风险乃至金融危机，就可能引发严重后果。此外，在货币政策从松到紧的急转过程中，如出现相关举措出台的时机、力度和节奏与商业银行等金融机构的资产、业务等调整跟不上的情形，就可能增大货币政策工具的负面效应。

第二，应重视商业银行等中小金融机构的监管。2008年金融危机后，各国普遍加强了对系统重要性金融机构的评估和监管，而对商业银行等中小型金融机构的关注相对有限。美国对金融机构实施分类监管，按照类别，硅谷银行在破产前适用较为宽松的审慎监管标准。由于过渡期安排和两年一次的压力测试要求，硅谷银行直到破产前都未开展压力测试。事实上，中小金融机构的承压能力更弱、脆弱性更明显，同样有可能在风险积累和市场恐慌中酿成系统性风险。

第三，处置金融风险要迅速且强力。硅谷银行的风险处置相当迅速，FDIC 按照"五一机制"接管硅谷银行，即周五宣布接管并成立过桥银行，周一重新开业。美国财政部、美联储、FDIC 也快速履行法定程序，及时宣布为硅谷银行所有存款人提供全额保障，稳定了市场信心。这表明迅速且强力的应对措施对稳定市场信心、处置金融风险至关重要，也反映出充分的法律授权、丰富的政策工具、充足的风险处置资源的重要性，值得借鉴。

第四，应关注银行资产负债结构的稳定性。从负债端看，硅谷银行的存款多来源于创业企业，客户同质性高，储蓄存款占比很低，90%以上的存款不属于受保存款，负债结构欠稳定。从资产端看，硅谷银行贷款占总资产的比例仅为 35%，57%的资产投资于美国国债和住房抵押贷款支持证券，且缺乏有效应对利率风险的对冲安排。资产负债结构的不稳定最终引发流动性风险。鉴于此，银行要用好压力测试等风险管理工具，充分考虑各类风险情景，做好极端情况下的应对预案，使自身风险管理能力与资产负债结构相匹配。

(三)课程思政价值

2020 年以来，疫情冲击、全球供应链紧张、美联储货币政策转向、俄乌冲突等冲击接踵而至，在当前新形势下，我国经济发展形势也面临新的挑战。英国国债危机告诉我们，要牢固树立底线思维，系统性做好风险防控工作，坚守国家经济金融安全的底线。

中华人民共和国成立以来，我国金融体系经受住了种种风险考验，积累了较为丰富的实践经验。从改革开放前外国对我国实施的金融制裁与封锁，到 20 世纪 90 年代的亚洲金融危机，以及 21 世纪以来的国际金融危机、欧债危机和新冠肺炎疫情等，我国均从容应对，成功走出了一条在中国特色社会主义制度下维护国家金融安全的正确道路。当前，我国金融安全形势总体良好，但在世界百年未有之大变局加速演进的复杂形势下，要居安思危，密切关注和有效规避各种潜在的风险点。

在经济全球化深入发展的今天，金融危机外溢性凸显，国际金融风险点仍然不少；一些国家的货币政策和财政政策调整形成的风险外溢效应，有可能对我国金融安全形成外部冲击。这要求我们把准确判断风险隐患作为保障金融安全的前提，增强风险防范意识，对存在的金融风险点做到心中有数，未雨绸缪，密切监测，准确预判，有效防范，不忽视一个风险，不放过一个隐患。

硅谷银行，为何踏上不归路？

 案例使用说明

一、教学目的与用途

（一）适用课程

金融机构风险管理、金融理论与政策、金融市场与金融机构、金融监管等。

（二）适用对象

本案例主要适用于金融专业硕士学习。

（三）教学目标

本案例主要分析硅谷银行破产事件中美联储货币政策、银行内部风险管理等相关事项。通过详细阐述利率政策对银行资产负债表的影响，促进学生掌握金融理论与政策基本知识及交易实务操作；通过分析美联储、硅谷银行、FDIC 等各方的应对策略、具体措施及事件结局，引发学生对金融风险管理、金融政策实施方面的深刻思考。

本案例的教学目标主要可以分为以下四个方面：

（1）帮助学生理顺硅谷银行破产事件的始末，重点关注此案例的背景与多方动机，从外部货币政策反转和内部风险管理不到位等多个角度分析危机发生的原因，从而培养学生结合专业理论多层次分析实际问题的能力。

（2）引导学生从金融监管方视角来分析事件，理解硅谷银行破产的原因，并分析在事件发生过程中破产与接手政策是否合理，促进学生了解政策实施过程与具体措施。

（3）从美联储角度，带领学生分析金融政策在实际推行中的难题，并在此基础上引导学生思考金融市场制度建设和监管改进的参考价值。

（4）从国家金融安全的角度入手，结合历史上其他银行危机的案例，来分析为何这家"明星银行"会在一夜间倒闭，并思考中国可以从中学到什么教训，以引发学生反思，从而巧妙地实施"课程思政"教育。

二、启发思考题

（1）在硅谷银行破产前美联储奉行怎样的利率政策？从理论上分析该政策为何导致硅谷银行资产端受损严重？

（2）什么是 Diamond-Dybvig 模型？如何用 Diamond-Dybvig 模型解释硅谷银行出现挤兑乃至破产的现象？该模型提出了哪些降低挤兑风险的方法？

（3）面对资产端和负债端潜在的期限错配危机，硅谷银行内部风险管理出了什么问题？

（4）什么是负利差？硅谷银行破产事件是否意味着美国银行体系已进入负利差状况？负利差现象是如何影响宏观金融稳定的？

（5）硅谷银行破产事件反映了美国金融监管存在哪些问题？对中国的金融监管有哪些启示？

三、分析思路

（1）从调研案例背景、事件发生原因等角度，循序渐进地理解硅谷银行破产事件，通过调研美联储在该事件发生前奉行的利率政策背景，梳理出利率政策对硅谷银行资产端的理论作用逻辑，引导学生分析实现不同经济目标所需要采取的政策有何不同，思考政策发生反转会带来的后果及影响，带领学生逐步深入挖掘案例价值内涵。

（2）结合 Diamond-Dybvig 模型，帮助学生了解挤兑危机的发生原因、传导机制和后续影响，同时用该模型解释硅谷银行发生挤兑乃至破产的原因，最后提出预防挤兑危机产生的解决办法，使学生更深刻地意识到银行业危机对整个金融市场产生的深远影响。

（3）本案例揭示了硅谷银行资产端和负债端存在较为明显的期限错配问题，结合硅谷银行的储户结构和所投资资产的特征，帮助学生理解硅谷银行内部风险管理存在哪些漏洞，进一步分析为什么该行在此前会采取这样的投资策略，引导学生思考为什么在利率上升时，硅谷银行资产端会大幅受损。需要学生结合利率期限结构、债券久期等金融知识进行分析，自然过渡到硅谷银行内部风险管理存在的问题，使学生了解硅谷银行这种风险管理模式的"双刃剑"风险，帮助学生建立理论知识与现实案例之间的联系。

（4）本案例提出了负利差（Negative Carry）的概念，让学生了解硅谷银行破产事件背后带来的深层次影响，以及该事件是否影响了美国乃至全球金融业的宏观稳定，随后介绍了美国非银体系深陷负利差状况带来的潜在隐患，从而引导学生思考在这种情形下如何应对银行业可能出现的负利差状况。

（5）从金融监管的角度入手，分析硅谷银行破产事件揭示了美国金融监管体系存在哪些弊端，并思考该事件对全球尤其是中国有何影响，引导学生反思。这需要学生结合金融理论与国际政治关系等知识来作答，本案例因此巧妙地实施了"案例思政"教育。

四、理论依据和问题分析

（一）理论依据

1. 利率期限结构

利率期限结构（Term Structure of Interest Rates）是指在某一时点上，不同期限基金的收益率（Yield）与到期期限（Maturity）之间的关系。利率期限结构反映了不同期限的资金供求关系，揭示了市场利率的总体水平和变化方向，为投资者从事债券投资和政府有关部门加强债券管理提供可参考的依据。严格地说，利率期限结构是指某个时点不同期限的即期利率与到期期限的关系及变化规律。由于零息债券的到期收益率等于相同期限的市场即期利率，从对应关系上来说，任何时刻的利率期限结构都是利率水平和期限相联系的函数。因此，利率期限结构，即零息债券的到期收益率与期限的关系可以用一条曲线来表示，如水平线、向上倾斜和向下倾斜的曲线。甚至还可能出现更复杂的收益率曲线，即债券收益率曲线是上述部分或全部收益率曲线的组合。收益率曲线的变化本质上体现了债券的到期收益率与期限之间的关系，即债券的短期利率和长期利率表现的差异性。

以下为利率期限结构的三种理论：

（1）预期假说。利率期限结构的预期假说首先由欧文·费歇尔（Irving Fisher，1896 年）提出，是最古老的期限结构理论。

$$R(t,T) = \frac{1}{T-t} \left[\int_t^T E_t(r(t)) \, ds + \int_t^T D(s,T) \, ds \right] \tag{1}$$

预期理论认为，长期债券的现期利率是短期债券的预期利率的函数，长期利率与短期利率之间的关系取决于现期短期利率与未来预期短期利率之间的关系。如果以 $E_t(r(t))$ 表示时刻 t 对未来时刻的即期利率的预期，那么预期理论的到期收益可以表达为：如果预期的未来短期债券利率与现期短期债券利率相等，那么长期债券的利率就与短期债券的利率相等，收益率曲线是一条水平线；如果预期的未来短期债券利率上升，那么长期债券的利率必然高于现期短期债券的利率，收益率曲线是向上倾斜的曲线；如果预期的短期债券利率下降，则债券的期限越长，利率越低，收益率曲线就向下倾斜。

这一理论最主要的缺陷是严格地假定人们对未来短期债券的利率具有确定的预期；而且，该理论还假定，资金在长期资金市场和短期资金市场之间的流动是完全自由的。这两个假定都过于理想化，与金融市场的实际差距太远。

(2)市场分割理论。预期假说对不同期限债券的利率不同的原因提供了一种解释。但预期理论有一个基本的假定是对未来债券利率的预期是确定的。如果对未来债券利率的预期是不确定的，那么预期假说也就不再成立。只要未来债券的利率预期不确定，各种不同期限的债券就不可能完全相互替代，资金也不可能在长短期债券市场之间自由流动。

市场分割理论认为，债券市场可分为期限不同的互不相关的市场，各有自己独立的市场均衡，长期借贷活动决定了长期债券利率，而短期交易决定了独立于长期债券的短期利率。根据这种理论，利率的期限结构是由不同市场的均衡利率决定的。市场分割理论最大的缺陷正是在于它旗帜鲜明地宣称，不同期限的债券市场是互不相关的。因为它无法解释不同期限债券的利率所体现的同步波动现象，也无法解释长期债券市场的利率随着短期债券市场利率波动呈现的明显有规律性的变化。

(3)流动性偏好假说。凯恩斯首先提出了不同期限债券的风险程度与利率结构的关系，希克斯在凯恩斯的基础上完善了流动性偏好理论。

根据流动性偏好理论，不同期限的债券之间存在一定的替代性，这意味着一种债券的预期收益确实可以影响不同期限债券的收益。但是不同期限的债券并非完全可替代，因为投资者对不同期限的债券具有不同的偏好。范·霍恩(Van Home)认为，远期利率除了包括预期信息之外，还包括风险因素，它可能是对流动性的补偿。影响短期债券被扣除补偿的因素包括：不同期限债券的可获得程度及投资者对流动性的偏好程度。在债券定价中，流动性偏好导致了价格的差别。

从利率期限结构的三种理论来看，利率期限结构的形成主要是由对未来利率变化方向的预期决定的。

2. AFS

可供出售金融资产(Available-for-Sale Securities，AFS Securities)是指交易性金融资产和持有至到期投资以外的其他债权证券和权益证券。企业购入可供出售金融资产的目的是获取利息、股利或市价增值。对于可供出售金融资产，也不会像对交易性金融资产那样积极管理。如果企业打算在一年内或超过一年的一个营业周期内卖出可供出售金融资产，那么就应该将这些可供出售金融资产归为短期投资；如果企业不打算在一年内或超过一年的一个营业周期内卖出可供出售金融资产，那么就应该将它们归为长期投资。

3. HTM

持有至到期投资(Held-to-Maturity Securities，HTM Securities)是指企业打算并且能够持有到期的债权证券。如果这些证券在一年或企业超过一年的一个营业周期内到期，那么它们应在流动资产中列报；如果到期时间超过一年或一年以上的一个营业周期，那么持有至到期投资应在长期资产中列报。所有持有至到期投资在购入时都要以成本入账，利息收入则要在赚得时入账。2017 年，财政部新公布了新的《企业会计准则第 22 号——金融工具确认和计量》，执行企业会计准则的企业应当不再使用本科目。

4. 货币政策

（1）含义。货币政策也就是金融政策，是指中央银行为实现其特定的经济目标而采用的各种控制和调节货币供应量和信用量的方针、政策和措施的总称。货币政策的实质是国家对货币的供应根据不同时期的经济发展情况而采取"紧""松"或"适度"等不同的政策趋向。

运用各种工具调节货币供应量来调节市场利率，通过市场利率的变化来影响民间的资本投资，通过影响总需求来影响宏观经济运行的各种方针措施。调节总需求的货币政策的四大工具为法定准备金率、公开市场业务和贴现政策、基准利率。

（2）分类。根据对总产出的影响方面，可把货币政策分为两类：扩张性货币政策（积极货币政策）和紧缩性货币政策（稳健货币政策）。

在经济萧条时，中央银行采取措施降低利率，由此引起货币供给增加，刺激投资和净出口，增加总需求，称为扩张性货币政策。反之，经济过热、通货膨胀率太高时，中央银行采取一系列措施减少货币供给，以提高利率、抑制投资和消费，使总产出减少或放慢增长速度，使物价水平控制在合理水平，称为紧缩性货币政策。

（3）目标。

1）中介目标。中央银行在实施货币政策中所运用的政策工具无法直接作用于最终目标，此间需要有一些中间环节来完成政策传导的任务。因此，中央银行在其工具和最终目标之间，插进了两组金融变量，一组叫作操作目标，另一组叫作中介目标。

操作目标是央行货币政策工具能直接作用，又与中介目标联系紧密的金融变量，其对货币政策工具反应较为灵敏，有利于央行及时跟踪货币政策效果。

中间目标作为最终目标的监测器，能被央行较为精确地控制，又能较好地预告最终目标可能发生的变动。

总的来说，建立货币政策的中间目标和操作目标，是为了及时测定和控制货币政策的实施程度，使之朝着正确的方向发展，以保证货币政策最终目标的实现。

中介目标必须具备三个特点：

可测性：指中央银行能够迅速获得中介目标相关指标变化状况和准确的数据资料，并能够对这些数据进行有效分析和做出相应判断。显然，如果没有中介目标，中央银行直接去收集和判断最终目标数据如价格上涨率和经济增长率是十分困难的，短期内如一周或一旬是不可能有这些数据的。

可控性：指中央银行通过各种货币政策工具的运用，能对中介目标变量进行有效的控制，能在较短时间内（如 1~3 个月）控制中介目标变量的变动状况及其变动趋势。

相关性：指中央银行所选择的中介目标，必须与货币政策最终目标有密切的相关性，中央银行运用货币政策工具对中介目标进行调控，能够促使货币政策最终目标的实现。

可以作为中介目标的金融指标主要有：长期利率、货币供应量和贷款量。

2）最终目标。

①稳定物价。稳定物价目标是中央银行货币政策的首要目标，而物价稳定的实质是币值的稳定。稳定物价是一个相对概念，就是要控制通货膨胀，使一般物价水平在短期内不发生急剧的波动。衡量物价稳定与否，从各国的情况看，通常使用的指标有三个：

一是 GNP（国民生产总值）平均指数，它以构成国民生产总值的最终产品和劳务为对象，反映最终产品和劳务的价格变化情况。

二是消费物价指数，它以消费者日常生活支出为对象，能较准确地反映消费物价水平的变化情况。

三是批发物价指数，它以批发交易为对象，能较准确地反映大宗批发交易的物价变动情况。需要注意的是，除了通货膨胀以外，还有一些属于正常范围内的因素。

这个限度的确定，各个国家不尽相同，主要取决于各国经济发展情况。另外，传统习惯也有很大的影响。

②充分就业。所谓充分就业目标，就是要保持一个较高的、稳定的水平。在充分就业的情况下，凡是有能力并自愿参加工作者，都能在较合理的条件下随时找到适当的工作。

充分就业，是针对所有可利用资源的利用程度而言的。但要测定各种经济资源的利用程度是非常困难的，一般以劳动力的就业程度为基准，即以失业率指标来衡量劳动力的就业程度。

③经济增长。所谓经济增长是指国民生产总值的增长必须保持合理的、较高的速度。各国衡量经济增长的指标一般采用人均实际国民生产总值的年增长率，即用人均名义国民生产总值年增长率剔除物价上涨率后的人均实际国民生产总值年增长率来衡量。政府一般对计划期的实际 GNP 增长幅度定出指标，用百分比表示，中央银行即以此作为货币政策的目标。

当然，经济的合理增长需要多种因素的配合，最重要的是要增加各种经济资源，如人力、财力、物力，并且要求各种经济资源实现最佳配置。中央银行作为国民经济中的货币主管部门，直接影响到其中的财力部分，对资本的供给与配置产生巨大作用。

因此，中央银行以经济增长为目标，指的是中央银行在接受既定目标的前提下，通过其所能操纵的工具对资源的运用加以组合和协调。一般地说，中央银行可以用增加货币供给或降低实际利率水平的办法来促进投资增加；或者通过控制通货膨胀率，以消除其所产生的不确定性和预期效应对投资的影响。

④平衡国际收支。根据国际货币基金组织的定义，国际收支是某一时期一国对外经济往来的统计表，它表明：

某一经济体同世界其他地方之间在商品、劳务和收入方面的交易；

该经济体的货币性黄金、特别提款权及对世界其他地方的债权、债务的所有权等的变化；

从会计意义上讲，为平衡不能相互抵消的上述交易和变化的任何账目所需的无偿转让和对应项目。

3）操作目标。各国中央银行通常采用的操作目标主要有：短期利率、商业银行的存款准备金、基础货币等。

①短期利率。短期利率通常指市场利率，即能够反映市场资金供求状况、变动灵活的利率。它是影响社会的货币需求与货币供给、银行信贷总量的一个重要指标，也是中央银行用以控制货币供应量、调节市场货币供求、实现货币政策目标的一个重要的政策性指标。作为操作目标，中央银行通常只能选用其中一种利率。

过去美联储主要采用国库券利率、银行同业拆借利率，英国的情况较特殊，英格兰银行的长、短期利率均以一组利率为标准，其用作操作目标的短期利率有：隔夜拆借利率、三个月期的银行拆借利率、三个月期的国库券利率；用作中间目标的长期利率有：五年公债利率、十年公债利率、二十年公债利率。

②商业银行的存款准备金。中央银行以准备金作为货币政策的操作目标，其主要原因是，无论中央银行运用何种政策工具，都会先行改变商业银行的准备金，然后对中间目标和最终目标产生影响。

因此可以说变动准备金是货币政策传导的必经之路，由于商业银行准备金越少，银行贷款与投资的能力就越大，从而派生存款和货币供应量也就越多。因此，银行准备金减少被认为是货币市场银根放松，准备金增多则意味着市场银根紧缩。

但准备金在准确性方面的缺点有如利率。作为内生变量，准备金与需求负值相关。借贷需求上升，银行体系便减少准备金以扩张信贷；反之则增加准备金而缩减信贷。作为政策变量，准备金与需求正值相关。中央银行要抑制需求，一定会设法减少商业银行的准备金。因而准备金作为金融指标也有误导中央银行的缺点。

③基础货币。基础货币是中央银行经常使用的一个操作指标，也常被称为"强力货币"或"高能货币"。从基础货币的计量范围来看，它是商业银行准备金和流通中通货的总和，包括商业银行在中央银行的存款、银行库存现金、向中央银行借款、社会公众持有的现金等。通货与准备金之间的转换不改变基础货币总量，基础货币的变化来自那些提高或降低基础货币的因素。

中央银行有时还运用"已调整基础货币"这一指标，或者称为扩张的基础货币，它是针对法定准备的变化调整后的基础货币。单凭基础货币总量的变化还无法说明和衡量货币政策，必须对基础货币的内部构成加以考虑。因为：

在基础货币总量不变的条件下，如果法定准备率下降，银行法定准备减少而超额准备增加，这时的货币政策仍呈扩张性；

若存款从准备比率较高的存款机构转到准备比率较低的存款机构，即使中央银行没有降低准备比率，但平均准备比率也会有某种程度的降低，这就必须对基础货币进行调整。

5. 期限错配

期限错配是指金融产品的资产端久期和负债端久期不匹配，通常是资产端剩余久期长于负债端剩余久期，实践中期限错配常常借助资金池模式实现。以银行理财产品为例，资金池模式的运作机制是：银行首先建立一个资金池，将不同类型、期限和预期收益率的理财产品募集的资金纳入资金池进行统一管理，形成资金来源；银行将该资金池中的资金投资于符合该类型理财产品所规定的各种投资标的，这些基础资产共同组成了资产池。银行通过资金池可以将期限错配程度拉大，负债端滚动发行短期理财产品，资产端则投资中长期期限资产。

在银行的运作过程中，期限错配是普遍事实，期限错配加大了金融机构流动性管理的难度，过度的期限错配蕴含着巨大的流动性风险。金融机构一旦难以募集到后续资金，可能会发生流动性紧张，并通过产品链条向对接的其他风险管理机构传导。但期限错配也并非一无是处，一般而言，长期资产的收益率高于短期资产，资管产品可以通过合理的期限错配从中赚取期限价差，期限价差也是金融机构资管业务的重要收入来源之一。

6. 美国金融监管体系

美国金融监管体系看似完备但过于复杂，存在一定监管效率低下的问题，因而 2010 年设立了统一的监管机构。分业监管体系导致美国监管职责分散在多个监管机构中，监管机构之间存在重叠的监管范围，缺乏统一的监管者，监管也会存在盲点及效率较低的问题。2010 年，美国通过《多德–弗兰克法案》对金融监管体系进行了多方面改革，其中包括但不限于建立金融稳定监管委员会（FSOC）作为统一的监管者，改善系统性风险监测不足的问题；创建了消费者金融保护局（CFPB）以增强消费者保护。

美国存款机构监管为"双轨多头"体系。"双轨"是指每个存款机构会受其注册当局（联邦或州）的监管。双轨监管主要是由于美国银行的双轨注册制，即存款机构可以在联邦政府注册，也可以在各州注册。存款机构主要分为三类：商业银行、储蓄信贷协会（S&L）和信用合作社（见表1）。全国性银行及联邦储蓄协会（Federal Savings Associations）的注册当局为美国货币监理署（OCC），因而主要受到美国货币监理署的监管。为联邦储备系统成员的州立银行主要监管机构则为美联储，州立储蓄协会及非联邦储备系统成员的州立银行的主要监管机构为 FDIC。联邦信用社的主要监管机构为国家信用合作社管理局（NCUA），州立信用社由各自州监管。此外，全国性银行、州立银行及储蓄协会也被 FDIC 监管，因为其规定限额内存款受到 FDIC 存款保险保护。

表1　各类存款机构的主要监管机构

存款机构类别	主要监管机构
商业银行	在联邦或州一级受到监管，具体取决于它们的注册方式 联邦监管机构包括 OCC，联邦储备系统、FDIC 等 全国性银行（一定为联邦储备系统成员）：OCC 为联邦储备系统成员的州立银行：联邦储备系统 非联邦储备系统成员的州立银行：FDIC

存款机构类别	主要监管机构
储蓄信贷协会 （S&L）	其监管责任在 OCC、美联储和 FDIC 之间分配 联邦储蓄协会（Federal Savings Associations）：OCC 州立储蓄协会：FDIC 储蓄贷款控股公司：联邦储备系统
信用合作社	在联邦或各州进行监管，具体取决于它们的注册方式 联邦信用合作社：国家信用合作社管理局（NCUA） 在州注册的信用合作社：各州监管

美国对于不同规模的银行设立了差异化的资本要求。监管资本由一级资本（包括普通股一级资本CET1 和其他一级资本 AT1）及二级资本构成。基于银行资产总规模、跨境业务规模、非银资产、表外风险暴露等指标将美国银行分为五个类别，并相应制定了监管要求。根据美国资本监管规则，①美国全球系统重要性银行（GSIB）和总资产 7000 亿美元及以上或跨司法管辖区活动规模高于 750 亿美元的公司（在美国监管类别分别为第Ⅰ类和第Ⅱ类）需遵守一系列全面的最低资本要求和资本缓冲要求，基于高级法计量风险加权资产。一级资本比率最低要求为 6%，其中普通股一级（CET1）资本比率最低要求为 4.5%。此外，资本留存缓冲（Capital Conservation Buffer，CCB）比率为 2.5%，反周期资本缓冲（CountercyClical Capital Buffer，CCyB）比率由国家监管机构自行决定从 0% 到 2.5%，此外，Ⅰ类银行还需要满足 GSIB 资本附加费的要求。②对于所有总资产 1000 亿美元及以上的公司（在美国监管分类中为第Ⅰ类至第Ⅳ类）须遵守一系列独立的最低资本要求与资本缓冲要求，银行和公司基于标准法计量风险加权资产。对于第一类与第二类银行与公司需同时满足这两组资本要求，受到更严格的监管约束。

7. 债券久期

债券久期表示债券或债券组合的平均还款期限，它是每次支付现金所用时间的加权平均值，权重为每次支付的现金流的现值占现金流现值总和的比率。这一概念最早是由经济学家麦考利（F. R. Macaulay）于 1938 年提出的。他在研究债券与利率之间的关系时发现，到期期限（或剩余期限）并不是影响利率风险的唯一因素，事实上票面利率、利息支付方式、市场利率等因素都会影响利率风险。久期用 D 表示。久期越短，债券对利率的敏感性越低，风险越低；反之，久期越长，债券对利率的敏感性越高，风险越高。

麦考利久期，又称为存续期，指的是债券的平均到期时间，它从现值角度度量了债券现金流的加权平均年限，即债券投资者收回其全部本金和利息的平均时间。计算公式如下：

$$D = \sum_{t=1}^{T}(t \times w_i) = \frac{\sum_{t=1}^{T} tCF_t / (1+y)^t}{\sum_{t=1}^{T} CF_t / (1+y)^t} \tag{2}$$

其中，y 为到期收益率，t 为现金流待偿还期，CF_t 为第 t 期现金流，T 为现金流发生的次数。

（二）问题分析

（1）在硅谷银行破产前美联储奉行怎样的利率政策？从理论上分析该政策为何导致硅谷银行资产端受损严重？

在硅谷银行破产前，美联储正在实行激进的加息政策。其实 2023 年是对过去几年美联储无上限 QE、直升机撒钱任性超发货币的总清算。不尊重市场规律迟早要付出代价，即使是美联储也不行。通胀在任何时间、任何地点都是货币现象，这在经济学上就像物理学的万有引力。从 2008 年次贷危机以来，美联储过度超发货币没少给全球制造麻烦，美元嚣张的特权、货币纪律性不够和向全球过度收铸币税，导致通胀、资产价格泡沫、以硅谷银行为代表的金融机构过度投机期限错配，这极大地损害了美元的信用，并制造了金融风险。为应对疫情和经济衰退，2020 年 3 月美联储推出无限量化宽松，随后承诺将长时间维持 0 利率水平，直升机撒钱导致流动性泛滥。截至 2022 年 3 月美联储宣布加息时，其资产负债表累计增长 110%，达到 9 万亿美元峰值。其中准备金、财政部一般账户及衡量剩余流动性的隔夜逆回购用量分别增长 135%、57% 及 712%。

过剩流动性埋下了潜在的金融风险，银行在流动性过剩的环境下大量购入美国国债，在 2020 年全球大放水的环境下，银行贷款需求疲软，银行资金无处可去。2019 年第四季度至 2022 年第四季度，美国银行业存款增加了超过 5 万亿美元，其中仅 14% 被用于贷款。同时，隔夜逆回购账户、货币市场基金和 T-Bills 等收益较低。现金存入美联储隔夜逆回购账户只能获得 5bp~15bp 的年化收益，货币市场基金与 T-Bills 也仅有不到 20bp 的年化收益。截至 2022 年 3 月 15 日美联储宣布加息前，美国商业银行持有国债约 4.6 万亿美元，较量化宽松开始前增加 53%。2022 年 3 月，美联储宣布开始加息，截至 2023 年 3 月，美联储累计加息 450 个基点。之前天量"放水"，流动性充盈着整个金融机构体系，之后又连续加息，这种非常规货币政策大开大合的调控，必然使许多银行无所适从。潮水退去，裸泳者恐怕大有人在。

为什么利率上升会对硅谷银行的资产端造成如此重大影响，要从硅谷银行的资产构成来说。为应对新冠肺炎疫情冲击，联邦基金利率的快速下降及无上限量化宽松货币政策的实施，使其资产负债表迅猛扩张。由此，金融市场流动性泛滥、金融资产价格大幅上涨。这也推动硅谷银行的存款(主要是企业或机构结算类活期存款，而非个人储蓄存款)大幅增长，存款余额从 2019 年末的 629 亿美元快速上升到 2021 年末的 1914 亿美元，2 年时间扩大了 3 倍以上，按理来说是贷款的好时机，但是基于对经济前景的悲观看法，贷款需求并不旺盛，这导致了银行系统内部虽拿到了很多资金，但是贷不出去。新增资金中用于贷款的不足 30%，超过 60% 的新增资金配置到国债特别是机构发行的高等级不动产支持证券(MBS)上，以此获取高于存款利息的利差收益，但却由此承担更大利率和市场风险。

2022 年 3 月，随着利率水平的提升，导致美债收益率快速飙升。此前在流动性宽松背景下大量购买的美债资产价格出现大幅下跌，被归类为可出售资产(AFS)的美国国债开始出现浮亏。虽然 AFS 亏损可以转回，但当银行开始出售 AFS 兑换流动性时，AFS 的亏损则必须计入损失。即使不予出售，按照会计准则规定，其中 AFS 的部分也需要按照市场价格计提未实现损失，2022 年末硅谷银行的 AFS 未实现损失高达 25 亿美元左右。为了遏制浮亏，硅谷银行对其 AFS 资产进行了重新分配。其中 88 亿美元的 AFS 资产转换到 HTM 资产中。但其效果并不好，AFS 资产占比下降并不明显。而且，持有的 HTM(主要是 MBS)又具有路径依赖的"负凸性"(Negative Convexity)，因此整体组合的久期随着利率的增加变得越来越长。截至 2022 年底，硅谷的 HTM 资产(主要是 MBS)的久期延长至 6.2 年。若计算其 HTM 资产浮亏，则硅谷银行在 2022 年底已经技术性破产，其 175 亿美元的未实现损失已经超过了其 153.9 亿美元的资本权益。其实这种情况不仅仅发生在硅谷银行内部，根据 FDIC 数据，截至 2022 年第四季度，美国银行系统内未实现损失约为 6200 亿美元，其中可售国债及证券约为 2795 亿美元。

到此为止，硅谷银行的潜在风险已经到了非常危险的地步。但只要 SVB 能够按照预定目标持有到期而不需提前出售，实际上是不会有多大直接损失的。但是雪上加霜的是，由于利率的上升，市场上的钱变"贵"了，高科技公司融资困难，只好大量消耗存款，这种连锁反应导致了硅谷银行的流动性变得十分紧张，负债端承压，流动性快速消耗。2023 年 3 月 8 日，硅谷银行在文件中表示其客户烧钱速率是 2021 年之前的 3 倍。自 2022 年 3 月起，硅谷银行的存款项从净流入变为净流出：存款从 2022 年 3 月的 1980 亿美元下降到 2022 年 12 月的 1730 亿美元。同时活期无息存款由 2022 年第一季度峰值 1280 亿美元骤降至 2022 年第四季度的 800 亿美元，而有息存款由 700 亿美元增加至 920 亿美元，大大增加了负债端的利息支出压力。截至 2022 年底，硅谷银行存款成本为 1.17%，该值在 2021 年底仅为 0.04%。

"未实现亏损"浮现，引发投资者恐慌并挤兑。随着现金资产被消耗殆尽，硅谷银行无奈出售 AFS 资产换取流动性。2023 年 3 月 8 日硅谷银行宣布重新调整资产负债表以应对存款流出并增加灵活性，随着 210 亿美元 AFS 资产的出售，同时认损 18 亿美元，资产端的潜在巨额浮亏转为了已实现亏损。

（2）什么是 Diamond-Dybvig 模型？如何用 Diamond-Dybvig 模型解释硅谷银行出现挤兑乃至破产的现象？该模型提出了哪些降低挤兑风险的方法？

1）Diamond-Dybvig 模型的具体内容。1983 年，戴蒙德和迪布维格提出了关于银行挤兑的理论模型，分析银行出现挤兑现象的原因，并提出了相应的解决方案。在 Diamond-Dybvig 模型中，银行被认为是为达成社会期望效用最大化（帕累托最优）而外生存在的机制，银行通过吸收社会中的闲散资金并进行重新分配和投资，为更重视短期消费的消费者提供更多的资金进行消费，并将剩余的资金进行投资，为更具耐心的消费者在长期获得更高的资产回报率。模型中的银行是极为简化的模型，并未引入银行本身的资本；同时，银行本身是收支平衡的，也即银行不以营利为目的，仅是为了达到社会帕累托最优而外生设定的机制。因此，模型中的银行和商业银行存在本质不同：如资本充足率为 0，无法为潜在的损失提供缓冲等。然而对该模型进行分析能够为挤兑风险的产生和化解提供参考。

对于该模型中的个体而言，存在两种纳什均衡：其一为社会最优的纳什均衡；其二为挤兑的纳什均衡，且第二种可能性显著存在，将会带来显著的金融风险。当银行拥有非流动资产和流动负债时，挤兑的可能性是固有的。因为银行给储户提供了提前取款的选择，但由于银行本身存在的短债长投问题，如果所有储户都试图提前提款，银行将无法满足所有人的需求。因此，如果每个个体都认为其他所有人都提前撤资，他们的最优策略是提前撤资，造成银行挤兑。这是 Diamond-Dybvig 模型提出的银行挤兑的流动性危机原因。

除 Diamond-Dybvig 模型提出的流动性危机原因外，偿付能力危机也是造成银行挤兑的原因。偿付能力危机包括假设银行经理携部分资金潜逃或者银行坏账超过一定比例。当这两种情况出现时，对于耐心的投资者而言，最优的选择也是进行挤兑，因此银行面临挤兑风险。

虽然在这个例子中，流动性危机和偿付能力危机之间的区别是明显的，但实际上，流动性危机和偿付能力危机的区分并不显著。在这个简化的模型中，如果存在使银行资不抵债的可能性，并且假设个体之间因为风险偏好的不同而存在一定的区别，对风险更敏感的投资者会选择挤兑，银行破产的可能性上升，并导致对风险次敏感的个体选择挤兑，从而导致银行破产可能性螺旋式上升。这种挤兑既不能被描述为纯粹的流动性挤兑，也不能被描述为纯粹的偿付能力挤兑。

2）用 Diamond-Dybvig 模型解释硅谷银行挤兑、破产现象。银行的存款期限较短，而实体的贷款期限较长，银行盈利模式本身就是通过资产负债的期限错配来赚取利差收益。

虽然单个储户的取现需求是随机且不可预测的，但在大多数定律下，储户的取现需求稳定且只占总存款的一小部分，这使银行的平稳经营成为可能。

一旦储户出现恐慌情绪，无论银行的资产质量、盈利状况健康与否，储户唯一理性的选择是冲入银行取出自己的存款，这是符合纳什均衡的最优解。

Diamond-Dybvig 模型下，建立存款保险制度可以有效改变储户决策博弈的均衡解，防止银行出现挤兑。硅谷银行之所以遭遇挤兑，核心原因是存款集中度过高导致受 FDIC 保险的存款比例太低（见图1），这与硅谷银行的经营模式和客户结构密切相关。美联储加息、硅谷银行自身对利率风险和流动性风险应对不当只是危机的触发剂。

3）Diamond-Dybvig 模型提出的三种方法。Diamond-Dybvig 模型提出了三种可以防止挤兑风险的方法。第一种可以由银行自身实施，而另外两种则需要央行或政府的支持。

①暂停支付。Diamond-Dybvig 模型认为，假设银行在某一个时间点只为事先设定好比例的客户办理取款业务，则所有个体均清楚银行不会出现流动性挤兑，银行在未来会有足够的清偿能力。

实际上，这个策略接近在存款保险制度推出前商业银行面临挤兑风险时的实际做法。面临挤兑的银行宣布储户只能以折扣价提前提取资金。在该模型中，若该折扣满足不进行挤兑的个体的收益一定大于进行挤兑的个体的条件，则银行不会面临挤兑风险。在实践中，通常的操作方式是降低定期存款提前支取所获得的利率。通常这种做法能够在一定程度上稳定银行，但不会完全规避挤兑风险。

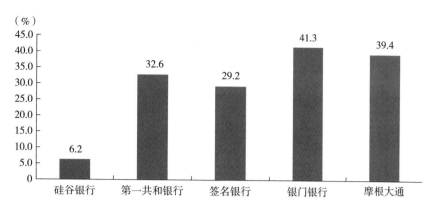

图1 美国商业银行 FDIC 保险存款占比

但在实际经营过程中，这种措施可行性不高。第一，银行暂停兑付将会降低银行的信用，影响银行未来进一步的发展。第二，可以提前办理取款的比例无法事先确定。在该模型和现实环境中，个体对流动性的需求是临时产生的，因此银行无法事先确定合理的社会最优比例，预先设置的比例过低会影响社会效率，过高则无法降低挤兑风险，无法起到该政策预想的作用。

②存款保险。Diamond-Dybvig 模型认为，假设政府或央行保证，即使银行倒闭，个体也可以获得应得的资金，则耐心的投资者会全部选择等待且不挤兑，因此银行在未来的投资获得回报后可以全额清偿，政府本身也无须支付相关成本。

然而，为了达到有效的均衡，政府的担保必须是可信的，政府必须有能力在银行因挤兑倒闭或部分用户提前支取导致第二期资金不足时，全额清偿应支付的资金。如果政府不具备这种能力，在市场中出现扰动时，仍然会达到挤兑的均衡。如果储户认为其他人进行了挤兑，该不可信的担保无法避免挤兑的发生。

因此，政府的征税权使该承诺可信。如果在短期内大量个体进行了挤兑，政府预计银行无法在未来进行足额偿付，其可以向所有挤兑的个体征税，用以补偿未进行挤兑的个体的资金，使其实现足额清偿。在这种情况下，由于投资者相信未来可以得到足额清偿，银行不会出现挤兑，征税行为实际上也并未发生。

③央行作为最后贷款人。在这种情况下中央银行承诺以低于市场的利率向银行提供贷款，以避免商业银行出现挤兑。在这种情况下，只要中央银行的承诺可信，对于任意多的挤兑者，银行均能产生市场有效的资源配置。

但是，由于中央银行提供的贷款利率低于市场利率，因此对于银行而言存在道德风险：对于投资者的流动性需求，从中央银行借款进行偿还，而非清算银行本身持有的资产对商业银行本身是更优的选择。在这种情况下，商业银行以中央银行损失为代价获得了利润。

为避免这一道德风险，中央银行要求商业银行必须持有一定比例的现金（或可随时变现的资产）以满足投资者基本的流动性需求，从而仅为可能出现的挤兑现象提供贷款支持。这也就是存款准备金率在该模型中的雏形：银行必须能够满足立即从其自有资产中提取部分（但不是全部）活期存款的要求，也即银行不能将其所有存款作为长期贷款发放出去。

此外，因为中央银行的存在并不会增加经济中的商品数量，央行需要向市场证明其在银行面临挤兑风险时向银行提供最后贷款的担保是可信的。

第一种可能是，中央银行有一个拥有征税权的财政当局做后盾。在这种情况下，最后贷款人政策类似于存款保险。

第二种可能是，中央银行在经济中引入了货币和通货膨胀。在中央银行向商业银行提供贷款时，中央银行可以通过向银行放贷以应对大量提款。由此产生的货币供应量的增加提高了短期内商品的价格。因为需求者能购买的商品减少，这使流动性需求者数量降低，在一定程度上起到了稳定器的作用。同样地，对于挤兑者而言，他们可以预期央行在未来发行货币数量降低，未来通货膨胀率下降，其实际利率上升，加之中央银行的背书使商业银行流动性风险下降，提款需求减少，挤兑可能性下降。

（3）面对资产端和负债端潜在的期限错配危机，硅谷银行内部风险管理出了什么问题？

事实上，期限错配是银行获得收益更大化的主要手段之一，银行本身的经营特点造成了想要获得更大的收益就得承担期限错配的风险。从原理上说，储户将资金存入银行获取利息，这些存款的期限是不确定的，其中相当大的一部分是活期存款。

对储户来说，资金的安全是第一位的，其次才是收益。在获得储户的存款之后，银行将这些资金投资于收益更高的金融产品，如信贷和固定收益产品。这些收益更高的金融产品一般安全性和流动性会差一些。储户的存款对银行来说是负债，那些更高收益的金融产品对银行来说则是资产，两者之间的收益率差值就是净息差，银行的主要利润来源一般就是这个净息差。从中我们可以看出，银行部分牺牲了资产的安全性和流动性，换来了净息差，获得了利润。从古至今，无论是古代的钱庄，还是现代的银行，都是这样的模式经营。

历史的经验证明这是一个有效的经营模式，但它有一个天然的缺点，就是当储户争相去取出存款时，银行往往无法快速地按照面值（不发生亏损）去卖出自己手中的金融资产来筹集资金。这样一来，银行就会陷入无钱可用的局面，而这又会导致更多的人去提取存款，几乎没有哪家银行能撑过这样的困难。

假如银行保持足够的流动性，是不是就能避免挤兑？从原理上说，假如银行不拿存款去投资，或者仅投资最安全、流动性最好的资产，比如国债，银行的确可以在很大程度上防止挤兑的发生，但这么做有一个问题，即银行会牺牲掉资产的收益率。银行运营的基本模式主要就是获取净息差，假如牺牲掉了收益率，那么净息差又从何而来呢？银行的偿付性危机引发流动性危机，即挤兑，最终导致银行倒闭。

美联储实际上早在2021年就发现了硅谷银行的风险端倪，这部分回应了外界对其在危机爆发前未能发现风险的质疑。但它将风险的最终爆发更多归咎于银行自己迟迟未能解决监管部门指出的问题。它认为，解决问题不是监管的工作，而是银行高级管理层和董事会的职责。

具体而言，2021年底，监管机构发现硅谷银行的流动性风险管理存在缺陷，涉及流动性压力测试、应急资金和流动性风险控制等六项指标。2022年5月，监管机构又发现硅谷银行存在董事会监督不力、风险管理薄弱和内部审计职能不足等问题。2022年夏，监管机构将硅谷银行的管理评级下调至"一般"，并将该行的全企业治理和控制评为"不良-1"。这意味着监管者已经发现了该银行的"管理不善"问题。2022年10月，监管机构会见了该行高级管理层，表达了对该行利率风险状况的担忧。2022年11月，监管机构向硅谷银行提交了关于利率风险管理的评估结果。

2023年2月中旬，硅谷银行的工作人员还与美联储理事会讨论了利率对其财务状况的影响，监管人员也强调了硅谷银行的利率和流动性风险。在整个过程中，硅谷银行并未及时采取相应有效的风险控制措施，直到3月9日，一场意外的挤兑，彻底暴露了硅谷银行的脆弱性。

硅谷银行事件就是一个非常典型的银行资产负债期限错配、结构错配、管理不当的问题，硅谷银行主要服务于科技业和风投领域客户。2020年初，科技行业的蓬勃发展让硅谷银行的存款激增，而为了增加收益，硅谷银行将这些存款投资于长期证券，却未能有效管理证券的利率风险，也没有开发有效的利率风险衡量工具、模型和指标。与此同时，该银行的负债风险也没有得到有效管理，其负债主要由风险投资公司和科技行业的存款组成，集中度高、可能的波动性大。所以当外部环境发生变化时，无法及时控制住流动性风险，最终导致了挤兑。

硅谷银行其实不大，拥有两千多亿美元的资产，经营模式也很简单，在过去两年里的宽松环境下吸引了大量企业现金，将低收息收来的钱存起来去买收益率相对较高的国债，生意很稳当。但在此过程中应特别注意利率变化，可以说硅谷银行的利率敏感性是很高的。从财务上来说，买债券时，有两种选择：

一个是随时可以出售的资产，必须根据市场估值定值来披露；另一个是不会根据市场的变化改变估值。硅谷银行相当大部分的投资放在上面的第一部分，而这一部分因为美联储的急剧加息，没有及时调整仓位，导致亏损18亿美元。

并且在发生亏损后，管理层仍未重视，不认为该种程度的损失会给市场带来多大的影响，并且为了弥补相关损失而让银行得以继续运行下去，硅谷银行又开始增发新股。这样的操作等于告诉市场自己出了大问题，而投资者则怀疑硅谷银行的实际情况比它公布出来的更为严重，于是挤兑发生了，硅谷银行最终没有挺过这次的劫难。

从以上情况可以看出，硅谷银行在进行风险管理时缺乏对宏观经济的思考，没有充分认识到加息对整个经济的影响，直到最后一刻还在手忙脚乱地应对各方的压力。假如硅谷银行早就认识到加息的意义，那么它应该更早去储备更多的现金和现金等价物，以应对存款减少的局面。

(4)什么是负利差? 硅谷银行破产事件是否意味着美国银行体系已进入负利差状况? 负利差现象是如何影响宏观金融稳定的?

负利差(Negative Carry)指头寸的融资成本大于其收益，相反的情况称为"正利差"(Positive Carry)。负利差可以分为狭义和广义两个层次：狭义的负利差指债券投资的负利差，这对金融稳定的影响有限；广义的负利差包括银行体系和非银体系的负利差。

2022年8月以来，10年期美债与2年期美债持续倒挂，标志负利差的开端。2022年11月之后，10年期美债又与联邦基金有效利率倒挂，意味着负利差的程度进一步加深(见图2)。如果利差是固收投资的唯一收入来源，那么美国大批固收从业人员将会失业。庆幸的是，固收投资还可以获得资本利得，负利差形成的过程中，收益率下行带来的资本利得能一定程度对冲掉负利差的损失。即使当期没有资本利得，未来获得资本利得的预期也能支撑债券市场的负利差在短期维持一个稳态，投资者不会仅仅因为负利差就降杠杆和抛售资产。但是负利差持续时间如果拉长，那么债券市场的不稳定性就会显著加剧：投资者只能通过压低长端利率获得资本利得，来对冲负利差的损失并维系总收益的平衡；而一旦做多长端逻辑被证伪，长端就会遭遇剧烈的解杠杆和抛售。这也是为何过去一段时期美债市场的波动率大幅上升。

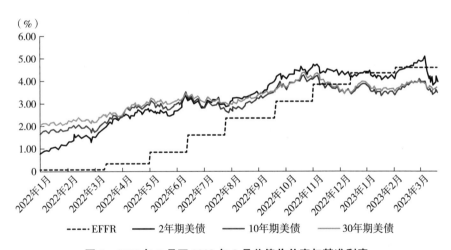

图2　2022年1月至2023年3月美债收益率与基准利率

债券市场的负利差只是影响了金融机构的投资收益和债券从业人员的奖金，并没有从根本上威胁美国金融体系的运行。美国财政部可以照常通过国债市场获得融资，负利差下，美国财政部还可以用更低的成本借到长钱，何乐而不为。我们可以把债券市场的负利差称作狭义负利差，它只是放大了美债市场的波动并可能使部分投资机构受损，但并不会引发系统性金融风险。金融体系广义的利差状态(包括商业银行体系和非银体系的利差)，才是决定金融稳定的根本。图3为美债收益率曲线变化。

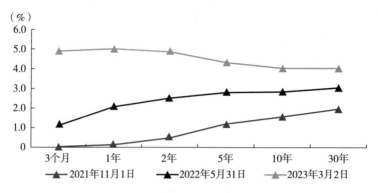

图3 美债收益率曲线变化

硅谷银行破产事件并不意味着美国银行业已进入负利差状况。相反，美国商业银行体系一直维持正利差状态，2022年随着联储开启加息周期，美国银行体系利差反而出现扩大（见图4）。美国商业银行收入来源多元，但本质上还是从利差中获得收益。商业银行的利差可以简单理解为贷款利率减去存款利率，即净息差（见图5）。关于美国商业银行的利差状态有两点事实：第一，是美国银行体系的利差一直为正，不存在负利差的状态；第二，在货币紧缩周期，美国商业银行的利差往往出现扩大。就最近的两轮货币紧缩周期来看，2013~2018年及2021~2022年，美国存款机构净利息收入同比增速都是上行的。债券市场的负利差不代表商业银行也是负利差，这是惯常认知上很容易产生的误区。

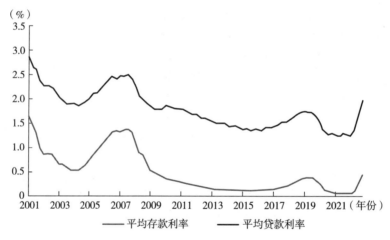

图4 美国商业银行的存款和贷款利率

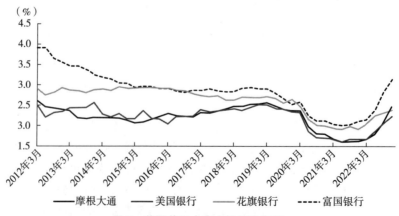

图5 美国前四大商业银行净息差

美国商业银行负债成本的高黏性是维持正利差的主要原因。传统上，美国商业银行存款市场与货币市场存在割裂。美联储加息周期中，存款利率会上行，但上行幅度远远小于联邦基金利率和其他货币市场工具（见图6）。货币基金即使相比存款有更高的收益率，也不会对存款产生显著的分流效应。另外，美国居民和企业对商业银行的选择存在较强路径依赖，这导致美国商业银行存款端竞争烈度很低。美国银行业整体存在非常强的地域性，比如美国第七大银行 US Bank，在美国东海岸几乎没有网点。美国第九大银行 PNC 与 US Bank 相反，其网点主要集中在东海岸，广大中西部地区网点稀少。通常在美国某个特定地区只存在少数几家银行的网点供当地居民和企业选择。一旦开户，支票账户和储蓄账户的使用惯性使居民和企业不会轻易更换开户行，因此存款竞争带来的存款利率上行幅度十分有限。

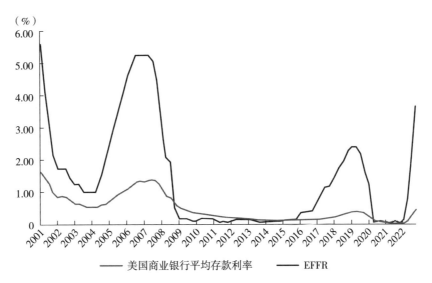

图6 美国商业银行平均存款利率与联邦基金利率（EFFR）

美国非银体系陷入深度负利差状态，是美国金融稳定的最大隐患。债券市场和银行体系的利差相对容易定义，非银体系则存在种类繁多的机构类型、不同的负债来源和收益要求、五花八门的资产类别和投资策略，因此很难对非银体系的利差给出一个总体的定义。这里我们以美国非常重要的非银投资机构——养老金为例，来表征非银体系的整体利差状态。2022年，美国州级公共养老金投资收益率中位数是-5.2%，而公共养老金要求回报率的中位数是7%。实际投资收益与要求回报率的巨大偏差，严重恶化了美国公共养老金的财务状态（Funding Ratio）。退休金、企业年金、保险资金、个人退休账户（IRA）等是非银机构主要的负债来源，联储货币紧缩对金融资产价格的冲击，使美国金融市场所提供的回报率远远低于这些资金的要求回报率，这才是美国负利差最核心的问题所在。

（5）硅谷银行破产事件反映了美国金融监管存在哪些问题？对中国的金融监管有哪些启示？

1）美国金融监管存在的问题。金融危机后，2010年通过的《多德-弗兰克法案》为银行业设立了严格的监管要求。在2008年金融危机后，国会于2010年通过了《多德-弗兰克法案》，对于银行监管进行了全面的改革，通过改善金融体系的问责制和透明度促进美国金融稳定，解决"大而不倒"的问题以保护美国纳税人，以及保护消费者免受金融服务滥用的影响。具体而言，《多德-弗兰克法案》提高了所有银行的最低资本要求，并且施加了沃尔克规则（实际上直到2015年才真正对银行施加限制），限制银行进行自营交易与投资或赞助私募股权基金与对冲基金，在一定程度上将投资银行与商业银行分离。《多德-弗兰克法案》还要求银行进行额外的内部监管，必须进行压力测试并向监管机构报告。

2018年《促进经济增长、放松监管要求、保护消费者权益法案》大幅放松了总资产低于2500亿美元银行的监管要求。随着时间的推移，银行业对于《多德-弗兰克法案》不满的声音越来越大，认为经济已经恢复，而法案中的要求过于严格，一些条款需要放松，这推动了《促进经济增长、放松监管要求、保护消费者权益法案》于 2018 年通过，该法案放松了 2010 年《多德-弗兰克法案》的一些限制：①将 Ⅲ 类银行总资产下限阈值从 500 亿美元提升至 2500 亿美元，放松了总资产低于 2500 亿美元银行的压力测试，资产规模在 1000 亿~2500 亿美元的银行压力测试由每年一次改为每两年一次，不再需要提供"不利"（Adverse）压力测试情景，因而压力测试情景数量由三个（基线情形、不利情形、极端不利情景）减少至两个，而规模在 1000 亿美元以下的银行不要求压力测试；②互助存款不再被视为经济存款，因而此前资本不足的机构不得接受或索取经济存款、不得提供明显高于正常市场现行利率的存款利率的条例不再对互助存款构成限制；③资产不高于 100 亿美元的银行免予遵守沃尔克规则，因而小银行可以进行投机性投资。

并且，2019 年非系统重要性银行的流动性要求也被降低。2019 年 FDIC 降低了总资产低于 7000 亿美元的银行的流动性要求：①属于第 Ⅲ 类银行且加权短期批发资金低于 750 亿美元的银行降低 LCR 为此前要求阈值的 85%；②第 Ⅳ 类银行且加权短期批发资金为 500 亿美元及以上但低于 750 亿美元的银行，降低 LCR 为此前要求阈值的 70%；③第 Ⅳ 类银行且短期批发资金低于 500 亿美元的银行取消了 LCR 要求。

过往危机的发生都有金融监管放松的原因，此轮硅谷银行、签名银行的倒闭也是此前多次金融监管放松的结果。在 2008 年全球金融危机前，美国逐步放松对金融监管的要求，1999 年不再限制商业银行开展投资银行业务，2000 年《商品期货现代化法》降低了对衍生品的监管，允许金融机构过度合并、扩张（导致"大而不能倒"银行的出现）等。而近几年对于监管分类下限阈值的提升、流动性要求的放松等调整导致了非系统性银行(硅谷银行、签名银行总资产规模均在 2500 亿美元以下)的监管逐渐薄弱，因而埋下未来美国银行风险的种子。

2) 对中国金融监管的启示

从金融监管角度看，中国金融监管体系仍不健全，特别是交叉监管、监管制度滞后等问题依然不同程度地存在以下问题：

①监管职能交叉。从目前基层情况来看，金融监管部门主要有人民银行、国家金融监督管理总局、地方政府金融管理部门，这些部门在贯彻货币政策、维护金融稳定、提供金融服务等多个方面存在重复监管、多头监管现象，造成资源浪费，同时无形中加重了金融机构的负担。2023 年"两会"机构改革事项中明确了人民银行不再负责金融消费权益保护工作，具体由国家金融监督管理总局承担，但对于金融稳定、金融统计等其他具体业务还未做出明确规定。

②监管制度滞后。当前，随着互联网的快速发展，大数据、电子商务及互联网金融等新型科技方兴未艾，网商银行、百信银行等互联网银行的出现，极大地方便了居民和企业获取高质量金融服务的可得性，在网上即可办理存款、贷款、理财和其他支付业务。然而，部分互联网金融平台利用网络的便捷性，从事非法集资、高利放贷、倒卖客户信息等违法违规行为，而目前现有的金融监管方式难以及时发现这些违法违规行为并进行有效监管。以 2022 年河南省部分村镇银行挤兑事件为例，河南新财富集团通过控制村镇银行，利用互联网平台进行违法揽储，然后通过虚拟贷款转移资金，导致巨额存款损失。在此次事件当中，金融监管部门未能及时发现犯罪集团从事的违法金融活动，未能及时采取有效监管措施，导致金融风险事件的发生、发酵。

③监管指标体系不完善。当前，人民银行、国家金融监督管理总局、地方政府金融管理部门在部分监管指标设置方面，存在口径不一致、重复设置、缺少部分必要指标等问题。例如，对存贷款等金融指标的统计，人民银行与国家金融监督管理总局口径不一致，导致相同的指标出现不同的统计结果，产生歧义；对地方金融组织的资产负债、利润、信贷等数据的统计，人民银行与地方金融监管部门存在重复统计现象，造成资源浪费；人民银行现有的金融统计指标不完善，缺乏不良贷款率、资本充足率等一些关键性和重要性指标。

④部分金融机构准入门槛过低。市场准入是金融业发展的第一道防线，其标准的制定对于维护金融稳定具有重要意义。目前，我国的金融法律法规对于部分金融机构市场准入的规定较为宽松、弹性较大，

准入门槛过低，导致机构过多、良莠不齐。以吕梁市为例，作为山西中西部一个欠发达地级市，城区面积仅33.3平方千米，人口33.5万人，而市区保险公司就有34家，平均每平方千米就有1家，每1万人就拥有1家，在客户等资源有限的情况下，机构数量过多导致同质化竞争激烈，制约保险业的长足健康发展。

硅谷银行的爆雷反映出美国金融业因为多头监管而出现监管重叠与监管空白，复杂的监管层次致使危机真正到来时，没有一个权威的监管机构进行总体调控、风险管控，可能错失良机，这对我国进一步加强金融监管具有一定的警示作用。

习近平总书记指出，防范化解金融风险，特别是防止发生系统性金融风险，是金融工作的根本性任务，也是金融工作的永恒主题。中国银保监会在《持之以恒防范化解重大金融风险》一文中也指出，维护金融安全，是关系我国经济社会发展全局的一件带有战略性、根本性的大事。继续健全中国金融监管机制，在体系建设、职能划分、制度建立、机构准入等方面需进一步加强：

第一，近年来，中国金融监管体系的顶层设计在改革中不断完善，从"一行三会"（中国人民银行、中国银监会、中国保监会、中国证监会）到"一行两会"（中国人民银行、中国银保监会、中国证监会），再到现在的"一行一总局一会"（中国人民银行、国家金融监督管理总局、中国证监会），形成了较为全面、系统的金融风险监管体系，能够在一定程度上防控和隔离金融风险。但从基层实际情况看，当前在监管体系建设、监管职能划分、监管制度建立、金融机构准入等方面仍存在一些问题和不足，亟须改进：要进一步加强顶层设计，自上而下建立更加完善、更加高效的监管体系；进一步明确人民银行、国家金融监管总局、地方政府金融管理部门的监管职责、权限，避免出现新的职能交叉与重叠问题；进一步加强调查研究，将各项监管制度细化、具体化；提高金融机构特别是保险业机构的准入门槛，减少由于机构数量过多、同质化竞争激烈导致的风险。

第二，充分运用货币政策工具，在发挥存款准备金"防护栏"作用方面需进一步加强。存款准备金在调节商业银行保持合理流动性方面具有重要作用，可以有效应对因客户挤兑导致的金融风险。目前，我国金融机构的存款准备金率加权平均约为7.6%。今后，要进一步加强存款准备金管理制度的统一性、灵活性、及时性，根据经济金融市场变化，动态调整存款准备金率，保持合理、适度水平，更加有效地发挥商业银行存款准备金应对挤兑风险的能力。

第三，完善存款保险制度，在存款保险法律体系建设的全面性、系统性等方面需进一步加强。存款保险制度是金融安全网的重要组成部分。目前，全世界有140多个国家和地区建立了存款保险制度。实践证明，存款保险制度在保护存款人合法权益、预防挤兑风险等方面发挥了重要作用。在我国，存款保险赔付额的上限是50万元，能够为99%以上的存款人提供全额保障。因此，我国金融监管部门要继续坚持执行现有存款保险制度，并根据经济发展水平和居民收入等情况，适时、适当调整赔付限额；要进一步明确存款保险制度的职能定位，细化具体实施细则；加强存款保险法律体系建设的全面性、系统性、权威性，充分发挥存款保险制度有序处置风险和应对危机的重要作用。

五、关键要点

本案例分析的关键在于把握硅谷银行破产事件产生的原因，从内外部因素分析硅谷银行风险管理存在的漏洞，并由此以小见大，揭示整个美国银行监管体系存在的弊端，以及对中国的启示。

教学的关键要点包括：

（1）美联储利率政策对硅谷银行资产端的冲击效应。

（2）理解Diamond-Dybvig模型，并探讨如何应对挤兑风险。

（3）梳理硅谷银行内部风险管理出现的问题。

（4）了解负利差的概念和其对金融体系的冲击效应。

（5）探讨美国金融监管体系存在的问题，并思考新环境下中国金融监管的问题与处理启示。

六、建议课堂计划

本案例可以作为金融专业学位研究生"金融机构风险管理"等课程的案例讨论课来进行，整个案例课堂教学控制在 3 节课，约 140 分钟。

（一）课前准备

要求学生在课前阅读案例正文，自行查阅硅谷银行破产事件的相关资料，并独立分析案例中的思考题。本案例所涉及的美国国债利率倒挂事件相关的公开信息，可以在 Wind 数据库等网站查阅。学生从其他渠道获取的相关信息均可作为本案例的背景。

（二）课中讨论

（1）视频播放：在上课前 10 分钟，教师可以播放相关视频调动学生兴趣。

（2）基础知识讲解：本案例服务于"商业银行风险管理"等章节的教学，教师首先正常按照课本进度讲解基础知识作为铺垫（一节课 40 分钟左右）。

（3）案例讲述：教师参考案例正文，阐明案例的内容、主题、分析思路（10 分钟）。

（4）小组讨论：将学生分为 5 组，每组对思考题分别进行讨论和发言准备（25 分钟）。

（5）小组代表发言：各小组选派一名代表阐述本组对事件的看法和对思考题的答案要点（每组 4 分钟，共 20 分钟）。

（6）交叉讨论：根据课前准备与小组讨论，对其他组的观点进行辩论和补充（20 分钟）。

（7）教师点评与答疑：教师对学生的观点进行点评与总结（15 分钟）。

（三）课后作业

以小组为单位，对课堂讨论问题和内容进行整理、反思和总结，形成书面报告并提交，字数在 3000 字左右。

七、其他教学支持

本案例教学的其他支持，还包括：

（一）网络

学生在课堂能够随时查阅相关网站资料，了解硅谷银行破产事件的各类最新观点。

（二）智慧案例研讨室

智慧研讨空间的整体布局与信息化硬件支持，可以促成"物理空间+资源空间+社区空间"三位一体融合，优化教学内容呈现、便利学习资源获取、促进课堂交互开展、提升情境感知、激发学生学习的兴趣和主动性，从而提高案例研讨的效率和效果。

金融科技篇

中小微企业的救命稻草

——平安银行"供应链金融 4.0+区块链"*

案例正文

摘　要： 2021 年《政府工作报告》首次单独提及要"创新供应链金融服务模式"，2022 年《政府工作报告》又提出重视强化数字技术在供应链金融中的应用。利用金融科技提升供应链金融服务质效，助力实体产业转型升级，支持中小微企业发展已经成为中央和地方金融领域里的重要战略部署，也是银行未来提供纵深金融服务的重点。平安银行率先运用物联网技术升级供应链金融，构建 SAS 融资平台，将区块链技术引用到供应链金融中，有效解决了传统供应链金融服务中信息不对称、多层信用难以穿透、线下操作烦琐等问题，有效打通了产业链的"堵点"，成为众多中小企业的"救命稻草"。本案例的介绍旨在让同学们了解和掌握供应链金融、金融科技在供应链金融中的应用场景，为其他银行创新普惠金融，探索供应链金融服务创新模式提供经验借鉴。

关键词： 供应链金融；区块链；物联网；金融科技；普惠金融

A Life-saving Straw for Small, Medium, and Micro Enterprises

——Ping An Bank's "Supply Chain Finance4. 0+Blockchain"

Abstract： In 2021, the government work Report separately mentioned the need to "innovate the supply chain financial service model" for the first time. In 2022, the government work Report also put forward the importance of strengthening the application of digital technology in supply chain finance. The use of fintech to improve the quality and efficiency of supply chain financial services, to facilitate the transformation and upgrading of real industries, and to support the development of micro, small and medium-sized enterprises has become an important strategic deployment in the central and local financial field, and is also the focus of banks to provide in-depth financial services in the future. Pingan bank take the lead in using Internet technology to upgrade the financial supply chain,

---

　　* 本案例由广东工业大学经济与贸易学院何淑兰、郑中政、郑兴乐、姚奇炎、范见涛撰写，作者拥有著作权中的署名权、修改权、改编权。由于企业保密的要求，在本案例中对有关名称、数据等做了必要的掩饰性处理。本案例只供课堂讨论之用，并无意暗示或说明某种行为是否有效。

073

build the SAS financing platform, the block reference chain technology to supply chain finance, effectively solve the information asymmetry in the traditional supply chain financial services, credit is difficult to penetrate, offline operation troublesome problems, effectively through the industrial chain "point", become a "lifeline" of many small and medium-sized enterprises. Through the introduction of this case, it aims to let students understand and master the application scenarios of supply chain finance and fintech in supply chain finance, and provide experience for other banks to innovate inclusive finance and explore the innovation mode of supply chain finance service.

Keywords: Supply chain finance; Blockchain; The Internet of things; Financial technology; Pratt & whitney financial

引 言

2022 年 2 月 27 日，长征八号遥二运载火箭飞行试验在中国文昌航天发射场顺利实施，火箭飞行正常，试验取得圆满成功。本次飞行试验搭载了 22 颗卫星，创中国一箭多星最高纪录。22 颗卫星中，"平安 2 号"物联网卫星(天启星座 19 星)成功进入预定轨道，平安银行"星云物联计划"再添一星。而"平安 2 号"的主要任务是收发地面供应链企业卫星物联网设备终端的数据，将获得授权的经营数据及时传送给银行。这让人不禁有一连串的疑问，一家银行为什么要发射卫星？卫星的发射是否有助于解决中小微企业长期以来存在的融资难、融资贵问题？供应链上的中小微企业客户能否从中受益，又是怎样受益？

一、平安银行发展供应链金融的背景和初衷

(一)市场需求

1. 市场融资需求规模大，存在融资缺口

近年来，随着经济的发展，商品贸易流通量迅速增加，中小微企业对于融资需求越来越大。由于存在无抵押资产、缺乏良好的信用等因素，导致中小微企业常常难以从银行贷到款项，而供应链金融则是解决中小企业融资难和融资贵的途径之一。通过供应链实现资金融通的方式多样，其中主要的融资方式为应收账款、存货和预付账款融资，2016~2021 年供应链市场融资规模需求变化如图 1 所示。

从图 1 可以看出，供应链融资市场需求规模庞大且增长迅速，从 2016 年合计 16.7 万亿元到 2021 年增长至 28.6 万亿元，5 年实现了 71.26% 的快速增长。然而截至 2020 年末，商业银行提供的供应链金融融资总额为 17.4 万亿元，仍旧存在着 7.5 万亿元的缺口。

2. 中小微企业贡献大，合理融资未得到满足

中小微企业是中国国民经济和社会发展中不可或缺的重要力量，在增加就业岗位、提高居民收入、保持社会和谐稳定等方面发挥着举足轻重的作用。中小微企业是国民经济增长的重要驱动力，在全国实有各类市场主体中占据绝对数量优势。自 2016~2021 年，全国实有各类市场主体从 8705.4 万户上升到 15446.2 万户，而中小微企业占比也从 94.1% 增长到 95.6%。预计在未来几年，中小微企业占比将持续提升，如图 2 所示。

截至 2021 年，从中小微企业对国民经济的贡献上看，中国中小微企业纳税占国家税收总额的比例超过 50%，最终产品和服务价值占 GDP 的比例超过 60%，贡献了接近 80% 的就业，在各类市场主体中占比超过 90%，具体数据如图 3 所示。

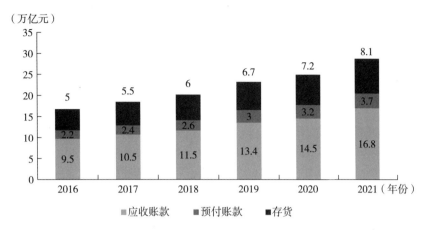

图 1　2016～2021 年供应链市场需求规模变化
资料来源：根据中国人民银行、中国银行业协会和中国银行保险监督管理委员会官网公开资料整理所得。

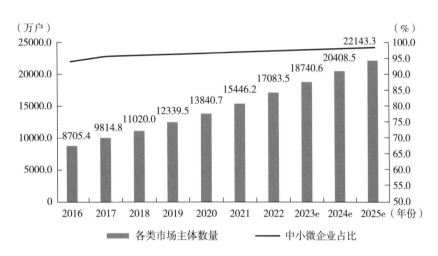

图 2　2016～2025 年中国各类市场主体及中小微企业占比
资料来源：根据国家市场监督管理总局和国务院等公开资料整理所得。

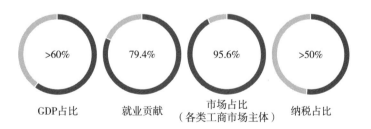

图 3　2021 年中国中小微企业对国民经济和社会发展的贡献情况
资料来源：中国人民银行行长易纲《关于改善小微企业金融服务的几个视角》。

　　然而，中小微企业不断增长的融资需求却大部分没有得到满足。由于缺乏良好的信用、可靠的财务数据和合格的抵押品，中小企业融资困难重重。即使对于那些能够获得融资的中小企业，其融资成本通常介于 10%～20%，有的甚至超过 20%。国家不断地在寻找能够让中小微企业获得更便捷、更高效融资的方式。

在这样的条件下，各银行及其他金融机构不断地优化、创新金融业务，以便能够更好地解决中小微企业融资难、融资贵的问题。而供应链金融由于有核心企业信用背书，存在债权、存货和预付账款等资产抵押及丰富的交易数据等特点，成为解决融资问题的一种重要方式，并且在不断地被各银行和其他金融机构优化、发展。

（二）国家产业战略发展需要

随着经济全球化和市场竞争的加剧，供应链管理不仅受到企业的重视，同时也引起了我国政府的高度重视。2016 年 2 月 14 日，中国人民银行等八部委印发《关于金融支持工业稳增长调结构增效益的若干意见》，提出要大力发展应收账款融资，加强动产融资统一登记系统建设，改进完善应收账款质押和转让、特许经营权项下收益权质押、合同能源管理未来收益权质押、融资租赁、保证金质押、存货和仓单质押等登记服务。推动更多供应链加入应收账款质押融资服务平台，支持商业银行进一步扩大应收账款质押融资规模。建立应收账款交易机制，解决大企业拖欠中小微企业资金问题。推动大企业和政府采购主体积极确认应收账款，帮助中小企业供应商融资。

2017 年 10 月 5 日，国务院办公厅发布《关于积极推进供应链创新与应用的指导意见》，将发展供应链上升到国家战略高度，要求积极稳妥发展供应链金融，推动供应链金融服务实体经济，鼓励商业银行、供应链核心企业等建立供应链金融服务平台，为供应链上下游中小微企业提供高效便捷的融资渠道，有效防范供应链金融风险。

2020 年 9 月 22 日，中国人民银行会同工业和信息化部、司法部、商务部、国务院国资委、市场监管总局、银保监会、国家外汇局出台了《关于规范发展供应链金融支持供应链产业链稳定循环和优化升级的意见》（以下简称《意见》），从准确把握供应链金融的内涵和发展方向、稳步推进供应链金融规范发展和创新、加强供应链金融配套基础设施建设、完善供应链金融政策支持体系、防范供应链金融风险、严格对供应链金融的监管约束六个方面，提出了 23 条政策要求和措施，进一步推动我国供应链金融的稳定健康发展。

2021 年《政府工作报告》中首次单独提出，要"创新供应链金融服务模式"。银保监会多次召开专题会议，探索中国银行业保险业深化供应链改革路径，首次确定了供应链金融的国家战略地位，肯定了其在优化、稳定产业链供应链和支持中小微企业发展的重要作用。

2022 年《政府工作报告》中，指出要加快普惠金融创新，重点是加快发展供应链金融，以金融科技应用为突破口，重视强化数字技术在供应链金融中的应用，积极推动供应链金融向绿色低碳等领域延伸，精准对接中小企业融资需求。

除了中央政府和各部委多项政策鼓励外，上海、山东、广西、江西、湖南、广东等地方政府也纷纷出台具体措施，落地供应链金融政策，引导更多社会资本进入供应链金融布局。

（三）传统供应链金融存在的问题

1. 各参与方独立，易形成信息孤岛

供应链上的各个参与方都是独立且分散的，各产业领域的企业都有自己的信息系统。在此情形下，供应链上的信息分散，链条内的信息无法完全连接，从而使供应链上的信息数据断裂，进一步造成了企业的信息孤岛。供应链金融通过核心企业授信为供应链上的众多中小微企业消除融资难题，但是企业信息孤岛现象的存在使供应链上的所有交易信息一直都分散于不同的企业之间，导致核心企业的信息系统无法查看并掌握供应链上各个企业的业务运行情况。因此，整个供应链条上的产品流转和交易信息都无法实现共享。除此之外，传统供应链金融中也没有专门的信息平台进行交易信息的收集整合及信息的处理，这在很大程度上阻碍了信息的流动速率，也使信息共享难以实现。对于供应链上的银行等金融机构来说，如果无法掌控企业的经营情况及交易信息，其放贷风险就会加大，从而降低银行等金融机构放贷的意愿。这样就会增加中小微企业的融资难度，也会减缓供应链金融的发展速度。

2. 融资覆盖范围小

传统供应链金融中小微企业融资主要是依靠供应链上核心企业的信用保证，但是由于供应链上的信息共享无法实现，而且企业的信息数据都比较分散，所以上下游中小企业与核心企业的间接贸易信息很难获得信用保证，核心企业的信用传递范围也因此受到限制。一般情况下，银行等金融机构对外放贷的要求都比较高，大多数中小企业由于企业规模受限、自身信誉度低等问题很难跨过银行放贷的准入门槛，而供应链上的核心企业一般只和一级供应商签署合作协议，因此核心企业的信用在传统供应链金融模式中一般只能传递到与其进行直接合作的一级供应商。对于二级及以下的供应商，由于核心企业的信用无法进一步传递，所以这些中小微企业难以达到自己的融资目的，这就使供应链上企业的融资无法覆盖链上的多级供应商，也就无法进一步完整地覆盖整条供应链。

3. 贸易背景真实性难以确保

在传统供应链金融中，供应链上的参与方众多，而且它们各自都有独立的信息系统，链上企业的交易信息并非完全的透明公开，所以当供应链上的企业向商业银行等金融机构发出融资请求时，银行并不能有效地掌控贸易背景中的交易资金、产品流动等相关信息，也就无法有效确保贸易背景的真实性，只能被动地以融资企业所提供的贸易单据及合同订单为基础，以此进行对外放贷。而且，由于传统供应链金融中的企业信息是独立且分散的，除企业自身外，其他参与企业及商业银行即使通过复杂的流程收集到这个企业的贸易信息，也难以验证贸易背景的真实性，一般情况下验证贸易信息的成本也很高。此外，传统供应链金融的交易票据及合同订单多以纸质化的形式传递，所以贸易信息易被篡改，容易出现虚假贸易和重复质押等问题。比如，有的企业会伪造或者虚报交易金额，借此从商业银行获得更多的融资金额，而银行由于信息不透明、核验成本高等原因很难对融资企业所提供的交易数据进行准确的评估，因此其贸易背景的真实性也就很难确保。

4. 履约风险难以控制

传统供应链金融的资产交易主要是通过纸质合同进行的，无论是链上发生金融交易的企业之间还是因融资需求产生关联的银企之间，还款方最终的资金偿还在很大程度上依赖于双方因纸质合同所产生的契约精神，那么一旦还款方不遵守合同条款，履约风险就会难以控制。单靠纸质合同的约束，就算还款方最后会遵守契约偿还债款，也有可能会拖欠还款期，比如应收账款中的付款方就经常发生逾期还款。除此之外，当供应链金融中出现多方参与者和多层级业务交易时，就会涉及供应链上多项金融业务的结算，会存有很多不确定的因素，特别是如果其中一方参与者存在道德层面的品质问题，那么履约风险就会大幅度增加甚至无法控制，比如出现资产挪用、故意违约等情况。

总的来说，由于以上问题的存在，大大限制了中小微企业通过供应链金融实现低成本快速融资目的。因此，对于传统供应链金融的进一步优化，不论是商业银行还是其他金融机构都在不断地创新，而平安银行推出的"供应链应收账款服务平台"（SAS），就是优化后的供应链金融融资平台之一。

二、平安银行供应链金融发展历程

近年来，数字经济蓬勃发展，万物互联、5G、工业互联网等新技术不断加速涌现，由此催生了新行业、新业态和新商业模式。党的十九届五中全会提出，发展数字经济，推进数字产业化和产业数字化，推动数字经济和实体经济深度融合，需要加强数字基础设施建设，全面提高实体经济的质量、效益和竞争力。在这样的大背景下，平安银行乘势而上，积极拥抱并践行数字化转型，将"科技引领"作为战略转型的驱动力，持续加大金融科技投入力度，着力打造"数字银行、生态银行、平台银行"三张名片，依托物联网、人工智能、区块链、大数据等先进技术，启动了"星云物联计划"，探索新型供应链金融，支持实体经济高质量发展。

早在 1999 年，平安银行就开始探索贸易融资和供应链金融服务，直到现在仍不断地完善和改进供应链金融，在过去的 20 多年里，主要经历了四个阶段。

(一)雏形初现，线下供应链金融阶段

2003 年，平安银行打造了"1+N"模式(见图 4)，即通过锁定一个核心企业，从而为企业的上下游供应商和经销商提供融资服务。以深发展广州分行票据业务专业部门的成立为开始标志，这也是供应链金融的 1.0 阶段：上下游企业，通过抵押自己的资产而获取银行贷款。优势在于很好地解决了当时部分企业资金短缺和融资困难的问题，初期效果较好，其他银行纷纷模仿，然而由于是线下办理业务，因此也存在着办理效率低、审核成本较高等问题。

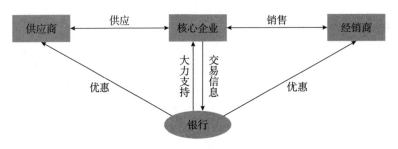

图 4 平安银行供应链金融"1+N"融资模式

(二)转战方向，开启线上供应链金融

2012 年 12 月，平安银行正式推出供应链金融 2.0 服务，原有的融资服务模式由线下转为线上。参与主体全面涵盖了核心企业、上下游配套企业、商业银行等主要个体，供应链参与主体通过互联网技术实现对接，授信审查效率大大提高。该阶段，平安银行不仅和核心企业的数据完成对接，而且获取到核心企业和产业链上下游企业的订单、生产、销售、付款、仓储等经营信息。但同时也存在着其内在缺点，核心企业、物流企业、交易平台的信息数据之间是相互独立的，难以形成综合性大数据系统，无法精确估算供应链中的信用风险。

(三)统一指挥，平台供应链金融模式应运而生

2014 年 7 月 9 日，平安银行构建了国内首家集融资、物流、社交中介于一身的银行系企业金融服务平台——橙 e 平台，开启了由线上化转为平台化运营模式。在橙 e 平台上将熟客间的生意平台与金融电商平台整合为一，实现了供应链上"订单(商流)、运单(物流)、收单(资金流)、供需情况(信息流)"等信息的集成与闭环运作。这也标志着平安银行供应链金融开始进入 3.0 阶段。该模式下，平安银行能够收集更多有关企业和贸易的信息，通过多方信息的监控和对比，能够有效降低放贷的风险，然而，仍旧无法改变融资效率低、票据无法拆分及容易篡改、服务上下游企业范围窄等问题。

(四)落地有声，智慧化供应链金融登上舞台

2018 初，平安银行借助区块链等技术手段，推出供应链应收账款服务平台(SAS)，供应链融资模式由平台化升级为智慧化，正式进入供应链金融 4.0 阶段。SAS 平台是平安银行针对核心企业及其上游中小微企业提供的线上应收账款转让及管理服务平台，企业在平台上可以得到交易鉴证、应收账款转让确权、债权登记、监测预警、账款清分、贸易背景核验、资产流转、应收账款管理等综合金融服务。该模式的特点在于信息公开透明，解决了不对称的问题。此外，适用于多级供应商，服务的中小微企业数大大增加。审核的效率极大提升，放贷效率实现实时化，中小微企业融资成本大大降低。

平安银行供应链金融各阶段特点如表 1 所示。

表 1　供应链金融不同阶段特点对比

阶段	供应链金融 1.0	供应链金融 2.0	供应链金融 3.0	供应链金融 4.0
形式	线下化	线上化	平台化	智慧化
特点	以核心企业作为信用的支撑，对上下游企业抵押放贷	对接上下游企业 ERP 系统，获取相应的财务数据	通过打造一个综合性服务平台，实现商流、物流、资金流和信息流的"四流合一"	去中心化，实时融资，债权可拆分，审批快
技术	不动产、动产抵押等	不动产、动产抵押等	大数据、云计算等	区块链、物联网、人工智能等

平安银行从最开始的线下审批，到线上应用，再进入供应链金融平台化运营，最后发展到现在审批的智慧化。20 多年的不断优化，使供应链融资的效率越来越高，服务的中小微企业越来越多，融资的金额越来越大。平安银行 2021 年财报披露，在 2021 年新冠肺炎疫情之下，平安银行供应链金融融资发生额 9599.11 亿元，同比 2020 年增长 33.7%，体现出供应链金融在融资端极度庞大的需求。

三、平安银行 SAS 平台的具体介绍

（一）平安银行 SAS 平台基本信息

2018 年初，平安银行"供应链应收账款服务平台"（SAS）正式上线，为参与供应链金融业务的核心企业及其上游的中小企业提供应收账款融资服务。其主体运行逻辑框架如图 5 所示。

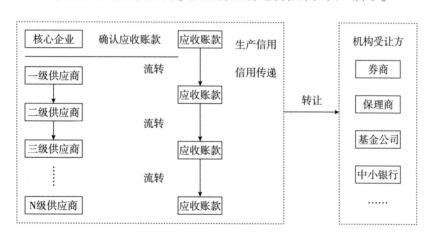

图 5　SAS 平台主体运行逻辑

首先，具有优质商业信用的核心企业对到期的付款责任进行确认；其次，各级供应商可将确认后的应收账款转让给上一级供应商以抵偿债务；最后，对于有融资需求的供应商，可将债权转让给融资机构（如券商、保理商、中小银行等）获取融资，从而盘活存量应收资产，得到便利的应收账款金融服务。

平台采用区块链技术实现精准溯源，与中国动产融资统一登记系统直连，避免应收账款重复抵押，对接外部资金实现应收账款资产的快速变现、流转，能有效解决传统应收账款融资痛点，缓释业务风险。同时平安银行作为平台提供方，为 SAS 平台的供应链核心企业、供应商及机构受让方提供交易鉴证、应收账款确认及转让、中登网登记、结算清分、机构受让、应收账款管理、风险管理等功能服务。平台具体运行流程如图 6 所示。

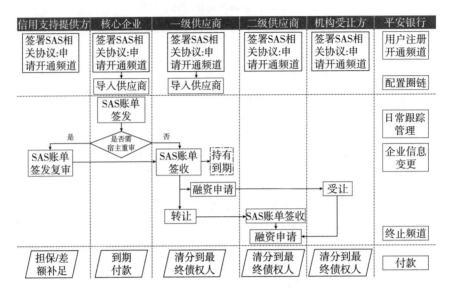

图6　SAS平台具体运行流程

(1)各参与方开通 SAS 平台。SAS 业务的各参与方均须注册开通 SAS 平台，方可进行相应的线上化管理。

(2)SAS 账单签发。核心企业在其供应商成功开通 SAS 平台后，即可根据与供应商的基础贸易合同所形成的应付账款，于云平台中向供应商签发 SAS 账单。

(3)SAS 账单签发复审(如需)。如信用支持提供方与核心企业约定，在核心企业签发 SAS 账单时，需由信用支持提供方进行复审，则 SAS 账单经核心企业复核人员复核后，工作流程将转至信用支持提供方管理员，由管理员进行复核，完成签发。

(4)SAS 账单签收。供应商在系统内收到核心企业签发或前一手供应商申请转让的 SAS 账单后，核对账单及所载应收账款要素并进行签收或退回处理。

(5)应收账款转让。供应商基于自身与上游的基础交易，将其持有且尚未到期的全部或部分应收账款转让给上游供应商，并记载于 SAS 账单，以抵销自身对上游的债务。在转让操作时，供应商经办人员录入转让金额、选择下一手账单签收人，提交至供应商复核人员审核。

(6)融资申请。供应商可选择将 SAS 账单所载应收账款转让给机构受让方，并获取对价支付。机构受让方选择供应商提交的融资申请，受让对应应收账款，并支付对价。

(7)应收账款到期兑付。SAS 账单所载应收账款到期日前，核心企业应确保备付金账户有足额兑付资金，并授权平安银行于应收账款到期日清分至对应应收账款最终持有人指定账户。如存在信用支持提供方，则核心企业备付金账户内资金无法足额兑付应付账款时，信用支持提供方须履行最终付款责任，将差额部分款项支付至核心企业备付金账户。

(二)平安银行 SAS 平台区块链等金融科技应用

与以往供应链金融相比，平安银行供应链金融 4.0 阶段 SAS 平台通过结合区块链、物联网和大数据等金融科技，使整个融资过程具有以下特点：

1. 提高了信息的透明性和公开性

区块链的分布式账本是一项数据存储技术，可以打破传统供应链金融的信息孤岛，加强信息透明度，实现供应链上的信息共享。分布式账本可以在区块链上的各个区块同时进行各类信息的实时记录，供应链上的各方参与主体能够通过分布式账本完成不同节点的记账并实现各类信息的同步共享。这种分布式账本属于公开账本，不用受中心机构的管控，各个参与主体的信息全部公开透明，当供应链上的参与主体产生金融交易时，所有参与节点的交易信息都会被统一记录并存储，而且交易信息的变动也会被同步共享到所有节点，这样就能够保证各方参与者所获信息的一致性，成功解决了企业信息不对称的问题，极大地增强了整条供应链的信息透明度。

因此，传统供应链金融中信息共享无法实现的棘手问题，在区块链技术的加持下能够快速解决，这在很大程度上促进了供应链金融创新模式的发展，也加快了整个供应链金融行业的推广度。SAS 平台搭载了超级账本的信息记录和交互功能，应收账款周转率链接自动确认收到通知债权的转让，大大解决了离线手工操作和真实性验证的难度，并且极大地降低了原始确认收到转让通知产生的应收账款风险成本和劳动力成本。

2. 不可篡改性提升贸易背景真实性

传统供应链金融的信息无法实现共享，交易过程中所产生的商流、物流、资金流及信息流都被不同产业领域所把控，无法形成信息的透明统一。供应链上不同产业领域信息的独立分散使交易信息在传递过程中的真实性无法被鉴别，与其相对应的贸易背景真实性也就难以确保。通过区块链所具备的时间戳及不可篡改的特点，能够有针对性地破解这个难题。系统上每一项交易的达成都伴随着一个节点的自动生成，节点所生成的信息会通过共识机制进行交叉验证，从而确保了数据的真实性。此外，在区块链技术加持下的供应链金融模式中，链上的上下游企业所进行的金融业务活动及交易往来都会被记录下来，所记录的信息经过交叉验证后，就会被长久地存储于区块链上。由于任何一个节点所生成的交易信息都会在全网公开共享，所以即便某一个或者某几个节点上的信息发生遗漏或篡改的情形，区块链上的总账信息也不会受到影响，更不会被删除或更改。以存货管理为例，负责仓储物流的参与方在清点货物并完成存储工作后，会将所有存货信息公布于区块链网络，商业银行能够实时地在区块链上了解存货信息，进而核验货权和存货的信息是否一致。所以，有了区块链技术的加持后，供应链金融的交易信息就无法被篡改，进而也就能够确保贸易背景的真实性。

3. 信用逐级传递，覆盖更多的供应链企业

传统供应链金融的核心企业信用不能跨级传递，一般只有与核心企业直接相关的一级供应商才可以得到授信，二级及以下的供应商由于很难得到核心企业的授信而无法实现融资。在区块链的去中心化结构下，系统中的所有节点都处于同等地位且各自独立，不再依赖于任何一个单独的个体。所有的节点联合起来组成一个去中心化的数据库，不再设立特有的中心化主机，各个节点都可以在平等自由的前提下录入数据信息，而且能够随时验证，其结果也会公开共享给其他所有节点。即便某一个或某几个节点的数据被扰乱或者被损毁，其余节点的副本信息依旧如常，不会影响整个系统的日常运转。在此情景下，二级及以下的供应商企业便可以在区块链网络上自行录入信用信息，商业银行等金融机构便能够以此为它们提供融资，无须再像以往一样，依靠核心企业的信用对中小企业发放贷款。这种模式使供应链末端企业能够更加快速地完成融资，也推动了供应链金融的发展。

从实际应用层面来看，SAS 平台得益于区块链技术的加持，超级账本可以完成信息记录全过程，自动转让和确认应收账款流转的债权，解决线下人工操作真实性的难题。对于 SAS 平台的各参与方来说，在交易过程中可以建立独立的分布式台账，相互验证，保证核心企业信用的有效传递；SAS 平台的资金提供者在收到应收账款时，可以依托超级账本记录的交易信息流追溯至相关核心企业，进一步强化信用背书。平台与中登网对接，避免了债权反复抵押和融资的风险。平台债权拆分流转原理如图 7 所示。

(三) 平安银行 SAS 平台运行现状

1. SAS 平台运行数据

从 2018 年初平安银行推出 SAS 平台，该平台提供线上应收账款的转让、融资、管理、结算等综合金融服务。SAS 平台全量应用"区块链"四大核心技术，建立多方互信机制，穿透管理底层资产，应用"人工

智能+大数据"，对贸易背景的真实性实施智能核验和持续监测。2018～2021年SAS平台经营数据如表2所示。

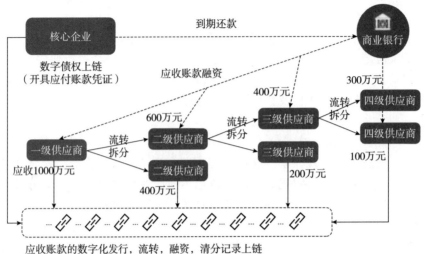

图7 SAS平台应收账款债权拆分示意图

表2 SAS平台2018～2021年服务中小微企业经营数据

年份	2018	2019	2020	2021
核心企业数量(个)	111	450	1550	—
交易额(亿元)	100.00	340.38	827.15	1498.73
交易金额增长比例(%)	N/A	240.38	143.01	81.19
融资额(亿元)	—	95.44	319.33	519.76
融资金额增长比例(%)	N/A	N/A	234.6	62.77
供应商数(个)	—	—	11602	21690

注释："N/A"表示不适用，"—"表示企业未披露相关数据。

资料来源：平安银行2018～2021年披露的年度财务报告。

从2018年正式应用以来，平台与中国人民银行动产融资统一登记系统直连，运用光学字符识别（OCR）及自然语言处理（NLP）技术，基于真实贸易背景为众多中小微客户群提供供应链金融服务。由以上数据可以看出，2018年以来，平安银行SAS平台服务的核心企业及供应商数量在迅速增加，提供的融资金额从2018年平台开始启动，到2021年增长至519.76亿元。展示了通过供应链金融获取低成本融资贷款在中小微企业中越来越受欢迎。

2. 平台区块链应收账款电子凭证发行流通过程

平安银行SAS平台应收账款电子凭证发行流程如图8所示。

该平台的优势：

(1)全链条闭环。生态体系内，从一级到多级供应商融资均回帖到核心企业内部，生态利益最大化。

(2)优化财务报表。该凭证不体现核心企业的有息负债，不记入中国人民银行征信系统，优化财务报表。

(3)降低负债规模。有效降低核心企业有息负债规模，降低资金占用，降低企业杠杆，调整负债结构。

（4）低成本融资。解决中小企业融资难、融资贵问题，推进产业链良性发展，实现多方共赢。

（5）高效线上管理。企业线上梳理和管控供应链关系，流转、拆分、融资全程可视，节省票据成本耗用。

（6）区块链技术保护。应收款平台底层采用了区块链技术防篡改、中国人民银行征信系统防抵赖，安全系数高。

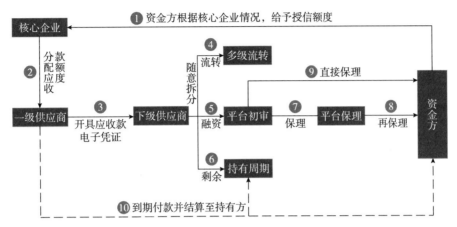

图8　SAS平台应收账款电子凭证发行流程

3. SAS平台区块链应收款凭证与传统金融融资对比

（1）区块链应收款凭证与电子汇票融资对比（见表3）。

表3　区块链应收款凭证与电子汇票融资对比

比较项目	电子汇票	区块链应收款凭证
支付转让	背书转让，不可拆分	随时转让，可任意拆分
持有人	追索	免追索
流动性	流动性差	流动性高、可交易
融资主体	银行机构	银行机构、其他金融机构
手续	复杂烦琐	方便快捷
安全性	较高	高
客户体验	效率低，体验差	高效透明，体验好

（2）区块链应收款凭证与产业金融融资对比（见表4）。

表4　区块链应收款凭证与产业金融融资对比

比较项目	传统产业金融	区块链应收款平台
服务方式	保理、票据贴现	应收款转让
供应商开户	柜面开户（现场）	线上开设商圈账户
融资合同	纸面合同	区块链智能合约
操作手续	线下烦琐	线上快捷

4. 实现多方共赢

(1)对于商业银行来说，为实体经济提供资金支持，"脱虚入实"。有效解决了中小企业融资难、融资贵问题，符合国家政策的要求。盘活了大企业空置的银行授信，获取了线上批量融资利润。

(2)对于核心企业来说，增加一种应收应付清算方式，低成本清理三角债。以信用支付，降低有息负债规模，增加了财务收益。深度掌控产业链，打造了利益共享的强大供应链管理生态圈。

(3)对于中小微企业来说，债权任意拆分，快速实现了三角债清理和材料采购。低成本快速获得资金，解决了融资难、融资贵问题。融资时效性强，可替代部分现金储备，缓解了供应商资金压力。

可以看出，平安银行 SAS 平台的推出，能够平衡参与各方利益，实现多方的合作共赢，有助于整个产业链的长期发展。与此同时，平安银行 SAS 平台也能够不断地持续经营。

(四)平安银行 SAS 与其他融资平台比较

随着供应链金融市场的快速增长，国家不断出台相关政策支持，创新的科技也开始不断应用于供应链金融。不仅是商业银行和其他金融机构，一些物流企业、科技公司、链条核心企业和商业交易平台都开始进军供应链金融，提供融资服务，想要从这个巨大的市场中分一杯羹。如点融网与富士康旗下金融平台富金通推出"Chained Finance"区块链金融平台，腾讯推出区块链 BaaS 开放平台。银行业也相继发力，如中国农业银行的"e 链贷"、浙商银行的"应收链平台"、江苏银行的"苏银链"及上海银行的"双连通"等。虽然不同企业推出了各种各样的供应链融资平台，但是目前取得的成效都较差，主要存在以下问题：

(1)收集且不断更新信息成本较高。在 4.0 阶段的供应链金融中，仍旧在不断收集物流、商品和贸易等信息，但是普通企业存在收集信息的成本高、信息不全及无法及时更新等问题，导致很难正常开展大量的融资业务。

(2)服务的企业范围窄。由于需要收集产业链条贸易的信息，所以提供融资服务的对象，大多数处于比较发达的地区，而且要求企业所有的数据信息都相对较为全面，这无形中就排斥了大量偏远、落后地区的企业及自身数据信息不全面的中小微企业。

(3)融资成本仍旧很高。各企业推出的供应链融资虽然效率得到了提升，但是整体平台的运营成本仍旧较高，无法有效降低中小微企业的融资成本。

四、平安银行 SAS 平台的现行领先优势

(一)自发卫星收集数据，服务企业范围广

平安银行成为中国第一家将物联网通信卫星发射到太空的金融企业，"平安 1 号"与"平安 2 号"两颗物联网卫星相继上天，配合协作，为平安银行的客户提供更有效和更可视化的资产监控与控制服务。经过授权，客户无论身处何地，即便是深山、海洋、沙漠等偏远地区，也可以无惧通信和地域的限制，将最全面的经营数据及时传送给银行，真正做到"客户在哪，数据在哪，服务就能跟到哪"。

借助"平安 1 号"卫星物联网，企业可对重要资产进行实时数据采集与位置追踪，摆脱地面网络盲区的限制。特别是海外工程机械、海上钻井平台、石油电力管线和远洋邮轮等在偏远地区及海外的重要资产。目前，对此类资产的实时有效管控仅依赖地面网络还无法完全实现，且存在一定的安全隐患。卫星物联网不受地面网络盲区影响，且摆脱了自然灾害等因素的干扰。与"平安 1 号"相比，"平安 2 号"采用了新的通信体制，在技术与性能上有了进一步的突破，通信链路更加稳定，通信成功率更高，用户感受到数据发送速度更快，单次传送的数据量更大；地面最低 5°仰角可以与卫星进行双向通信，终端可以发送信息也可以接收卫星信号；通信速率更大，最高支持 3.5kbps，速率相当于"平安 1 号"的 3 倍；卫星地面终端的通信模组尺寸更小、功耗更低，有效降低了终端铺设和使用成本。截至 2021 年 12 月，平安银行

的星云物联网平台终端设备接入数量超 1100 万台,落地 20 多个新型业务场景,覆盖 10 个行业,支持实体经济融资发生额达 3000 亿元。

此外,通过具有强大信息支持能力的天地一体化网络,可解决应急通信问题。信息时代下,短暂的网络中断可能酿成巨大的经济损失和社会损失,通过卫星互联网提供的高速备份链路,将关键业务上星备份,形成稳定的网络环境。

(二)自研卫星终端设备,有效降低融资成本

通过引入外部人才,自主研发卫星通信设备,大幅降低了卫星地面终端设备的价格。如通过自主设计线路板,精化设计产品的业务需求等多种方式,节省终端设备成本。市面上卫星终端产品的价格中位数是 6000 元,而平安银行研发的这款可以降到 1000 元以内,如果进一步量产,还可以降到 800 元。从而使整个供应链利用区块链技术收集信息的成本进一步降低,让中小微企业得到更低的融资利率。

例如,以蒙牛为核心企业,供应商贷款的融资利率只有 6%。其他核心企业产业链上中小微企业也获得了较低的融资利率。部分主要核心企业供应链中小微企业融资利率如表 5 所示。

表 5　部分主要核心企业产业链在 SAS 平台融资利率

核心企业名称	借款额度(万元)	供应商融资利率(%)
海康威视	500	6
蒙牛	300	6
古井贡酒	500	7
五得利	300	7
京博中油胜利	200	6
京博新能源	200	6
中化融易宝	1000	5
东鹏	500	6.5
养生堂	200	6.5
鲁花	300	7.2
大华	500	6
立白	300	7
海尔	500	7.2

资料来源:平安银行官网。

普通中小微企业的融资成本一般为 10%~15%,有的甚至高达 20%。通过供应链金融借助核心企业的信用,中小微企业能够以更低的利率获得贷款,并且融资效率大大提升。

(三)构建中小微企业信用体系,助推数字化服务

平安银行将构建"上有卫星、下有物联网设备、中有数字口袋和数字财资的开放银行数字经济服务生态",载体是数据,"将这些数据通过区块链技术合理地使用起来,让用户和合作伙伴的数据合理变现、产生价值,真正把数据当成有价值的生产资料"。

这也就意味着,由卫星通信、物联网等技术构成的"物联网解决方案",其目标并不仅限于突破传统供应链金融的风控难题、解决中小微企业融资难和融资贵问题,同时也为实体企业的数字化提供服务。"连接天地",是帮助企业与其资产连接,为企业提供有效和可视化的资产监控与控制服务,支持企业数

字化转型，从而使中小微企业摆脱单一地依靠核心企业传递信用，打造自己的信用评级。

五、总结与展望

习近平总书记对中小微企业融资问题高度重视，在民营企业座谈会等重要场合多次强调："要优先解决民营企业特别是中小企业融资难甚至融不到资问题，同时逐步降低融资成本，要切实解决中小微企业融资难、融资贵问题。"2019 年 1 月 4 日，李克强总理亲赴中国银保监会和商业银行进行实地考察和专题部署，提出要发展壮大普惠金融，以更大力度支持民营企业和小微企业。平安银行本着全心全意为客户服务的宗旨，积极将科技引入金融，通过将供应链金融和区块链、物联网等技术相结合，打造了供应链应收账款融资平台，为广大中小微企业解决了融资难、融资贵的问题。目前供应链金融正处于 3.0 向 4.0 过渡的阶段，随着供应链金融 4.0 的不断推广，受益的中小微企业越来越多。同时 4.0 阶段也存在着如区块链技术不完善、缺乏规范的监管法制等问题，政府对金融科技的监管遵循包容审慎原则，兼顾金融、科技和创新，在创新与规范、效率与安全、操作弹性与制度刚性之间寻求恰当平衡，确保金融科技稳健有序发展。通过未来不断地完善与发展，供应链金融将更好地服务于中小微企业。

中小微企业的救命稻草

——平安银行"供应链金融4.0+区块链"

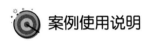 **案例使用说明**

一、教学的目的与用途

(一)适用课程

金融科技、金融机构经营管理、金融服务营销、金融机构风险管理。

(二)适用对象

本案例适用对象为金融专业硕士、MBA,也适用于高年级金融学本科生作为课堂学习。

(三)教学目的

(1)通过本案例学习,学生可以了解到平安银行供应链金融从1.0阶段逐渐发展到4.0阶段的历程及每个阶段变化的内容,使学生掌握供应链金融概念、特点、模式及在中小微企业中的应用价值。

(2)通过本案例学习,学生可以了解到当前传统的供应链金融发展存在的难点和痛点,以及平安银行将区块链技术引入供应链金融,是如何解决上述难点和痛点的。学生从中掌握区块链技术在金融中的应用场景,尤其是区块链+供应链金融的赋能机制、应用领域和发展路径。

(3)通过本案例学习,学生可以了解到当前金融科技的发展及其在金融中的应用,掌握金融科技助力中小银行提高信贷资源配置效率的机理、风险衍生、监管挑战和治理路径。

二、启发思考题

(1)传统供应链金融与平安银行4.0版本的供应链金融有什么区别?为什么要对供应链金融进行不断的升级?

(2)除了平安银行SAS平台这种以商业银行为主导的供应链金融模式外,是否还有其他模式?平安银行SAS平台这种模式有什么相对优势?

(3)区块链等金融科技的引入,给供应链金融解决了什么问题,又带来了什么新的问题?如何应对带来的新的问题?

(4)新的供应链金融4.0模式下,多方利益是怎样分配的?平安银行的SAS系统是否具有进一步推广及持续经营的可能性?

(5)为了加快供应链金融4.0的发展,需要政府提供怎样的帮助和支持?

三、分析思路

(1)通过分析供应链金融市场的发展现状，了解该市场的规模非常庞大，而且存在着巨大的融资缺口。中小微企业对整个社会经济的发展、社会的稳定起着重要作用，但由于缺乏资产抵押和信用较低等问题，中小微融资需求仍旧难以满足，且融资成本高。

(2)通过介绍平安银行供应链金融从 1.0 阶段发展至 4.0 阶段，了解不同阶段的特点及存在的问题，以及了解平安银行通过不断优化、创新供应链金融融资服务，提升对中小微企业的融资服务。

(3)介绍随着区块链、物联网、大数据等金融科技的发展，平安银行结合金融科技，打造了 SAS 供应链金融融资平台，为中小微提供更高效、成本更低及服务范围更广的融资服务。

(4)阐述了平安银行 SAS 融资平台对比其他融资平台的优点，并总结了目前金融科技存在技术不完善、缺乏规范的法制监督等问题，以及监管机构应如何对金融科技实行包容审慎管理。

四、理论依据与分析

(一)理论依据及应用分析

1. 供应链金融理论

(1)概念：现代供应链金融是以核心企业的信用为担保，以实际业务收入作为融资还款来源，运用自偿性贸易融资的方式，通过应收账款质押登记、预付账款融资、存货融资、第三方监管等专业手段封闭资金流或控制物权，对供应链上下游企业提供的综合性金融产品和服务。

(2)特点：①贸易自偿性和封闭性。根据企业真实贸易背景和上下游客户资信实力，以单笔或额度授信方式，提供银行短期金融产品和封闭贷款，以企业销售收入或贸易所产生的确定的未来现金流作为直接还款来源。②信用评级动态化。传统企业信用评价只是单独静态地看财务指标和资产状况，现在是将企业置于其所处的供应链生态体系，观察、收集它的贸易数据来综合动态评估。③参与主体多元化。供应链金融的参与主体不仅包含核心企业和企业自身，还有银行、信托等金融机构，企业获取融资的渠道范围更广，融资成本更低。

(3)应用价值(意义)：①从中小微企业来看，供应链金融作为融资的新渠道，由于产业链竞争加剧及核心企业的强势，赊销在供应链结算中占有相当大的比重。赊销已经成为最广泛的支付付款条件，赊销导致的大量应收账款的存在，一方面让中小微企业不得不直面流动性不足的风险，企业资金链明显紧张；另一方面，作为企业潜在资金流的应收账款，其信息管理、风险管理和利用问题，对于企业的重要性也日益凸显。在新形势下，盘活企业应收账款成为解决供应链上中小企业融资难的重要路径。供应链金融不仅有助于弥补被银行压缩的传统流动资金贷款额度，而且通过上下游企业引入融资便利，自己的资金需求得到满足。②从商业银行来看，实现开源新通路。供应链金融提供了一个切入和稳定高端客户的新渠道，通过面向供应链系统成员的"一揽子"解决方案，核心企业被"绑定"在提供服务的银行。通过供应链金融，银行不仅跟单一的企业打交道，还跟整个供应链打交道，掌握的信息比较完整、及时，银行信贷风险也少得多。③从社会层面来看，经济效益和社会效益显著。借助"团购"式的开发模式和风险控制手段的创新，中小微企业融资的收益—成本比得以改善，并表现出明显的规模经济。

(4)目前存在的痛点和难点：①各参与方独立，易形成信息孤岛。供应链上的各个参与方都是独立且分散的，各产业领域的企业都有自己的信息系统。在此情形下，供应链上的信息分散，链条内的信息无法完全连接，从而使供应链上的信息数据断裂，进一步造成了企业的信息孤岛。②信用难以逐级传递。传统供应链金融中小微企业融资主要是依靠供应链上核心企业的信用保证，但是由于供应链上的信息无法实现共享，而且企业的信息数据都比较分散，所以上下游中小微企业与核心企业的间接贸易信息很难获得信用保证，而供应链上的核心企业一般只与一级供应商签署合作协议，因此核心企业的信用在传统供应链金融模式中一般只能传递到与其进行直接合作的一级供应商。③贸易背景的真实性难以确保。在传统供应链金融中，供应链上的参与方众多，而且它们各自都有独立的信息系统，链上企业的交易信息并非完全透明公开，所以当供应链上的企业向商业银行等金融机构发出融资请求时，银行并不能有效地掌控贸易背景中的交易资金、产品流动等相关信息，也就无法有效确保贸易背景的真实性，只能被动地以融资企业所提供的贸易单据及合同订单为基础，以此进行对外放贷。

(5)供应链金融在平安银行案例中的具体应用。本文主要谈及的内容为供应链金融如何解决中小微企业融资难、融资贵的问题。平安银行自身作为商业银行，经营着储蓄和对外放贷等业务。由于中小微企业信用较低、财务信息不透明、资产少、抗风险能力差等多种原因，导致商业银行放贷额度较少。为了解决这些企业的融资问题，平安银行通过应用供应链金融理论，开发了 SAS 平台。以供应链上核心企业为依靠，上下游的中小微企业可以低成本、快速高效地获取一定的贷款额度。不仅解决了中小微企业的融资问题，平安银行也可以获得更多的客户和创造更多的营业利润，而核心企业则稳定了上下游的供应商和经销商，有利于企业持续稳定的经营。

2. 金融科技理论

(1)概念：金融科技指通过利用各类科技手段创新传统金融行业所提供的产品和服务，提升效率并有效降低运营成本。它基于大数据、云计算、人工智能、区块链等一系列技术创新，全面应用于支付清算、借贷融资、财富管理、零售银行、保险、交易结算六大金融领域，是金融业未来的主流趋势。

(2)金融科技的应用场景。金融科技将大数据、区块链、云计算、分布式、安全、AI 等新技术与金融行业融合，金融科技行业的触角已经从之前的支付、贷款、转账等有限领域，延伸到数十个不同的业务领域，如风控、支付、理赔、客服、投研、投顾和营销等。①在营销方面，金融机构可以关注个体差异，通过用户画像和大数据模型实现对个人客户的精准定位，在此基础之上进行营销，最大限度地摊薄成本。精准营销对客户的兴趣、爱好、购买能力做出预测和判断，根据综合评分推荐金融服务和产品。②在智能客服方面，金融客户的业务咨询中的大部分常见问题都是重复性的，而且在一个限定领域内。传统的人工客服需要占用大量人力成本，而基于自然语言理解的对话机器人可以通过对话发掘用户需求，解释和推荐产品，进而带来销售转化。③在研究方面，投行领域中有大量固定格式文档的撰写工作，比如招股说明书、研究报告、尽调报告、投资意向书等。人工智能环境下，用户只需把收集到的资料输入给电脑就会自动生成图表和报告，研究人员只需做修改、复核、总结和定稿工作。目前金融科技运用在不同领域的不同场景，不断创新和优化人们的工作，给客户带来新的体验，随着未来科技的发展，适用的金融科技场景也将越来越多。

(3)金融科技在平安银行案例中的具体应用。金融科技是科技服务于金融，旨在提升金融的服务效率与效果。在平安银行构建的供应链金融中，应用了大量的科技手段来提高平台运行的效率及控制放贷的风险。比如在 SAS 平台中：①通过运用大数据，统计客户的交易信息和银行流水，通过分析比对，确定客户的信用额度；②通过云计算，能够快速且安全地访问或者储存数据；③通过人工智能，可以加快信息回复及标准化合同审批等流程的速度；④通过区块链技术，可以确定贸易的真实性等。平安银行通过将金融科技引入供应链金融，无疑大大提高了供应链金融的运行效果，降低了运营成本，且能够给中小微企业带来融资成本更低的、效率更高的融资服务。

(4)潜在风险：金融科技对金融稳定主要会带来三方面的影响，即公平竞争、金融稳定与消费者保护。①由于金融科技公司和平台的进入，公平竞争问题凸显出来，因此要维护公平竞争，要严管金融科技公司头部化，避免大者通吃，特别防止头部公司的垄断化，抑制隐性规则。②防范化解金融风险是金融稳定的重要支撑。金融科技所带来的金融风险与传统意义上的金融风险并不一样，这是因为金融科技的运用产生了许多新的风险领域、新的风险主体，以及新的风险特征，比如虚拟资产、风险传递路径、风险积聚方式等。③金融科技的运用，对于金融消费者的保护有了新的要求，包括数据安全、隐私保护及行为合规等。

（5）金融科技监管：金融科技发展的同时，也要对应有效的监管。①明确监管原则。即要有针对性，抓住金融科技发展的重点；要有适当性，针对不同的金融科技公司和业务进行相应的监管；要有持续性，科技发展正在迭代，金融科技也方兴未艾，不能以不变应万变。②健全监管体系。一方面，还要继续加强机构监管，对金融科技公司进行认定和分类；另一方面，进行功能监管，即对金融科技进入同一个行业里的金融活动必须有同样的监管标准。③进行行为监管，这主要涉及金融科技的具体运用方式。④完善监管方式。有效监管需要以监管效率来支撑。主要包括优化监管路径、创新监管方式及运用监管科技等。

金融科技是技术驱动的金融创新，能够形成新的商业模式、应用、流程或产品，并对提供金融服务产生重大影响。对金融科技的监管应当遵循包容审慎原则。包容监管的立足点在于金融科技的创新性，体现在增强金融包容、提高交易效率、促进市场竞争方面；审慎监管的着眼点则在于金融科技的风险性，表现为技术操作风险、数据安全风险和信息不对称风险。包容审慎监管意在兼顾金融、科技、创新这三个关键词，在创新与规范、效率与安全、操作弹性与制度刚性之间寻求恰当平衡，确保金融科技稳健有序发展。应当基于金融科技的破坏性创新本质，确立适应性监管的基本思路；通过强化监管协调、落实功能监管、厘定央地权限，构建风险覆盖更广的金融监管体制机制；发挥监管科技的特有作用，以科技驱动的监管创新应对科技驱动的金融创新。

3. 区块链理论

（1）概念：区块链是一个分布式的共享账本和数据库，具有去中心化、不可篡改、全程留痕、可以追溯、集体维护、公开透明等特点。这些特点保证了区块链的"诚实"与"透明"，为区块链创造信任奠定基础。

（2）应用价值：区块链丰富的应用场景大多数基于区块链能够解决信息不对称问题，实现多个主体之间的协作信任与一致行动。区块链是分布式数据存储、点对点传输、共识机制、加密算法等计算机技术的新型应用模式。目前主要在金融领域的应用场景有：①数字货币。随着电子金融及电子商务的崛起，数字货币安全、便利、低交易成本的独特性，更适合基于网络的商业行为，将来有可能取代物理货币的流通。数字货币与法定货币之间的交易平台也应运而生，这也让社会各界注意到其背后的分布式账本区块链技术，并逐渐在数字货币外的众多场景获得开发应用。数字货币能够替代实物现金，降低传统纸币发行、流通的成本，提高支付结算的便利性。并增加了经济交易透明度，减少了洗钱、逃漏税等违法犯罪行为，提升央行对货币供给和货币流通的控制力。②跨境支付与结算。实现点到点交易，减少中间费用。区块链技术出现以前，境内外交易都需要依靠中介机构来完成交易主体间的具体清算事宜。以银行业为例，在银行作为第三方中介的结构体系中，每发生一笔业务都需要银行与消费者、银行与商家、银行与央行之间的信息衔接才可完成全部的支付程序，这种复杂的流程使银行需要多次核对账目、结算清查才能保证交易过程不发生纰漏。每个国家的清算程序不同，可能导致一笔汇款需要2~3天才能到账。区块链可摒弃中转银行的角色，实现点到点快速且成本低廉的跨境支付。通过区块链的平台，付款方可以直接从付款方银行支付系统进行支付，收款方可以直接从收款方银行支付系统获得账款。③供应链金融业务。减少人为介入，降低成本及操作风险。通过区块链，供应链金融业务将能大幅减少人工的介入，将目前通过纸质作业的程序数字化。所有参与方（包括供应商、经销商、银行）都能使用一个去中心化的账本分享文件并在达到预定的时间和结果时自动进行支付，极大提高了效率及减少了人工交易可能造成的失误。

（3）区块链理论在平安银行案例中的具体应用。在传统的供应链金融中，供应链上信用的传递效应依然较弱，核心企业信任的上下游供应商和经销商数量非常有限。平安银行SAS平台引入区块链技术，通过超级账本可以完成信息记录全过程，自动转让和确认应收账款流转的债权，解决了线下人工操作真实性的难题。

对于SAS平台的各参与方来说，在交易过程中可以建立独立的分布式台账，相互验证，保证核心企业信用的有效传递。SAS平台的资金提供者在收到应收账款时，可以依托超级账本记录的交易信息流追溯至相关核心企业，进一步强化信用背书。当平台与中国动产融资统一登记系统对接，以及链中的应收账款债权流或转移给流动性提供者时，避免了债权反复抵押和融资的风险。

在SAS平台的交易过程中，各参与方需要建立私密的分布式账本，这就解决了传统中小微企业融资过程中，交易各方处于破碎的交易环节，信息无法共享和传递，深层次融资需求无法解决的问题。SAS平台搭载了超级账本的信息记录和交互功能，应收账款周转率链接自动确认收到通知债权的转让，大大降低了离线手工操作和真实性验证的难度，并且极大地降低了原始确认收到转让通知应收账款风险成本和劳动力成本。

4. 信息不对称理论

(1)概念：信息不对称指在市场经济活动中，各类人员对有关信息的了解是有差异的。掌握信息比较充分的人员，往往处于比较有利的地位，而信息贫乏的人员，则处于比较不利的地位。该理论认为，市场中卖方比买方更了解有关商品的各种信息，掌握更多信息的一方可以通过向信息贫乏的一方传递可靠信息而在市场中获益。买卖双方中拥有信息较少的一方会努力从另一方获取信息，市场信号显示在一定程度上可以弥补信息不对称的问题。

(2)信息不对称理论在平安银行案例中的具体应用。受制于传统供应链金融存在的信息孤岛问题，供应链交易信息、企业财务信息和相关资料不透明、不公开，使人工审核信息的成本极高，而且也大大降低了资金融通的效率。更有甚者可能形成道德风险和逆向选择。而平安银行SAS平台通过引入区块链技术，解决了这些问题。

(3)作用：该理论指出了信息对市场经济的重要影响。随着新经济时代的到来，信息在市场经济中所发挥的作用比过去任何时候都更加突出，并将发挥更加不可估量的作用。该理论强调了政府在经济运行中的重要性，呼吁政府加大对经济运行的监督力度，使信息尽量由不对称到对称，由此更正由市场机制所造成的一些不良影响。

5. 交易成本理论

(1)交易成本理论认为，当机会主义行为存在于各方、有限理性妨碍着决策者时，企业的总目标总是选择最有效的方式。该理论还指出，市场是一种理想的交换方式，但在某些情况，市场可能会失效。当环境变得复杂和不确定时，交易成本变得非常高，合同会变得冗长，且难以监督和执行。企业倾向于通过内部组织来解决交易中的问题，例如，通过建立完善的内部管理体系来减少信息不对称和谈判成本，从而实现更有效的交易。然而，当内部等级制度导致交易成本过高时，企业可能会寻找替代方案，例如，与其他企业建立战略联盟。战略联盟具有稳定交易关系和便于监督的特点，能够解决市场内部化的问题，从而降低交易成本。

(2)交易成本理论在平安银行案例中的具体应用。在传统的供应链金融中，中小微企业向商业银行申请贷款融资，往往需要大量的资料审核，而且放款的时间较慢，不仅增加了人力成本，也增加了交易风险。平安银行SAS平台通过引入区块链、云计算等金融科技，实现了自动审核，大大降低了企业的融资成本，提高了交易效率，受到中小微企业的青睐。

(3)交易成本的来源包括有限理性、投机主义、不确定性和复杂性、专用性投资、信息不对称和气氛等因素。有限理性指决策者在做出决策时，受到信息有限、认知能力有限，以及时间和资源限制的影响。投机主义是指参与交易的各方为了追求自身利益而采取的欺诈行为，增加了彼此之间的不信任和怀疑，导致交易过程的监督成本增加，降低了经济效率。不确定性和复杂性是由于环境因素中充满不可预期性和各种变化，交易双方将未来的不确定性和复杂性纳入契约中，使交易过程增加订定契约时的议价成本，并使交易困难度上升。专用性投资是指某些交易过程过于专属性，或因为异质性信息和资源无法流通，使交易对象减少，并造成市场被少数人把持，导致市场运作失灵。信息不对称是由于环境的不确定性和自利行为产生的机会主义，交易双方往往握有不同程度的信息，使市场的先占者拥有较多的有利信息而获益，并形成少数交易。气氛是指交易双方若互不信任且处于对立立场，无法营造一个令人满意的交易关系，将使交易过程过于重视形式，徒增不必要的交易困难和成本。

为了降低交易成本，组织可以采取一些措施，例如，提供更完整和准确的信息、提供培训和支持来提高决策者的认知能力，以及建立有效的决策流程和机制来规范和指导决策过程。此外，组织还可以采取其他策略，如建立战略联盟、采用竞价等方式来降低交易成本。

(二) 启发思考题解答

(1)传统供应链金融与平安银行4.0版本的供应链金融有什么区别？为什么要对供应链金融进行不断的升级？

传统的供应链金融：金融机构可在供应链中寻找出核心企业，以核心企业信用为基础，为供应链的各参与主体提供金融资金的支持，解决中小微企业融资难和供应链失衡的问题。

4.0阶段供应链金融：基于核心客户，在真实的贸易背景的前提下，利用贸易融资的自偿性，通过质押登记应收账款和第三方监督等方式为供应链上下游企业提供"综合性金融产品和服务"。在集物流运作、商业运作和财务管理于一体的同时，还提供更好的平台，将买家、卖家、第三方物流和金融机构联系在一起进行交易，在资金带动供应链物流的同时，实现了利用供应链物流盘活资金的作用。通过采取融资、风险缓解措施及区块链技术的加持，优化供应链流程和交易中流动资金的管理和流动投资资金的使用。

相较于传统供应链金融，4.0阶段供应链金融的特征为（见表1）：

表1 传统供应链金融与4.0阶段供应链金融的区别

比较项	传统供应链金融	4.0阶段供应链金融
信息是否对称	信息孤岛	信息透明、公开
核心企业信用传递层级	仅限于一级供应商	适用于多级供应商
融资效率	效率低，处理周期长	效率高
风险管控	普通风险管控	信息流、物流、资金流、业务流四流合一，全面管控

1)中小微企业的贷款额度由核心企业确定。不同于传统信贷，企业的贷款额度由金融机构决定，在供应链金融中，核心企业依据与中小企业的购销数据确定中小微企业的贷款额度，而金融机构依据分配的额度，对中小微企业进行贷款。

2)核心企业的信用具有传递性。传统供应链金融信用只能传递到一级供应商，但是4.0阶段供应链金融信用可以传递到多级供应商。

3)以交易额而非企业财务资产状况作为放贷标准。传统信贷融资方式通过评估企业的资产状况和财务指标判断是否放贷及放贷的金额，而4.0阶段的供应链金融则是依据产业链上企业的生产、贸易的数据而放贷。

通过不断优化升级的供应链金融，可以更好地服务于中小微企业融资。在合理控制风险的前提下，大大提升融资的效率，增加了惠及的中小微企业数量。

(2)除了平安银行SAS平台这种以商业银行主导的供应链金融模式外，是否还有其他模式？平安银行SAS平台这种模式有什么相对优势？

国内几种典型供应链金融+区块链模式(按照推动主体的类型)如表2所示。

表 2　供应链金融+区块链的主要模式

类型	实例	简介
商业银行主导型	平安银行供应链应收账款服务平台（SAS）	2017 年底，由平安银行推出。在 SAS 平台上，具有优质商业信用的核心企业对赊销贸易下的到期付款责任进行确认，各级供应商可将确认后的应收账款转让给上一级供应商用以抵偿债务，或转让给金融机构获取融资，从而盘活存量应收资产，得到便利的应收账款金融服务
核心企业主导型	"Chained Finance" 区块链金融平台	2017 年，由互联网金融公司点融网与富士康旗下金融平台富金通共同推出。借助这个区块链平台，所有和核心企业相关的供应链上的中小企业都可以被自动地记录相关交易行为；在所有节点上，记录的同时已经对其真实性进行了自动验证和同步，记录也不可篡改；区块链上的所有企业只要有需要就可以随时根据相关交易记录快速融资
技术提供方主导型	腾讯"区块链+供应链金融解决方案"	2018 年，由腾讯推出：以源自核心企业的应收账款为底层资产，通过区块链实现债权凭证的流转，保证不可篡改、不可重复融资，可被追溯

相对于核心企业和技术提供方主导型供应链，商业银行供应链金融拥有以下优势：①自身资金非常充足，可以为中小微企业提供融资服务。②利用自身优势，提供金融解决方案。例如，中小微企业的国际贸易原材料可能是在非洲采的，加工放在了印度，最后成品在中国，销售又出口到了欧洲。这种产业状态、结构状态非常普遍，可是不同国家货币政策、金融政策、贸易惯例不一样，由让中小微企业自己去解决这些问题不现实，此时凸显的就是银行的优势。银行能够提供"一揽子"金融解决方案，并由此进入供应链金融链条中。③不管是融资前的审核，还是放贷后的资金跟踪，商业银行对风险的把控能力都更强，更能控制整个产业链融资风险。

相比于其他商业银行的供应链融资平台，平安银行 SAS 平台拥有的优势有：①自发卫星收集数据，服务的中小微企业范围广。②自研卫星终端设备，有效降低融资成本。③构建中小微企业信用体系，助推数字化服务。

（3）区块链等金融科技的引入，给供应链金融解决了什么问题，又带来了什么新的问题？如何应对带来的新的问题？

区块链技术的运用，大大解决了应收账款债权转让离线手工操作和真实性验证的难度，并且极大地降低了原始确认收到转让通知应收账款风险成本和劳动力成本。在交易过程中可以建立独立的分布式台账，相互验证，保证核心企业信用的有效传递。

然而，首先，区块链技术目前并不完善，如果涉及的加密算法和协议存在漏洞，或者分布式系统、设备或软件存在技术漏洞，一旦被入侵，整个链都会受到影响。其次，私钥用于为区块链交易提供数字签名，用户的资金交易和私人信息的安全性完全依赖于私钥。一旦私钥泄露或丢失，根据现有的区块链技术规则，黑客的非法操作将无法恢复，给用户造成财产损失。最后，区块链的成本较高，特别是日常的维护，需要专业化的技术团队，而对于软件和能源的消耗也较大，更增加整个供应链的运营成本。

基于以上情况，建议促进共识机制、密码算法、跨链技术、隐私保护等区块链核心技术创新，借鉴行业领先经验，与银行、高校、科研机构合作搭建技术平台，从而不断优化升级区块链技术。当原始数据得到共识层节点的确认之后，就会被录入数据库之中，并在各节点进行同步，实施分布式记账类数据库，从而降低数据篡改风险。但是，由于各共识层节点在数据确认时仍有可能进行串谋，因此在应用区块链技术的基础之上，仍需加强线下数据核实，共同提高数据真实性。此外，针对成链成本较高的问题，平安银行可以将区块链技术的研发和服务外包给以此为主业的科技公司，来降低费用，当形成一定规模时，整个链条的个体平均成本也会逐渐下滑。优化区块链中的设定，对于一些重要性不强的数据或者信息，在加密时，无须使用过多的哈希函数，从而降低能耗。

(4)新的供应链金融4.0模式下，多方利益是怎样分配的？平安银行的SAS系统是否具有推广及持续经营的可能性？

在供应链金融4.0模式下，可实现多方共赢：

1)对于商业银行来说，为实体经济提供资金支持，"脱虚入实"。有效解决了中小微企业融资难、融资贵问题，符合国家政策的要求。盘活了大企业空置的银行授信，获取了线上批量融资利润。

2)对于核心企业来说，增加一种应收应付清算方式，低成本清理三角债。以信用支付，降低有息负债规模，增加了财务收益。深度掌控产业链，打造了利益共享的强大供应链管理生态圈。

3)对于中小微企业来说，债权任意拆分，快速实现了三角债清理和材料采购。低成本快速获得资金，解决了融资难、融资贵问题。融资时效性强，可替代部分现金储备，缓解了供应商资金压力。

可以看出，平安银行SAS平台的推出，能够平衡参与各方利益，实现多方的合作共赢，有助于整个产业链的长期发展。与此同时，平安银行SAS平台也能够不断地持续经营。

(5)为了加快供应链金融4.0的发展，需要政府提供怎样的帮助和支持？

对于引入区块链技术的供应链金融，政府既应该加大监管力度，也需要给予适当的扶持。具体如下：

1)建立和完善监管责任机制。目前区块链技术在监管方面的应用还处于相对空白的阶段，政府需要建立和完善新模式的责任识别机制，以便在出现商品安全问题时能够准确、快速地发现责任方，完善各方监管的机制。对于金融监管机构来说，明确底线是促进区块链供应链金融顺畅运行、保障中小微企业融资渠道、促进金融科技创新的关键，必须以技术原则和自治原则为基础，明确国家对平台运营商和链上企业的权力界限，尽可能尊重技术中立原则，保持政策的一致性。

2)对金融科技监管遵循包容审慎原则。金融监管机构行政应该保持适度宽容，一般以被动管理为原则，在不涉及国家的金融主权，不涉及违法犯罪和不产生系统性金融风险的前提下，充分保证市场自由，促进金融监管和金融创新的良性互动。把基于区块链技术的创新形式纳入监管，明确准入机制，确定监管目标。全面分析未来的发展方向，以及对社会和资本市场的潜在影响，鼓励和支持更多有远见、安全可靠的金融创业。

3)全生命周期监管。监管范围将扩大到互联网服务提供商、搜索引擎和硬件制造商。将区块链全生命周期纳入监管范围，完善产品加密技术，跟踪可疑交易，提供更加切实有效的保障，实现分类监管，避免监管真空。完善区块链与各种技术融合衍生的其他应用场景，如个人有形和无形资产的登记、托管交易、保税合同、第三方仲裁等。监管途径应针对每个行业的不同特点进行调整。通过财政、减税和政策鼓励区块链基础应用研发，帮助金融机构逐步融入数字货币市场。建立健全登记备案制度，区块链是一个跨越国家地理和司法边界的网络。应对区块链进行源头控制，对相关企业进行资质审核，对各种接入平台进行安全检查，明确风险责任主体，督促企业完善风险防范机制。

4)适当的税收优惠政策。国家正处在积极推动区块链技术发展和应用的关键时刻，在政策上应合理规划激励措施，对初期使用成本补贴到底，降低门槛。一方面有助于保障区块链技术应用在供应链金融的用户规模化，另一方面费用减免能够更加巩固去中心化应用。经过补贴或者免费的区块链平台在具有一定的用户规模后，平台本身和相关企业就可以创建出相应的盈利模式来达到覆盖成本甚至创收盈利的目的。

五、背景信息

平安银行是中国平安保险股份有限公司的子公司，因此在科技层面，中国平安保险股份有限公司能够对平安银行提供技术和人才支持。相比其他金融机构，平安银行发展供应链金融4.0+区块链有更大的优势。

六、关键要点

(一) 关键点

了解平安银行供应链金融的发展历程，以及发展多年不能普及的原因。随着科技在金融中的运用，区块链技术的引入解决了很多以前存在的痛点问题。如信用的传递问题、审核的效率问题等。虽然仍旧存在其他问题，但是区块链的引入无疑为供应链金融的发展起到了极大的促进作用。

(二) 关键知识点

了解供应链金融的基础知识和应用场景，结合金融科技在实践中的应用，进一步了解平安银行 SAS 平台的运行方式。

(三) 能力点

培养综合分析案例的能力、批判性思维能力、将课本知识与实际操作相结合的能力和妥善解决问题的能力。

七、建议课堂计划

本案例可以作为专门的案例讨论课来进行，以下是按照时间进度提供的课堂计划建议，仅供参考。整个案例课的课堂时间控制在 90 分钟。

(一) 课前计划

提出启发思考题，让学生在课前完成阅读和初步思考。

(二) 课中计划

课堂前言(15 分钟)：导入案例，简单扼要，明确主题，并使用 PPT 列出启发思考题。

分组讨论(30 分钟)：每个小组成员围绕案例分析思考题展开讨论，并推选一名成员代表小组发言。

小组发言(30 分钟)：每个小组代表发言，其他成员补充，每组时间控制在 5~7 分钟，并把每个小组的观点简明扼要地写在黑板或白板上，以便后续的自由讨论和归纳总结。

自由讨论和总结(15 分钟)：引导全班同学围绕案例关键问题和小组发言的观点进一步讨论，并由教师进行归纳总结。

(三) 课后计划

请学生继续上网搜索该案例的相关信息资料，并结合课堂讨论情况，撰写案例分析报告，字数在 1500~2000 字。

金融市场篇

"青山"依旧在，不怕"伦镍"狂

——青山控股被国际资本围猎始末*

 案例正文

  摘　要：2022 年 3 月，国际金融市场最大事件当数伦敦金属交易所（LME）的镍合约逼空事件。青山控股集中持有大额空单，风险过于暴露，国际资本伺机展开了围猎青山控股的多头逼空操作。这直接导致伦镍价格暴涨 248％及青山账面最大亏损高达 150 亿美元。2022 年 3 月 8 日晚，LME 暂停镍合约交易；9 日，青山控股回应已调配到充足现货进行交割。随后伦镍恢复交易，价格逐步回归正常。青山控股为何开出巨额空单？国际游资的多头逼空为何能在两个交易日将价格拉升得如此离谱？为何 LME 采取史无前例的"拔网线"措施来控制交易？频繁发生的海外资本狙击中资企业事件给我们带来什么教训和反思？这些问题都值得我们极大的关注和思考。

  本案例重点描述镍价涨跌过程中各参与方的行为和动机；从交割、库存、保证金、时间节点等维度探讨国际资本成功逼空的原因；从风险管理、市场公平等角度深刻分析 LME 的监管合理性。通过本案例教学，启发学生深入理解并掌握衍生金融工具、金融机构风险管理、金融监管等相关理论知识，加深对"资本有国界"的认识。

  关键词：套期保值；逼空交易；风险控制；金融监管

"Tsingshan" is Stiu Here and No Fearing of the Demon Nickel

——Story about the Tsingshan Holdings being Hunted by International Capital

  Abstract：The most sensational event of International Financial Market in March 2022 is the Nickel futures contract of the LME；International capitals launched a long short-squeezing operation immediately after the Tsings-

---

  * 本案例由广东工业大学经济与贸易学院孙有发、许新宇、赵涵、周施贵撰写，作者拥有著作权中的署名权、修改权、改编权。由于企业保密的要求，在本案例中对有关名称、数据等做了必要的掩饰性处理。本案例只供课堂讨论之用，并无意暗示或说明某种行为是否有效。

han Holdings shorted a large position of the Nickel future contract. This operation directly caused a 248% surge in the price of LME Nickel and a huge loss of 15 billion US dollars in Tsingshan's book account. On the evening of March 8, the LME suspended nickel contract trading; and one day later, the Tsingshan Holdings claimed she had allocated sufficient spot for delivery. Subsequently, the LME resumed Nickel trading, and the price gradually returned to normal. Why did The Tsingshan Holdings choose to hold a large short position of the Nickel future contract? Why can the price of nickels be pushed up so outrageously by the International Capitals? Why did the LME dare to take an unprecedented measure "unplugging" to control transactions? What lessons can the Chinese overseas capital learn from the frequently happened sniping incidents? These issues are all worth our great attention and considaration.

This case will focus on the behaviors and motivations of all related parties in the Demon Nickel event; discuss the underlying reasons for the successful short-squeezing of International capitals from the perspectives of delivery, inventory, margin, and time nodes; and analyze in-depth the legality of LME's regulatory measures from the perspectives of risk management and market fairness. By this case, students can be expected to deeply understand the theory about derivative financial instruments, risk management of financial institutions, financial supervision, etc., and deepen the acknowledge about "the boundaries of capital".

Keywords：Hedging; Short-squeezing trade, Risk control, Financial regulation

引 子

"白发多生矣，青山可住乎?"2022 年 3 月，有着"世界镍王"之誉的青山控股突然卷入一场海外资本蓄谋并借助规则漏洞予以精准实施的资本狙击。

3 月 7 日 16：00：伦敦金属交易所（London Metal Exchange，LME）基准镍价（以下简称"伦镍"）刚开盘不久突然连续拉涨，一度飙涨逾 88%，触及 55000 美元/吨，创历史新高。当晚，期货圈传出消息，因市场内的外资多头逼空，青山控股 20 万吨空单岌岌可危，青山控股亟须筹钱补足保证金，而伴随着镍价大涨，浮亏超 80 亿美元。

3 月 8 日：镍主力合约盘中突破 10 万美元大关，两个交易日累计大涨 248%。至此，短短十几个小时，青山控股的空单账面浮亏高达 150 亿美元。能否"留得青山在"？一时间，所有市场的目光都转向了青山控股。

故事缘起：青山控股在 LME 持有 20 万吨的镍远期空单用作套期保值。如果镍价平稳，这 20 万吨空单不会造成任何问题；如果青山控股拥有足够的交割品，那也不会带来太大损失。但是市场没有如果。俄乌冲突令市场逻辑发生逆转，青山控股这笔大空单和交割品不足的漏洞被国际资本捕捉到，青山控股面临被逼空巨亏风险。

这是一场海外资本利用 LME 规则漏洞对中国产业资本的精心围猎，稍有不慎就会招致灭顶之灾。芝加哥商品交易所前战略规划总监、国际期货市场资深人士黄劲文称，与上期所镍期货合约相比，最大的差别是 LME 镍没有涨跌停板限制，其一天涨幅甚至可达 100%。交易规则的设计，在当下地缘冲突的背景下更放大了它的冲击力。这是镍价暴涨事件发生的重要底层因素。

本案例将还原整个事情的来龙去脉，从保证金制度、不完全套保、交割、交易所交易规则设计等角度揭示国际资本如何利用漏洞提前布局，对青山控股进行围猎，以及青山控股这个曾经占有 LME 持仓量接近 1/6 份额的巨头如何摆脱困局的全过程。

一、故事序幕

(一)故事背景

1. 疫情以来大宗商品价格呈上涨趋势

从 2021 年下半年开始，全球工业生产者出厂价格指数(PPI)都进入了一个不断上涨的通道，2021 年 11 月，美国 PPI 达到了 16.3%。这反映了全球供应链背后存在的隐性危机。有分析显示，PPI 在产业链上的传导反映在 2022 年下半年会波及中国更多产业链。这意味着，全球能源、有色、贵金属、农产品、全球大宗商品期货市场都将进入一个非常敏感的价格波动时期。同时，它们的价格变化无疑将不断延及众多行业中下游产业链的价格转移。在这一背景之下，期货市场的关注度会大幅提升。同时，更多企业将采用套期保值的方式进行对冲交易。

2. 一级镍产能与需求不匹配

镍板作为最广泛的可交割品牌，却不能代表最广泛的下游需求。不锈钢用镍铁，电池用硫酸镍。这也就意味着镍板本身流通量在整个镍资源里是被边缘化的。美国地质调查局的数据显示，印度尼西亚是世界第一大镍矿生产国，2020 年，镍矿产量 77.1 万吨，占全球的 30.72%；2021 年，镍矿产量约 100 万吨，占全球的 37.04%。但自 2021 年 6 月以来，印度尼西亚受疫情影响程度加剧，7 月，印度尼西亚总统宣布限制外籍劳工入境，限制了镍矿产量的进一步扩大。同时，受低碳环保因素和季节性影响，东南亚缅甸、菲律宾等国家电力短缺，加剧了镍矿生产供应的不确定性。

在需求侧，火热的新能源电动车带来了旺盛的电池需求，大幅提高了精炼镍的去库速度。2021 年 5 月，我国三元动力电池产量开始攀升，由 5000 兆瓦时增长至 2022 年 2 月的 11639 兆瓦时，产量增长了超过 1 倍(见图 1)。出于对电池生产的需求，对精镍的需求同样景气，可以看到，我国电动汽车三元电池产量的增加与精镍库存开始减少的节奏趋同。

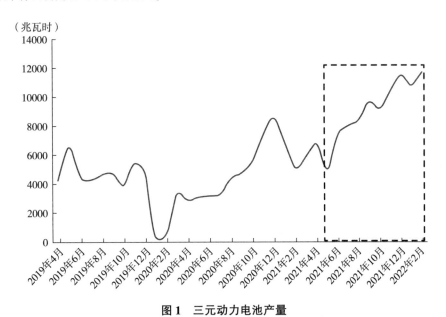

图 1　三元动力电池产量

因此，在新能源车电池需求较强、供给扩产遇到阻碍等多重因素的作用下，精镍库存不断下降，这也是伦镍逼仓事件中镍低库存的重要背景。

3. 中国镍资源对外依存度高达 86%

中国是全球最大的镍消费国，镍消费量占全球 50% 以上。但与之对应的，却是我国镍储量和镍产量的相对匮乏。以 2020 年为例，我国当年的镍产量为 12 万吨，占全球总产量的比例还不到 5%，只能通过"买买买"来解决这种供需的不平衡。国联证券一份研报称，中国镍资源对外依存度高达 86%，需要大量从印度尼西亚和菲律宾等国家或地区进口镍矿。

4. 俄乌冲突爆发引起俄镍通道堵塞

俄罗斯也是除印度尼西亚、菲律宾以外的全球第三镍矿产量国，根据 USGS 统计，俄罗斯 2020 年镍矿产量为 28.3 万吨，占全球总产量的 11.27%；2021 年镍矿产量 25 万吨，占全球总产量的 9.26%。同时，俄罗斯还是世界镍矿储量大国，拥有 750 万吨镍矿储量，占全球总储量的 8%。俄镍是全球镍供给的重要组成部分。

表 1 为镍矿全球分布情况。

表 1　镍矿全球分布情况　　　　　　　　　　　　　　　　单位：万吨

排名	矿山	国家	企业	矿山类型	2020 年产量	2019 年产量
1	Kola Division	俄罗斯	诺里尔斯克	露天	17.2	16.6
2	Nickel West	澳大利亚	必和必拓	露天/地下	7.5	6.6
3	Sorowako	印度尼西亚	淡水河谷	露天	7.2	6.8
4	Rio Tuba	菲律宾	亚洲镍业	露天	6.7	7.3
5	Integrated Nickel Operations	加拿大	嘉能可	露天/地下	5.7	6.0
6	Doniambo-SLN	新喀里多尼亚	埃赫曼	露天	4.8	4.7
7	Sudbury	加拿大	淡水河谷	地下	4.3	5.1
8	Murrin Murrin	澳大利亚	嘉能可	露天	3.6	3.7
9	Cerro Matoso	哥伦比亚	南 32	露天	3.6	4.1
10	Voisey's Bay	加拿大	淡水河谷	露天	3.6	3.5

2022 年 2 月 20 日，俄乌冲突爆发后，欧美持续加码对俄罗斯的制裁。尽管欧美别有用心地在 SWIFT 制裁（见图 2）中排除了俄罗斯部分用于结算能源的银行，但制裁毫无疑问将打击俄罗斯对外贸易的商业信心。一方面，SWIFT 制裁使农产品和有色金属等在跨境交易信息传递等方面出现较大阻碍，影响相关产品的出口与结算；另一方面，由于害怕受到连带制裁，银行会主动、被动地取消或建议客户取消与俄罗斯的交易行为，商业银行也会削减开向俄罗斯的信用证头寸，俄罗斯对外贸易将大受损伤，对于俄罗斯出口的小麦、大麦等农产品和铜、铝、镍、钯、铂等有色金属冲击较大。

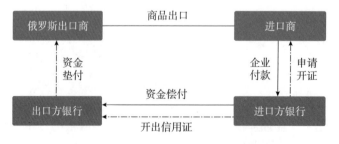

图 2　SWIFT 制裁影响俄罗斯对外贸易

这次青山控股遭遇海外资本"围剿"的重要导火索，就是高纯度镍资源丰富的俄罗斯供货渠道受阻，导致青山控股很难拿到纯度足够的镍。根据 LME 的要求，用于实际交割的镍必须是所谓的一级镍，即纯度超过 99.8% 的镍。青山控股虽然有镍库存，但大多为纯度不那么高的二级镍，无法用于交割。所以说这轮"妖镍"风起，和全球镍资源的分布及各国镍矿品位高低有着一定关联。市场对俄罗斯生产的镍制裁的担忧，被多头借力，顺势引爆了这场期货旷世大战。

(二) 主演出场

1. 青山控股——巨单做空 LME 镍

青山控股起步于 20 世纪 80 年代，先后创办浙江瓯海汽车门窗制造公司、浙江青山特钢公司等，此后又相继成立上海鼎信投资集团、青拓集团等公司，目前已形成五大集团公司，下辖 300 余家子公司。公司注册资本达 28 亿元，鼎信投资持有公司 23.70% 股权，为公司第一大股东，项光达和青山管理分别持股 22.30% 和 11.50%，项光通等自然人合计持股 42.50%。公司实际控制人为自然人项光达。青山控股起步于不锈钢产业，主要从事镍铬矿采掘及不锈钢生产业务。目前公司已经形成了贯穿不锈钢上中下游的产业链，并拥有超过 1000 万吨不锈钢粗钢产能、30 万吨镍当量镍铁产能。公司不锈钢生产基地遍布福建、广东、浙江等国内主要沿海地区，海外则布局在印度尼西亚、印度、美国和津巴布韦等地，拥有八大生产基地。

那么，青山控股在全球镍业的影响力究竟如何？这就要参考公司的镍合金产量了。海通国际研报显示，青山控股已经形成了年产 180 万吨镍合金的生产能力，包括年产 130 万吨镍铁和年产 50 万吨的镍铬铁合金。青山控股官网显示，公司的镍铁产能镍当量为 30 万吨。结合 2020 年全球前三大镍矿公司的镍产量均不到 20 万吨的数据来看，足以证明青山控股在全球的镍行业中的确掌握着较大的话语权。除此以外，在青山控股官网"30 万吨镍当量镍铁产能"之前还有一条数据，就是公司"已经形成超过 1000 万吨不锈钢粗钢产能"(见图 3)。

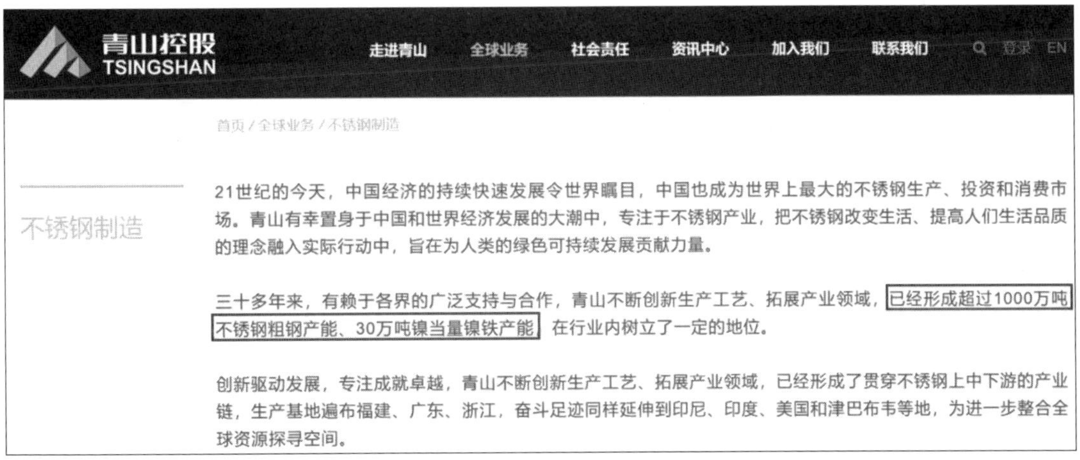

图 3　青山控股行业地位

综合来看，青山控股是一家专门从事不锈钢生产的民营企业，已形成了从镍矿开采、镍铁冶炼到不锈钢冶炼、不锈钢连铸坯生产及不锈钢板材、棒线材加工的全产业链布局，同时生产新能源领域的原材料、中间品及新能源电池，主要应用于储能系统和电动汽车等领域，是全球最大镍铁和不锈钢生产商之一，也是国内不锈钢和镍铁资源龙头企业。青山控股集团在 2021 年世界 500 强排名第 279 位，中国企业 500 强第 80 位，中国制造业企业 500 强第 25 位，中国民营企业 500 强第 14 位，中国民营制造业企业 500 强第 7 位。

在产业方面，青山控股无疑是开拓者和引领者，商业模式极为成功，为社会创造了巨大价值；而在期货领域，青山同样有着强悍的一面，凭借自身强大实力和诸多资源优势，经常在市场上纵横捭阖，成为名副其实的期货大鳄。

在本次伦镍事件中，它想对自身的现货头寸进行套期保值，因而大量做空镍期货，但是 20 万吨的做空头寸对应的镍和自己手里的现货镍并不完全匹配，因此产生了基差风险，被国际炒家钻了空子，遭遇国际炒家精准狙击。

2. 嘉能可——逼空事件的重要推手

嘉能可是成立于 1974 年的企业，从石油贸易起步，用了 40 余年的时间成长为全球大宗商品交易巨头、财富世界 500 强榜单上排名前 20 的常客，被称为"全球大宗商品市场的高盛"。这背后，是嘉能可在相当长时间内的快速并购，从而实现业务手段由单纯的贸易拓展至集开采、冶炼、生产和贸易于一体。自 20 世纪 90 年代起，嘉能可便建立了一套有别于传统的大宗商品贸易盈利模式。在这一模式中，嘉能可不仅可以简单地赚取差价盈利，还可以像银行一样在供应链金融中获利。通过提供直接融资或其他供应链金融服务，来换取矿业生产企业稳定的产品包销权及优势价格，再利用嘉能可全球范围内的信息和物流网络方面的领先优势，借助大宗商品期货及衍生品工具，选择合适的时间地点进行交割操作，利用时空或信息优势套取利润。凭借金融杠杆撬动大宗商品贸易，再以大宗商品贸易控制自然资源开采，最终打破下游贸易商和上游生产商间的行业界限，这是嘉能可计划要建立的行业市场宏伟蓝图。

目前，嘉能可已是瑞士收入最高的企业，营收规模超过了雀巢、诺华制药和瑞银，仅靠库存就足以影响多种基本金属市场价格大宗商品交易的江湖里，嘉能可几乎是不可绕开的存在。以钴为例，国信证券在一份关于全球钴原料供应的研报中，将嘉能可称作"左右行业格局的跨国企业"。

通过大宗商品交易去了解嘉能可也许很复杂，但我们可以从其年报数据（见图 4）来窥见嘉能可的全球生意。

Highlights

US$ million		2020	2019	Change %
Key statement of income and cash flows highlights¹:				
Revenue 总收入		142,338	215,111	(34)
Adjusted EBITDA⁰ 调整后息税折旧摊销前净利润		11,560	11,601	–
Adjusted EBIT⁰ 调整后息税前净利润		4,416	4,151	6
Net loss attributable to equity holders 归属于股东的净亏损		(1,903)	(404)	(371)
Loss per share (Basic) (US$)		(0.14)	(0.03)	(380)
Funds from operations (FFO)²⁰		8,325	7,865	6
Cash generated by operating activities before working capital changes		8,568	10,346	(17)
Net purchase and sale of property, plant and equipment²⁰		3,921	4,966	(21)

US$ million		31.12.2020	31.12.2019	Change %
Key financial position highlights:				
Total assets 总资产		118,000	124,076	(5)
Net funding²,¹⁰		35,428	34,366	3
Net debt²,³⁰ 净负债		15,844	17,556	(10)

图 4　嘉能可 2020 年年报

2020 年，嘉能可实现营业收入总计 1423.38 亿美元，同比下滑 33.8%；同时归母净利润为亏损 19.03 亿美元；在财富世界 500 强榜单中排第 34 名。2019 年，嘉能可总营收达到 2151.11 亿美元，归母净利润亏损 4.04 亿美元，世界 500 强排名第 17 位。

在本次伦镍事件当中，嘉能可一度被市场认为是围猎青山控股的"幕后黑手"，即使他们官方并不承认这种说法。对于嘉能可在 LME 镍上逼仓青山控股的传闻，北京时间 2022 年 3 月 8 日下午，嘉能可相关人员表示："上述这种说法完全是胡说八道（total nonsense）。"但是无风不起浪，市场把嘉能可爆出来是有原因的。LME 的最新数据显示，嘉能可控制着 LME 镍 50%~80% 的库存。同时我们发现，伴随着镍价上涨，嘉能可股价也在一路飙升（见图 5）。种种迹象显示，拥有镍大量库存的嘉能可是此次镍价格暴涨的重要推手之一。

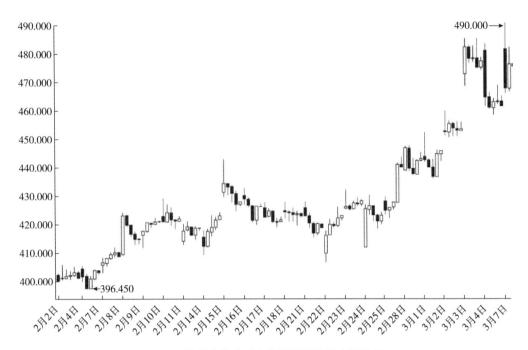

图 5　伦镍事件前后嘉能可股票价格变化情况

3. LME——市场监管方

LME 成立于 1876 年，是一家期货和远期交易所，总部位于伦敦，拥有世界上最大的标准远期合约、期货合约和基本金属期权市场，为港交所间接全资附属公司。从 21 世纪初起，LME 开始公开其成交价格，并被广泛作为世界金属贸易的基准价格，例如，世界上全部铜生产量的 70% 是按照 LME 公布的正式牌价为基准进行贸易的。LME 的价格和库存对世界范围的有色金属生产和销售有着重要的影响。除了为全球有色金属提供参考定价，LME 也提供另外一个重要的功能——套期保值。

LME 细分为三个交易子市场：一是只有一级会员才能参与的圈内(The Ring)市场（见图 6），交易合约主要是现货、当月合约和调期(Carries)合约。延续了一个半世纪的圈内市场最为重要，交易员在一个小房间里打手势公开喊价，产生官方价格和收盘价，功能在于价格发现。二是电子盘市场，只有一级到四级会员才能参与，交易合约主要是直接合约、调期合约及场内期权等，功能为调整持仓。三是办公室间市场(Inter-Office，又称电话交易市场)，与圈内和电子盘这两个场内市场不同，它属于场外市场，24 小时都可交易，合约以场内合约(含直接合约和调期合约)、互换、场外期权等为主。相比场内，场外交易灵活、产品品种更多，还可为客户提供"定制化服务"，交易规模占 LME 总交易量的六七成。会员是客户接入 LME 的中介机构。LME 共有七级会员，不同会员权限不同，要进场交易的客户需通过一级、二级及四级会员进行交易。其中，一级会员权限最大，目前只有九家能进入圈内市场交易，同时也能结算。这些会员本身也是一个"小交易所"，可自营也可代理，与大量客户做对手盘、期权、对赌等，赚取手续费。

LME 的根本职责是维护市场稳定，建立健全一个公平、有秩序、高效率的交易市场，对于价格操纵等诸多不当行为进行严厉打击。

伦镍逼空事件发生以来，LME 制度缺陷一直被市场诟病，为此 2022 年 3 月 8 日对制度进行健全完善，从紧急叫停"拔网线"、取消交易，到推出递延机制、私下撮合多空平仓、设置涨跌停板、提高持仓透明

图 6 LME 圈内交易

度等多方面增加了监管措施。其主要的措施大致可分为两部分：一是 2022 年 3 月 8 日当天的"拔网线"操作，即面对伦镍期货的价格暴涨，果断地取消了交易，并宣布当天的交易全部无效。二是在 2022 年 3 月 15 日开盘之后进行的一系列交易上的限制，比如涨跌停限制等。这对于整个市场的平稳运行有着重要的意义。

4. LME 镍的场外交易对手——隐藏的大鳄

LME 下单主要有两种渠道：一是直接通过场内经纪商下单；二是大头交易一般通过场外交易市场（OTC）。非标准化的 OTC 一直是海外投资银行与经纪商逐鹿的战场，摩根大通（JP Morgan）、高盛等知名机构均有体量巨大的 OTC 业务。

作为全球大宗商品市场最大的参与者之一，也是迄今为止金属市场最大的参与者，摩根大通是伦镍轧空事件的主要参与者，是全球最大镍生产商青山控股镍市空头头寸最大的交易对手方。此次事件中，摩根大通通过大约 5 万吨场外合约头寸，成为青山控股最大的对手方之一。2022 年 3 月 8 日，按 5 万吨场外头寸、2 万美元/吨浮亏(停牌结算价约 5 万美元/吨-成本 3 万美元/吨)计算，青山控股仅在摩根大通一家银行的保证金缺口就高达约 10 亿美元。其他涉及的银行还包括法国巴黎银行、渣打银行、大华银行等。除此以外，建银国际(CCBI)在 LME 有交易席位，为场内会员，也是青山控股的经纪商之一。通常的业务流程是：贸易企业客户先去建银国际开户，企业下单期货需求后，建银国际再去 LME 场内下单；当需要追缴保证金(Margin Call)时，LME 先追建银国际，后者再背对背追企业客户。2022 年 3 月 7 日，LME 为建银国际放宽了补缴保证金的时限。次日，中国建设银行董事长田国立拜会了中国五矿集团董事长翁祖亮。相关新闻称，"针对双方未来深度战略合作达成共识"。多名人士将此理解为中国建设银行管理风险需做筹谋动作的一部分。

青山控股的期货银行债权人中，有的也是场外交易对手。青山控股向银行买入空头头寸，银行则把这一头寸与其他买方撮合成交，也可把青山控股的头寸背靠背在 LME 下单成交。在这种持仓结构下，银行成了空单持有方，做空风险也转移给了银行。

相对于场内市场，场外市场不论是对经纪商还是对客户，都有更大的流动性风险。高禾投资管理合伙人刘盛宇解释称："场内市场交易是和全市场做，而场外只是和单一对手方做，条款都是定制的，流动性风险自然就大。"除了合约风险，银行和经纪商为客户授信时也需承担资金风险。LME 首席执行官张柏廉(Matthew Chamberlain)在 2022 年 3 月 18 日接受 CNBC 采访时，直接将此次逼仓的部分责任归结到场外交易。"场外交易占据了 LME 大量的交易量，但当价格上涨时，（LME）却看不到场外交易持有的头寸规模。"张柏廉解释称，LME曾提议让场外交易市场有更大的透明度，但被拒绝了。由此可见经纪商曾经的强硬态度。实际上，对于做市商而言，增加透明度无异于减少赚钱机会，毕竟"浑水才能摸鱼"。

在本次事件中，难以监管的巨额场外交易头寸在暗处进行无声的厮杀，这种矛盾到了不可调和时，在场内以镍价格疯狂暴涨的形式展现了出来。

二、围猎进行时

（一）青山暗中布局

青山控股于2021年宣布计划使用替代工艺，用之前生产不锈钢的原材料来生产电池级用镍，消息给2021年的镍市场带来了大幅波动。该公司目前正在运营三条高冰镍生产线，每月产能约为3000吨。其目标是在2022年10月前，将年化产量达到10万吨。如果高冰镍技术成功突破，青山控股将解决电池生产的最大瓶颈之一（见图7），并可能给镍价带来下行压力。正是基于对未来镍价的看空，以及作为实业公司处于减少现货市场价格波动风险的目的，青山控股在期货市场买入大量看跌头寸套期保值。

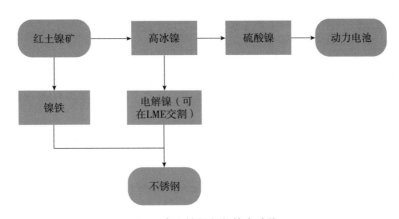

图7 青山控股创新技术路线

据了解，最高时青山控股持有的总空头头寸约在20万吨。中金公司的报告称，青山控股直接持有的空头头寸约3万吨，经纪商为建银国际、工银标准银行、苏克敦金融等；约17万吨头寸则在场外交易对手手中。

在青山控股进行空头布局的同时，国际大环境似乎与青山控股"唱反调"。镍价于2021年飙升超过25%，并在2022年1月触及历史十年来的新高，就目前而言，几乎没有迹象表明镍市场价格会下跌。图8为事件关键时间节点与价格走势。高盛集团早在2022年初预测，镍需求将超过供应3万吨，高于早先估计的1.3万吨。一方面，电动车电池市场对镍的需求大幅增长；另一方面，市场指标则显示LME镍的供应处于紧张的态势，镍库存已经下降至2019年以来的新低，现货价格对2022年3月合约的溢价已经触及新高。种种迹象表明，镍价正处于一个逐步上升的趋势，而青山控股此时此刻似乎站在大势的对立面上。

（二）国际多头炒家酝酿风云

由于青山控股生产的镍产品不符合LME期货合约的交割条件，因此青山控股的期货空头与其生产的产品不是一个完美的对冲。就这样，青山控股在衍生品市场上积累的大量空头头寸，最高达到20万吨。俗话说，树大招风，在衍生品市场的布局，按理说是经过集团内部的风控流程审核的。然而，青山控股的头寸仍太过集中且巨大，占据了LME的1/6寸，想掩盖都已经很难。金融市场的大忌，就是被交易对手摸透了自己的底仓，这样会把自己置于一个极为不利的地位。非完美对冲行为，到期无法交割，相

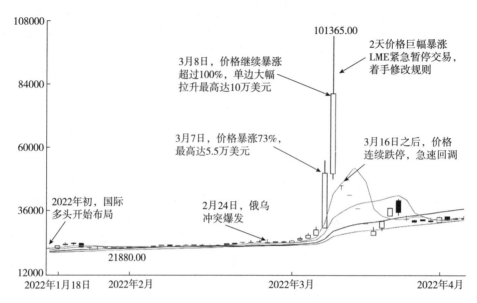

图8 事件关键时间节点与价格走势

当于裸做空，这样的布局存在着巨大的风险敞口，留下了巨大隐患。

事实上，青山控股在 2022 年 1 月已面临过一次软逼仓。据报道，伦镍 1 月出现价格异动，多头通过扫货和大量持有多单，搭建逼仓基础。以下是更为具体的情况：LME 的数据显示，自 2022 年 1 月 10 日开始，某单一客户持有的镍期货仓位占比从 30%~39% 逐日增加，到 1 月 19 日达 50%~80%。以下是路透的 LME 大户持仓报告。有一家控制了 50%~79%。自 2022 年 1 月 13 日开始，该客户在到期日最近的三张镍期货合约上持有的净多头寸与仓单总和，占总仓单的比例已超过 90%。2022 年 1 月 14 日，LME 镍注册仓库库存为 4.48 万吨，同比下跌超过 60%，为 2019 年以来最低水平；上期所镍库存为 4711 吨，同比下跌 67%，亦接近历史低位。

这些数据暗示出一个大多头的逼仓行动（见图9）。2022 年 1 月 24 日，镍期货价格持续飙涨之时，青山控股宣布其首批高冰镍产品从印度尼西亚青山工业园装船发运回国。消息一出，伦镍、沪镍价格迅速回调。这次软逼仓危机很快缓解，部分多头选择获利减仓。或许这一战小胜增添了青山控股的"自信"，导致后续失去警觉，陷入更大的困境。LME 数据显示，有一名身份不详的镍库存持货商，持有至少 LME 一半的库存（截至 2022 年 2 月 9 日）。图10 为 LME 镍库存数量。

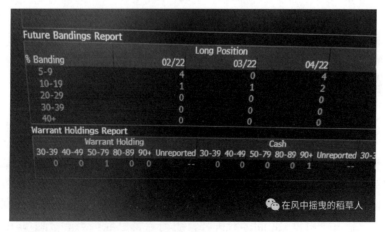

图9 LME 镍多头仓单

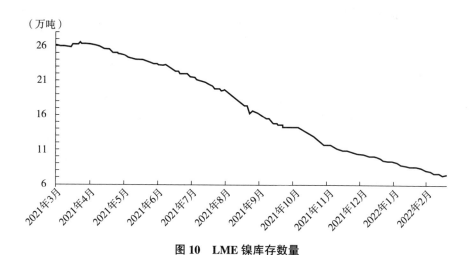

图 10　LME 镍库存数量

2022 年 3 月初这波逼仓的多头数量及镍期货持仓量，更加扑朔迷离。LME 的数据显示，2022 年 3 月 1 日，有一名最大客户所持仓单占比在 50%~80%；2 日，变成一名客户持仓 30%~40%、另一名持仓 40%~50%；3 日，持仓占比继续下降，两名客户最大持仓占比分布在 30%~40%；然而，4 日，一名持仓 50%~80% 的"大多头"再次出现。

无独有偶，伦镍市场暗流涌动的同时，沪镍市场也消停不了。2022 年 1 月 20 日沪镍莫名其妙出现了涨停（见图 11）。通过向杭州、深圳的一些基金调查得知，这次的对手来自海外。

图 11　沪镍价格

种种迹象表明，在青山控股暗中布局空头的同时，国际多头炒家也在同一个"战场里"专门为青山控股设好了埋伏。这些迹象并没有隐秘得很好，从市场数据中就能窥见一二。然而面对这些异常的市场现象，青山控股却选择了忽视。

(三)俄乌冲突引爆行情

欧美加重对俄罗斯的制裁后，市场担忧镍现货紧缺，更多人参与镍行情的做多，笃定下注空头在近月无法筹集足够现货交割。于是，蜂拥买盘推高价格，将空头及背后的经纪商、融资机构步步推向保证金穿仓甚至爆仓的悬崖。

2022 年 3 月 7 日，伦敦时间 1:00，伦镍开盘 29770 美元/吨，随后一路上涨，伦敦时间 13:15~13:30，伦镍在 15 分钟内从 40585 美元/吨上涨至 46200 美元/吨，上涨 13.8%，在随后的 15 分钟内，空头发起反击，将价格打压至 41780 美元/吨，下跌 9.6%，半小时内经历了"过山车"式的行情。之后价格再次一路向上，最高冲到 5.5 万美元/吨，当日收报 50300 美元/吨，上涨 72.7%——在俄乌冲突爆发前，这个数字基本在 2.5 万美元/吨以下。

度过一个不眠夜的空头们，到次日凌晨，更是见证了一幕史无前例的离谱行情：2022年3月8日，伦镍开盘49980美元/吨，随后在伦敦时间5：30~6：30的一个小时内，价格连续突破6万、7万、8万、9万、10万美元/吨的整数关口，最高上涨至101365美元/吨，涨幅超过100%！

把目光聚集在2022年3月7日(见图12)和8日(见图13)这两天的15分钟K线图上，可以看到，2022年3月7日的价格一路上涨。由于伦镍是保证金制度，在上涨的过程中，空头会面临一路追保的压力，当无法承受时将被迫平仓。那么，平仓这一行为将会和原来的多方一起形成一股强大的合力，加速行情的上涨。价格的上涨又迫使更多人平仓，继续加大行情上涨的力度，形成循环的正反馈螺旋效应。在2022年3月7日这一天，上涨的程度还是可控的，多空双方进行猛烈的博弈，成交量放大。而2022年3月8日这一天成交量则非常小，是纯粹的单边的非理性暴涨，很大程度上是因为2022年3月7日价格暴涨后空方已经无力抵抗，大量账户平仓（见表2）。LME也意识到了2022年3月8日的镍价格走势严重偏离市场行为，是有问题的。并于之后宣布2022年3月8日的价格无效，但是2022年3月7日的有效。

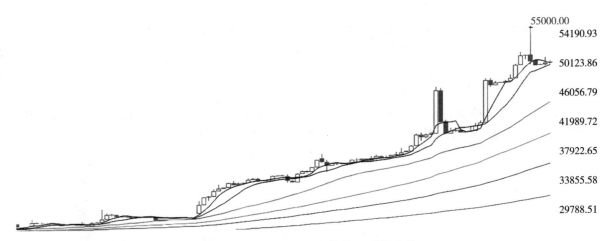

图12 2022年3月7日伦镍的15分钟走势

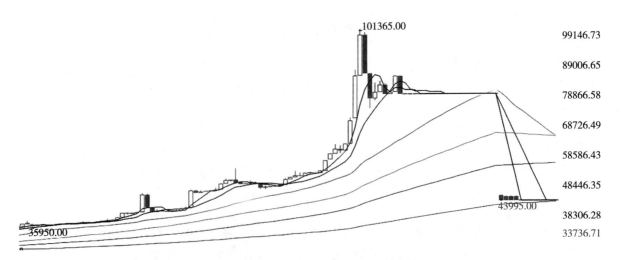

图13 2022年3月8日伦镍的15分钟走势

表 2　LME 镍价连续异常表现

	盘中最高	收盘价	盘中最高涨跌幅	收盘涨跌幅
2022 年 3 月 4 日	30272 美元/吨	29130 美元/吨	—	61.47%（相比 2021 年 10 月 1 日）
2022 年 3 月 7 日	55000 美元/吨	50300 美元/吨	88.81%	72.67%（相比前一交易日）
2022 年 3 月 8 日	101365 美元/吨	80000 美元/吨	101.52%	59.05%（相比前一交易日）

在伦镍市场发生"大战"的同时，国内沪镍市场也异常激烈（见图 14）。上海期货交易所设有 12% 的涨跌停幅度限制，受伦镍影响沪镍连日涨停，2022 年 3 月 8 日国内商品期市收盘，沪镍主力合约继续封涨停，收报 228810 元/吨。沪镍方面，2022 年 3 月 9 日晚间，上海期货交易所通知称，当晚夜盘交易起，镍期货 NI2204、NI2205、NI2206、NI2207、NI2209、NI2212、NI2301 合约暂停交易一天。2022 年 3 月 10 日下午，上海期货交易所宣布上述合约自 3 月 10 日晚夜盘起继续交易，并宣布自 3 月 11 日收盘结算时起，将镍期货 NI2203 合约的涨跌停板幅度调整为 17%。将镍期货 NI2208、NI2210、NI2211、NI2302 合约及新上市合约的交易保证金比例调整为 19%，涨跌停板幅度调整为 17%。A 股镍相关概念股大涨，截至收盘，鹏欣资源涨停，科力远、格林美、兴业矿业等股拉升上涨。而对于没有涨跌停幅度限制的 LME，镍期货在两天中翻了近三倍，由此，镍期货的内外价差在这两天中扩大到历史极值。

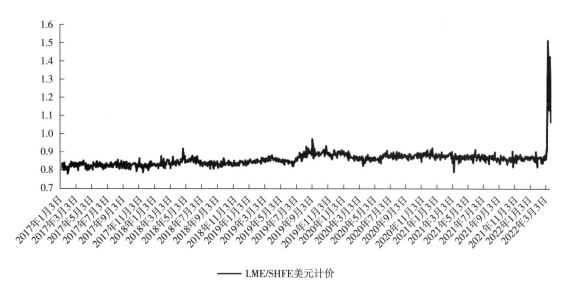

图 14　镍期货内外价差达到历史极值

（四）LME 维护市场稳定紧急"拔网线"

LME 显然察觉到了价格的异常，北京时间 2022 年 3 月 8 日晚间，LME 表示，取消所有在英国时间 2022 年 3 月 8 日凌晨 00:00（北京时间 2022 年 3 月 8 日早上 8:00）或之后在场外交易和 LME select 屏幕交易系统执行的镍交易，并将推迟原定于 2022 年 3 月 9 日交割的所有现货镍合约交割。2022 年 3 月 8 日当天，LME 委员会连发三项公告（见表 3），暂停 LME 镍交易，取消当日交易，并暂时停止公布官方价格和收盘价。

LME 解释称："近期看到的镍市场的情况是前所未有的。暂停交易是为了维护市场的系统完整性，防止混乱和保护市场；追溯取消交易，是为了让市场回到 LME 可以确信市场正在有序运行的最后一个时间点。我们评估，截至 2022 年 3 月 7 日晚间收盘的交易活动都是有序的；而 8 日早盘前数小时的价格蹿升，不能反映现货市场，镍市场已经混乱。"

表 3　2022 年 3 月 8 日 LME 三项镍交易相关通知公告

公告编号	通告主题	主要内容
22/052	暂停交易	1. LME 及特别委员会检测市场和俄乌局势，鉴于亚盘的异常状态，LME 暂停当日剩下的镍交易以稳定市场 2. LME 镍合约的保证金将根据 2022 年 3 月 7 日收盘的价格计算
22/053	取消近期交易	1. LME 及特别委员会研究决定，取消所有英国时间 2022 年 3 月 8 日当天的镍期货交易 2. LME 授权取消所有当日新增的受影响合约 3. 推迟所有原定于 2022 年 3 月 9 日进行实物交割的未平仓镍合约
22/054	暂时停止公布官方价格和收盘价	镍交易停牌期间，暂时停止发布官方价格和收盘价

事实上，交易所运营的基本前提就是要维护市场秩序，才能持续交易。大宗商品市场交易杠杆很高，因此管理保证金非常重要。但这次镍升幅太快，连个缓冲地带都没有。虽然 LME 资本金很充足，但是显然事件对市场各参与方都存在巨大的风险，市场就像快要断了的紧绷弹簧。休市决策是为了给各方一个冷静时间。

为保证期货多头与空头履约，如客户的亏损超过账上保证金或授信，交易所就要按全部浮亏追保清算。正常而言，保证金每日盯市、每日清算，上期所要求在北京时间晚上 9 点之前、LME 要求在伦敦时间次日凌晨 3 点之前交齐所有保证金。

国外多是信用交易，银行给予大客户授信额度，突破额度之后再补保证金，LME 也允许通过抵押品、银行授信来进行部分履约。按照青山控股的体量来讲，牵涉的会员数量不少。如果青山控股暴露风险敞口，会员的头寸风险也可能跟着集体爆雷。这也是伦镍逼空影响迅速扩大，导致 LME 紧急闭市的重要原因。

对于进场结算头寸，会员将其客户所持多空合约头寸进场集中清算以后，LME 清算所就变成了中央对手，承担头寸风险。违约所带来的损失由多层承担，清算所通过"违约瀑布"的方式处置：首先打穿的是违约清算会员，它要尽其所能履约；当清算会员无法履约时，清算所首先动用违约会员的质押物，再动用违约会员的违约基金；如果还不够，清算所会动用自身所准备的风险准备金；还弥补不了，就会用其他非违约会员的违约基金；最后，清算所会向非违约会员征收相关的违约基金，即所有清算会员共担风险。除了弥补资金损失，清算所还配有移仓、平仓等化解风险的处置措施。

在本次事件当中，如果 LME 不采取措施，那么损失将是非常惨重的，不只会影响青山控股，还会牵连整个市场和其他无辜的参与方。取消 2022 年 3 月 8 日的交易，对稳定市场的效果是显而易见的。

(五) 利益关联方浮出水面

1. 青山控股成为市场焦点

全球最大不锈钢公司、总部位于浙江温州的青山控股集团作为大空头浮出水面，市场疯传其被严重逼仓，面临巨额亏损。当日 LME 镍交易尾盘虽略有回落之势，但前景叵测。

经多方市场消息核实，基本确认青山控股最高时手持近 20 万吨空仓合约，且有不少近月交割合约。LME 镍总持仓不过 120 万吨左右（单边），而青山控股一家的持仓体量就占到 1/6；中国上海期货交易所（以下简称上期所）镍总持仓一般有 28 万吨，近期仓位更是降到 10 万吨左右。青山控股做空仓位之重、敞口之大显而易见。按照 2 万美元/吨建仓成本、LME 后来公告确认的停牌价格约 5 万美元/吨测算，青山控股当时浮亏可至 60 亿美元。

作为产业界的重要供给方，青山控股是一个"天然而自信的大空头"："天然"在于它每年产出数十万吨镍原材料，必然寻求买空方向的套期保值对冲风险；"自信"在于它判断再过数月，自己新研发的产品高冰镍将量产出货，届时势必压低全行业价格水平。

然而，战争"黑天鹅"飞来，"魔鬼"从细节中蹿出。青山控股不论是用于不锈钢制造的镍铁还是高冰镍，都非 LME 交割品电解镍。不止一家机构看到了这家大空头产品错配的致命缺陷，因而敢于入场逼空。

实际上，LME 的镍库存自 2022 年初以来便出现加快下滑的迹象。截至 2022 年 3 月 9 日，LME 登记仓库的公开镍库存仅 7.48 万吨，已处于历史低位，不及 2021 年同期的 1/3；而未平仓量（MOI）仍有 23 万余手——1 手对应 6 吨，即 130 万吨电解镍——已超过 LME 总库存量。而且 LME 公开库存中仍有近半数为注销仓单，当日共计 35448 吨。注销仓单是货物移出交易所仓库的步骤之一，但仓单注销本身并不意味着货物"提现"，有时持有仓单的主力可能通过注册、注销仓单来改变交易所的公开库存，从而造成价格波动。

2022 年 3 月 9 日，青山控股发声表示，已通过多种渠道调配到充足现货进行交割，但这一说法很快被外界认为是"放风"。一名资深矿业人士透露，青山控股在与多头的谈判过程中比较强硬，对银团的要求是"头寸不变，不补交保证金"。一名接近青山控股的人士坦承："（国家）支持钱，不支持镍。"言下之意是青山控股获得了授信支持，但并未得到足够的镍现货用以交割。

危机已经埋下，后市青山控股何去何从？LME 在 2022 年 3 月 14 日的公告中称："交易所分析了多空头自愿抵消头寸的方案，考虑到响应有限，认为目前这种方式并不合适。"这意味着多空双方并未依靠谈判方式解决问题，而选择继续博弈。

2. 上下游实体企业损失惨重

LME 暂停镍期货交易，在市场上产生了连锁冲击。"神仙打架，凡人遭殃。"

2022 年 3 月 11 日，中国有色金属工业协会发布了一篇答问，指出镍价严重背离基本面，失去了对现货价格的指导意义，对镍和上下游相关产业造成了严重伤害。目前下游企业出现减产、停止接单现象，现货贸易接近停滞，企业非常焦虑。

LME 镍期货休市更广泛的影响发生在实体产业链的运营层面——市场失去了定价标杆。正常而言，LME、上期所、纽约商品交易所（COMEX）的价格高度协同，中国投资者涉及跨国交易时往往参考 LME 价格；国内交易大多参考上期所、上海有色网和金川集团三者的价格，但这三者往往也参考伦镍。失去定价标杆后，市场运转陷入迷茫。"期货市场的功能是价格发现、指导现货价格。期货市场停了之后，现货价格就很难具备公允性了。"上述有色金属企业人士称，伦镍停在休市前 8 万美元/吨的历史高位，而一天前开盘价仅为 2.97 万美元/吨。"下游不认这么高的原材料价格，市场预期也乱了，不敢提货，导致我的销售路径也打不通，生意只好停在这里。"

镍是中国对外依存度较高的品种，2021 年对外依存度超过 80%。由于 LME 未设涨跌停幅度限制，伦镍与沪镍的价差在前几日最高被拉大至逾 20 万元/吨，国内外价格出现严重倒挂；中国加工企业面临"进口一吨、亏几十万元"的情况，因此部分企业只得宣布减产停产。

3. 巨额场外交易难辞其咎

据彭博援引知情人士报道，摩根大通是卷入此次事件的青山控股最大交易对手，青山控股持有的逾 15 万吨的空头头寸中有约 5 万吨是通过摩根大通场外交易持有的（见图 15），根据这一数字，青山控股应该欠摩根大通约 10 亿美元的保证金。青山控股在支付追加保证金时遇到困难，令其银行和经纪商陷入困境，因为它们不得不在 LME 发出大量追加保证金通知时，以回补其在该交易所的空头头寸。如果青山控股不履行承诺，这些银行将面临数十亿美元的损失。

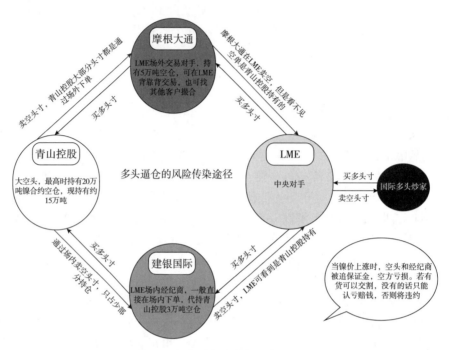

图 15　多头逼仓风险多层传导机制

其他银行和经纪商包括法国巴黎银行、渣打银行，建银国际、工商银行标准银行、大华集团银行股份有限公司、星展集团控股有限公司、中国银行国际控股有限公司和经纪公司 Sucden Finacial。青山控股直接在 LME 持有约 3 万吨镍空头头寸，这些头寸是通过经纪商建银国际、工商银行标准银行（ICBC Standard Bank）和 Sucden Finacial 持有的。

彭博事发后不久报道称，青山控股已从包括摩根大通在内的多家银行获得信贷承诺，从而可以避免在追缴保证金时违约。不过，讨论仍在进行中。据知情人士透露，项光达向银行和经纪商表示，他希望保持空头头寸，并提议将青山控股在印度尼西亚的部分资产作为抵押品，以偿还该公司在追加保证金中所欠的资金。

相对于场内市场，场外市场不论是对经纪商还是客户，都有更大的流动性风险。高禾投资管理合伙人刘盛宇解释称："场内市场交易是和全市场做，而场外只是和单一对手方做，条款都是定制的，流动性风险自然就大。"除了合约风险，银行和经纪商为客户授信时也需承担资金风险。LME 首席执行官张柏廉于 2022 年 3 月 18 日接受 CNBC 采访时，直接将此次逼仓的部分责任归结到场外交易上。LME 曾提议让场外交易市场有更大的透明度，但被拒绝了。由此可见经纪商曾经的强硬态度。实际上，对于做市商而言，增加透明度无异于减少赚钱机会。在马修·张伯伦看来，由于没能及时掌握青山控股在场外交易持有的巨额期镍空头头寸，LME 未能对此及时做出风控措施，令 2022 年 3 月 LME 期镍逼空式无序飙涨行情得以骤然爆发。

尽管 LME 交易所一直在尝试加强场外交易的信息透明度与持仓监管，但此举能否成行，仍存在较大未知数。究其原因，一是 LME 此举无疑触动了众多投行的"奶酪"，导致它们在大宗商品场外交易的巨额利益受损，势必遭遇它们持续反对；二是场外交易本身存在着巨大的信息不对称性，如何做好全面的场外交易持仓信息披露与多空头寸监管，对 LME 同样是不小的考验。一直以来，场外交易属于投行等做市商的"自留地"，整个交易信息与市场参与者持仓状况完全由投行自己掌握，并由投行寻找交易对手撮合交易。投行在其中的角色，一方面是交易撮合者，另一方面也参与衍生品交易或信贷提供者赚取丰厚利润。很多市场参与者之所以选择场外交易，一个重要原因就是不想让 LME 交易所与金融监管部门了解他们的实际巨额持仓数据，避免额外的监管压力。为了让市场参与者放心大胆地参与场外交易，投行也建立了完善的清算系统，协助它们的各类场外交易得到高效的交易清算。

三、逼空谢幕余音绕梁

(一) 明争暗斗宝剑悬，逼仓危机往后延

手中缺镍、坚定看空的青山控股，没有太配合 LME 对多空双方通过谈判抵消头寸的期望，选择"赌"下去。2022 年 3 月 14 日，英国金融市场行为管理局与英格兰银行就恢复镍市场交易与 LME 进行了接触。LME 当日发表声明表示，将于 2022 年 3 月 16 日重启镍市场交易。在随后更新的多项声明中，LME 对所有金属的每日价格波动施加了 15% 的幅度限制。对于镍来说，涨跌幅仅有 5%，而 LME 在后续的通告中，将镍的涨跌幅限制逐步扩大至 8%、12%、15%，而其他金属保持 15% 限制不变。这也是 LME 历史上首次引入涨跌停制度。

伦镍 2022 年 3 月 16 日复牌后，连续 4 个跌停板；2022 年 3 月 22 日开板后交易放量，多空博弈激烈；2022 年 3 月 23 日、24 日又接连冲击 15% 的涨停板。值得注意的是，由于技术原因，伦镍在 2022 年 3 月 16 日重新交易后仍出现了三次中断，LME 也因此取消了部分镍交易。由于伦镍规定的每日价格涨跌幅限制为 5%，但因系统故障导致少量交易依然超出了这个跌幅限制，因此 LME 不得不暂停数小时的镍交易，并将这部分超出跌幅限制的交易取消。在 16 日开市时，镍价从每吨 48000 美元左右暴跌至 45590 美元。同样的情形于 2022 年 3 月 18 日、3 月 21 日再次出现，LME 再发两纸公告，对中断交易和取消超出跌幅限制的交易情况做了说明（见表 4）。

表 4　LME 后续相关公告

公告编号	伦敦时间	通告主题	主要内容
22/055	2022 年 3 月 8 日	近期不会重启镍交易	不会在 2022 年 3 月 11 日前重启镍交易，重启后将采取一系列限价措施
22/056	2022 年 3 月 9 日	移仓和交易费用	对于 2022 年 3 月 8 日发生的移仓交易不收取费用
22/057	2022 年 3 月 10 日	信息更新	LME 将持续观察，在确保完成安全重新开放的操作程序，并完成对多头头寸和空头头寸净额结算的可能性分析前，暂时不会开放镍交易
22/064	2022 年 3 月 14 日	复盘安排	拟于 2022 年 3 月 16 日恢复镍交易
22/067	2022 年 3 月 15 日	每日价格限制	镍交易涨跌幅限制 5%，其他基本金属涨跌幅限制 15%
22/068-081	2022 年 3 月 16 日至 2022 年 3 月 21 日	镍交易更新	关于多次价格中断的说明、涨跌幅调整、价格更新

据了解，青山控股目前已减持空头合约至 15 万吨左右，且大部分合约移仓到数月之后，此轮逼空危机暂得缓释。图 16 和图 17 是伦镍和沪镍的后续走势。

但这是否意味着它在这场零和游戏中全身而退？接近监管层的多名专业人士判断：问题仍在，教训深刻，风险只是后置；当前国际局势动荡不安、市场风险溢价高企，不要轻易押注"以时间换空间"。

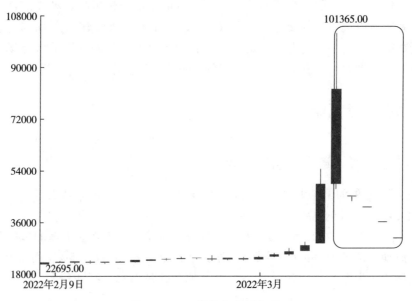

图 16　LME 镍价复盘后表现

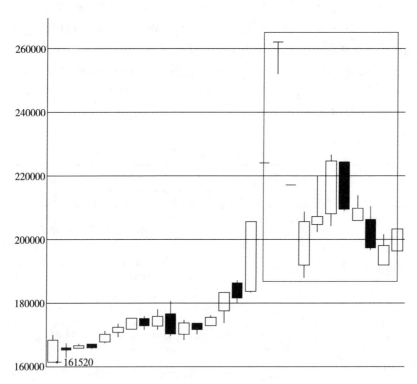

图 17　上期所镍合约后续表现

(二)静默协议险转夷，浩荡青山认少亏

2022 年 3 月 15 日凌晨 1:00，青山控股在官微公告称，已与由期货银行债权人组成的银团达成了一项静默协议(Standstill Agreement)，落实了备用、有担保的流动性授信，用于镍持仓保证金及结算需求。该协议约定，各参团期货银行不对青山控股的持仓进行平仓，或对已有持仓要求增加保证金。但作为协议

的重要组成部分，青山控股应以合理有序的方式减少现有持仓。对于青山控股来说，在 LME 取消交易后，释放交割预期便能化解此次逼空产生的高价格。早在之前，根据 2022 年 3 月 13 日公开新闻，青山控股将用旗下高冰镍置换国内金属镍板，已通过多种渠道调配到充足现货可进行交割。包括金融机构、LME、多空双方在内，相关利益方之间的沟通和博弈部分转到场外进行。

至此，多方用来逼空的策略已基本失效，青山控股释放了能实物交割的预期，LME 暂停交易的时间中，青山控股平抑了保证金风险，并将逐渐削减空头头寸，使能够逼空的情形不复存在。自 2022 年 3 月 10 日开始，上期所镍收盘价大幅下跌，回吐之前涨幅，表明在多方的共同作用下，镍市场的紧张情绪已得到缓解。虽然青山控股成功解决了这次危机，但教训深刻。

(三) 国际局势多变幻，资本向来有国岸

本次青山控股事件的爆发，无疑再度向市场敲响了警钟。且不说国储铜事件、中储粮棉花期货事件、株冶集团锌期货事件、中石化原油期货事件等仍然殷鉴不远，即便在此次事件中具有相当经验且并非以投机为目的的头部玩家，都遭遇到极端的风险事件——低估境外期货市场风险。近年来，石油、铁矿等大宗商品价格高位运行，原材料价格大幅上涨，这导致期货套保的市场普及率在逐渐上升。理想情况之下，这种套保可以平抑商品价格波动、平滑企业利润，甚至还能够改善企业财务表现。但现实往往比理想更残酷，在国际局势风云诡谲、全球性高通胀居高不下的背景下，期货领域尤其是国际期货市场的风险性、波动性正变得越来越大，我们应该正视这种风险。

此次国际"伦镍"围猎事件中青山控股能够化险为夷，多亏了银团的鼎力相助。对于国家金融安全，当前国内外经济金融形势复杂，更加凸显维护金融安全的必要性、紧迫性。虽然我国金融风险总体可控，但维护金融安全不可掉以轻心。从外部环境看，一些大国开始调整货币和财政政策，这些政策的外溢效应对我国的金融稳定有可能形成外部冲击；从国内情况看，我国经济转型升级正处于关键时期，金融业一方面承受着转型阵痛，另一方面承担着支持实体经济转型升级重任，此外还面临着部分金融机构杠杆率较高、过度趋利、金融监管存在空白和短板等挑战。以建行为首的银团在事件中的援助，正是回应习近平总书记"金融业支持实体经济"倡导的行动。

四、警示

伦镍"史诗级逼空"事件虽然告一段落，但业内也掀起了中国企业如何防范国际资本围猎逼仓风险的讨论。在海外市场逼仓风波之后，当前更需要关注什么？伦镍逼仓事件又给实体企业参与国际衍生品市场带来了哪些警示？

期货行业多位专家接受媒体采访时表示，近两年来，国内资金在境外金融市场风险事故频发，尤以 2020 年美国负油价和此次事件为典型，境外机构利用规则漏洞，恶性操作获利。只有提高我国期货市场国际化水平，形成与我国经济规模相适应的中国价格影响力，才能切实提高国内产业链和供应链的安全性、稳定性、竞争力，才能避免类似事件的重演。对中国企业而言，不仅要建立科学有效的风险管理体系，也要有风险转移与对冲的手段、工具和风险预案，包括在行情出现极端的情况下企业套保头寸如何处理，海外出现逼仓的情况下，企业通过哪种途径化解等。此外，国内企业还要加强对国际市场"游戏规则修改"和"规则解释权"等相关信息的了解，特别是极端情况下监管政策变化可能引发的交易交割和资金风险等。国内企业"走出去"需要熟悉海外资本的游戏规则，警惕海外资本的围剿，如恶意并购，反倾销和在套保业务方面进行恶意逼仓，以及签订各种有陷阱的衍生品合约等。

"青山"依旧在，不怕"伦镍"狂

——青山控股被国际资本围猎始末

 案例使用说明

一、教学目的与用途

(一) 适用课程

衍生金融工具、金融风险管理、金融市场与金融机构、金融监管、行为金融学等。

(二) 适用对象

本案例主要适用于金融专业硕士学习。

(三) 教学目标

本案例主要分析伦镍逼空事件中多空双方的动因、使用的手段及交易所监管等相关事项。通过详细阐述伦镍逼空事件的起因、事发期间的市场动态等，促进学生掌握衍生工具基本知识及交易实务操作；通过分析伦镍逼空事件各方的应对策略、具体措施及事件结局，引发学生对金融风险管理、衍生品市场监管方面的深刻思考。

本案例的教学目标主要可以分为以下四个方面：

(1)帮助学生理顺伦镍逼空事件的始末，重点关注此案例的背景与多方动机，从国际形势、金属镍本身和交易所规则等多个角度分析逼空成功的原因，从而培养学生结合专业理论多层次分析实际问题的能力。

(2)引导学生从空方(青山控股)视角来分析事件，理解青山控股做空的原因，并分析在事件发生过程中青山控股是否存在疏漏，促进学生了解企业风险管理过程与具体措施。

(3)从交易所的市场制度和监管制度角度，带领学生分析衍生品交易市场中的缺陷，并在此基础上引导学生思考我国金融市场制度建设和监管改进的参考价值。

(4)从国家金融安全的角度入手，结合历史上其他资本围猎中资的案例，来分析为何海外资本会频繁围猎中资，并思考中资到底有何疏漏使这么多起围猎案成功，以引发学生反思，从而巧妙地实施"课程思政"教育。

二、启发思考题

(1)国际多头为什么能够成功逼空伦镍？

(2)青山控股的风险管理是否出现漏洞？本次逼空事件给企业套期保值带来哪些启示？

（3）LME"拔网线"合理吗？

（4）青山控股被逼仓时面临哪些选择？为什么不提前移/平仓或在国内做套保？

（5）就伦镍逼空事件来看，LME的风控体系存在什么问题？

（6）海外资本狙击中国企业事件为什么频繁发生？这给我们带来什么教训？

三、分析思路

（1）从调研案例背景、事件发生原因等角度，循序渐进地解决伦镍逼空事件。通过调研LME镍逼空事件背景，自然过渡到分析国际资本在LME镍期货市场上能够逼空成功的原因，然后从事件各关联方（空方、多方、监管方）角度带领学生逐步深入挖掘案例价值内涵。

（2）从青山控股在伦镍逼空事件中都做了什么、行为的动机，以及行为中是否存在风险漏洞等三个方面，分析伦镍逼空事件——这是站在空方的视角分析。首先指出青山控股在伦镍逼空事件中是空方，其在LME市场开了镍合约空单；其次提出问题"青山控股为什么要选择做空"，提示学生可从青山控股持有空单的确切分布数据来识别此操作可能带来的风险隐患；最后引导学生关注青山控股在做空之后的应对策略，分析其是否存在风险漏洞。需要学生结合衍生品的功能、套期保值的效果及企业风险管理方面的知识进行分析，让学生更好地理解青山控股作为空方在伦镍逼空事件中的作为及面临的状况，从而思考在这种情形下是否有更好的解决方案。

（3）从衍生品市场的价格发现和套期保值两大基本功能出发，通过回顾伦镍暴涨的全过程，分析各个参与主体在LME市场中的行为，探讨在伦镍逼空事件当中LME市场的两大基本功能有无被破坏；接着在LME监管框架下，从法理角度分析"拔网线"操作的合理性与必要性。

（4）结合交易规则，首先从青山控股自身的角度来分析当被逼仓时，可能面临哪些选择，它们的可行性分别有多高，每一种选择可能会面临哪些问题；其次从流动性、交易对手的角度分析临时移仓的困难；最后从汇率风险、市场流动性、升贴水程度分析青山控股当时为什么选择在LME而不是国内做套保。

（5）从LME应对伦镍逼空事件采取的紧急措施入手，首先分析"涨跌幅限制"机制是否对交易市场产生影响，引导学生解释事件前后镍价的走势；其次从逼仓的角度来看"为何空方可以持有如此多的空单"，分析LME在合约订单方面是否存在管理问题。这些问题需要学生结合交易所相关知识来回答，从而促进学生熟悉交易所的各种制度与政策的意义。

（6）从国家金融安全的角度入手，结合历史上其他资本围猎中资的案例，来分析为何海外资本会频繁围猎中资，并思考中资到底有何疏漏使这么多起围猎案得以成功，引导学生反思。这需要学生结合金融理论与国际政治关系等知识来作答，从而巧妙实施"案例思政"教育。

四、理论依据和问题分析

（一）理论依据

1. 期货合约

（1）期货合约。LME严格意义上虽然是远期交易所，但是每个月中会有一个约定俗成的日期，其会员会通过调期等方式将远期合约调至这一天进行交易，也就存在相对较为活跃的日期单，因此在分析本案例时可以相当于期货合约来进行分析。

在合约条款中（见图1）最需要注意的是交割日期、交割方式和结算价，这些都在本案例中产生了重要作用。

（2）期货的功能。套期保值是期货的首要功能。套期保值又分完全套期保值和不完全套期保值。

Contract code	NI		
Underlying metal	Nickel of 99.80% purity (minimum) conforming to B39-79 (2008)		
Lot size	6 tonnes		
Prompt dates	Daily: out to 3 months Weekly: 3 out to 6 months Monthly: 7 out to 63 months		
Price quotation	US dollars per tonne		
Clearable currencies	US dollar, Japanese yen, sterling, euro		
Minimum price fluctuation (tick size) per tonne		Outright	Carries
	Ring	$5.00	$0.01
	LMEselect	$5.00	$0.01
	Inter-office	$0.01	$0.01
Last trading day	Up until the close of the first Ring the day before the prompt date		
Settlement type	Physical		
Trading venues	Ring, LMEselect, inter-office telephone		
Margining	Contingent variation margin applied		

图 1　LME 镍期货合约

完全套期保值(又称理想套期保值,Perfect Hedging)是指能够完全消除价格风险的套期保值。完美的套期保值能比不完美的套期保值得到更为确定的套期保值收益,但其结果并不一定会总比不完美的套期保值好。例如,一家公司对其持有的一项资产进行套期保值,假设资产的价格呈现上升趋势。此时,完美的套期保值完全抵销了现货市场上资产价格上升所带来的收益;而不完美的套期保值有可能仅仅部分抵销现货市场上的收益,所以不完美的套期保值有可能产生更好的结果。

不完全套期保值(又称非理想套期保值,Imperfect Hedging)是指远期(期货)的到期日、标的资产和交易金额等条件的设定使远期(期货)与现货不能都恰好匹配,即无法完全消除价格风险的套期保值。导致不完全套期保值的原因主要有:①期货价格与现货价格变动幅度并不完全一致;②期货合约标的物可能与套期保值者在现货市场上交易的商品等级存在差异;③期货市场建立的头寸数量与被套期保值的现货数量之间存在差异;④缺少对应的期货品种。

正是因为期货的标准化,当投资者面临的现货风险和期货不完全匹配时,应用期货进行套期保值会存在基差风险,即由于基差的变动导致的损失风险(见图 2)。基差风险一般来源于以下三个方面:①需要对冲风险的现货资产与期货合约的标的资产可能并不完全一样;②套期保值者可能不能肯定购买或出售资产的确切时间,因此无法很好地匹配现货和期货的到期时间;③套期保值可能要求期货合约在其到期日之前就进行平仓。在到期日前,期现基差是不确定的。因此基差的变化会影响套期保值的效果。

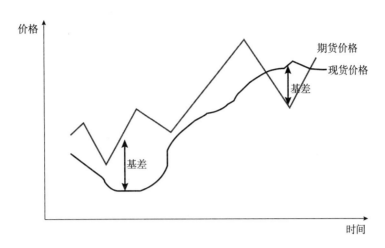

图 2 基差影响收益效果

价格发现是期货的第二个基本功能。价格发现功能是指期货市场通过公开、公正、高效、竞争的期货交易运行机制形成具有真实性、预期性、连续性和权威性价格的过程。期货市场形成的价格之所以为公众所接受，是因为期货市场是一个有组织的规范化的市场，期货交易所聚集了众多的买方和卖方，把自己所掌握的对某种商品的供求关系及其变动趋势的信息集中到交易场内，从而使期货市场成为一个公开的自由竞争的市场。这样通过期货交易就能把众多的影响某种商品价格的供求因素集中反映到期货市场内，所形成的期货价格能够比较准确地反映真实的供求状况及价格变动趋势。

2. 期货交易

(1) 仓单与库存。期货仓单是由期货交易所指定交割仓库按照交易所规定的程序签发的符合合约规定质量的实物提货凭证，仓单有标准仓单和普通仓单之分，期货交易所主要采用的是标准仓单，标准仓单对应的物品，必须符合交易所期货交割的需求。

注册仓单：当现货商把符合交割标准的货物交到交易所的交割仓库，交割仓库检验合格后，给货物持有人开具标准仓单，货物持有人可以拿着标准仓单到交易所的交割部办理注册手续。

注销仓单：当某个合约进行交割时，需要办理仓单注销及出库手续，此时这些仓单对应的货物就流入现货市场当中。在某些情况下仓单注销时，所对应的货物可能并未出库，而是仍然存放在交割仓库内，只是不在期货交易所统计范围之内。表 1 是 2022 年 3 月 10 日各主要商品的库存和仓单。

表 1 LME 金属仓单示例

2022 年 3 月 10 日	昨日库存	入库	出库	今日库存	库存变化	注册仓单	注销仓单	注销仓单变化	注销仓单占比(%)
铜	71900	2825	525	74200	2300	55350	18850	0	25.40
铝	762775	200	7025	755950	−6825	490300	265650	0	35.14
锌	140950	0	225	140725	−225	126700	14025	25	9.97
铅	39250	0	975	38275	−975	33925	4350	0	11.37
镍(总)	74238	2232	768	75702	1464	47382	28320	−2208	37.41
镍(大板)	14730	0	150	14580	−150	11070	3510	0	24.07
镍(袋豆)	54948	2232	564	56616	1668	32268	24348	−2208	43.01
锡	2255	0	0	2255	0	2175	80	0	3.55

有时看期货仓单，主要是想通过期货仓单判断库存，有时期货市场中的主力持仓为了影响价格，会通过注册仓单然后注销仓单的方式来改变交易所公布的库存数量。举例来说，当持仓主力希望价格上涨时，就会把持有的注册仓单大量进行注销，从而造成了可交割货物不足的假象，从而引发交易者对未来价格的预期，然而实际上可交割的货物并没有减少，依然在仓库里存放着。相反，当主力希望价格下跌时，他们又会把仓单再次进行注册，造成货物增多的假象，使期货价格受此影响而下跌。

（2）交割品。商品期货一般采用实物交割的方式，即到了一定期限，多头需要准备资金，空头需要准备指定交割品，如果空头交不出指定交割品，就会造成交割违约，承担相当严重的后果。

案例中的青山控股有一个"硬伤"。LME 的镍交割品为电解镍（含镍量不低于 99.8%），青山控股的主要产品为镍铁（含镍量 10% 左右）、高冰镍（含镍量 70% 左右）（见图 3），均不符合伦镍交割要求。换句话说，如果青山控股有足够的电解镍，即使镍价格涨到 10 万美元/吨，可以通过交割，以 10 万美元/吨的价格将电解镍卖给多头，弥补自己期货的损失。可惜的是，青山控股没有足够的电解镍，导致自己处于不利的位置。

电解镍　　　　　　　　镍铁　　　　　　　　高冰镍

图 3　镍的类别

（3）平仓。平仓是指期货投资者买入或者卖出与其所持期货合约的品种、数量及交割月份相同但交易方向相反的期货合约，以了结期货交易的行为。也可理解为：平仓是指交易者了结持仓的交易行为，了结的方式是针对持仓方向作相反的对冲买卖。

期货交易中的平仓相当于股票交易中的卖出。由于期货交易具有双向交易机制，与开仓相对应，平仓也有买入平仓（对应于卖出开仓）和卖出平仓（对应于买入开仓）两种类型。

平仓可分为对冲平仓和强制平仓。对冲平仓是期货投资企业在同一期货交易所内通过买入卖出相同交割月份的期货合约，用以了结先前卖出或买入的期货合约。所谓强制平仓就是指仓位持有者以外的第三人（期货交易所或期货经纪公司，常见的如福汇环球金汇交易平台）强行了结仓位持有者的仓位，又称被斩仓或被砍仓。

在期货交易中发生强行平仓的原因较多，譬如客户未及时追加交易保证金、违反交易头寸限制等违规行为、政策或交易规则临时发生变化等。而在规范的期货市场上，最为常见的当数因客户交易保证金不足而发生的强行平仓。具体而言，是指在客户持仓合约所需的交易保证金不足，而其又未能按照期货公司的通知及时追加相应保证金或者主动减仓，且市场行情仍朝持仓不利的方向发展时，期货公司为避免损失扩大而强行平掉客户部分或者全部仓位，将所得资金填补保证金缺口的行为。

在交易过程中，期货交易所按规定采取强制平仓措施，其发生的平仓亏损，由会员或客户承担。实现的平仓盈利，如属于期货交易所因会员或客户违规而强制平仓的，由期货交易所计入营业外收入处理，不再划给违规的会员或客户；如因国家政策变化及连续涨、跌停板而强制平仓的，则应划给会员或客户。

（4）移仓。移仓又称迁仓，是指将现有头寸向前或者向后迁移的交易，具体操作方式是将现有头寸平仓的同时在近期或者更远期建立方向相同、数量相同的头寸。

期货合约都有到期日，而投资者了解手里头寸的方式，只能是平仓或者进入交割。通常只有有现货背景的机构投资者才能进行实物交割。而个人投资者临近到期如果不想了解手里的头寸，只能进行移仓操作。所谓"移仓换月"指的就是把手里临近到期的头寸平调，再买卖成交量最活跃的月份，建立新的合约头寸。

通常临近交割时会出现这样一个短暂的阶段：持仓量小的月份的成交量比持仓量大的月份的成交量还大，伴随着远期增仓、主力合约减仓的情况。这便是移仓的现象。

（5）逼仓。逼仓是非法的，一般出现在可交割的现货量不大的情况下。期货逼仓是指期货交易所会员或客户利用资金优势，通过控制期货交易头寸或垄断可供交割的现货商品，故意抬高或压低期货市场价格，超量持仓、交割，迫使对方违约或以不利的价格平仓以牟取暴利的行为。根据操作手法不同，又可分为"多逼空"和"空逼多"两种方式。

空逼多：操纵市场者利用资金或实物优势，在期货市场上大量卖出某种期货合约，使其拥有的空头持仓大大超过多方能够承接实物的能力。从而使期货市场的价格急剧下跌，迫使投机多头以低价位卖出持有的合约认赔出局，或出于资金实力不能接货而受到违约罚款，从而牟取暴利。

多逼空：在一些小品种的期货交易中，当操纵市场者预期可供交割的现货商品不足时，即凭借资金优势在期货市场建立足够的多头持仓以拉高期货价格，同时大量收购和囤积可用于交割的实物，于是现货市场的价格同时升高。这样当合约临近交割时，迫使空头会员和客户要么以高价买回期货合约认赔平仓出局；要么以高价买入现货进行实物交割，甚至因无法交出实物而受到违约罚款，这样多头头寸持有者即可从中牟取暴利。

（6）调期（Carry）。调期是指同时买入和卖出不同交割期的同一品种合约。一单调期交易包括两个方面：买进和卖出。虽然该笔交易一买一卖，但仍然属于敞口，无法平仓。而且由于不同到期日的合约存在一定的价差，因此交易者还需要支付或者获得相应的价差，一般称为调期费。调期交易分两种：借入调期（Borrowing）（见图4）指的是买入近期合约，卖出远期合约（相当于空头往后移仓或者多头往前移仓）。借出调期（Lending）指的是卖出近期合约，买入远期合约（相当于多头往后移仓或者空头往前移仓）。

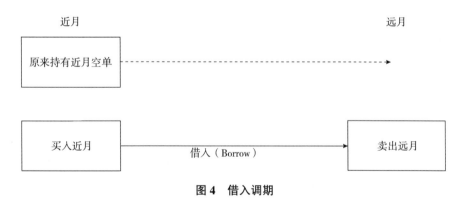

图4 借入调期

（7）踩踏效应。期货市场中的成交是双向的，有空方必须有多方才能达成交易。当买入的人多于卖出的人时，价格就会上涨。市场中的一部分交易者为了控制亏损，会设定止损价格，即涨到某个价格自动平仓认赔出场。因此当市场发生大幅上涨、触发了某些大型机构的止损盘时，会在瞬间出现大量买单，如果没有足够的卖单接纳，价格就会更加剧烈地上涨，触发更多的止损盘。这就像发生灾难的时候大家都想从一扇门中逃出来，结果一个人摔倒就会绊倒更多的人，导致更大的灾难。这就是踩踏效应。

（8）跨期套利。跨期套利是指同一会员或投资者以赚取差价为目的，在同一期货品种的不同合约月份建立数量相等、方向相反的交易头寸，并以对冲或交割方式结束交易的一种操作方式。跨期套利是套利交易中最普遍的一种，利用同一商品但不同交割月份之间正常价格差距出现异常变化时进行对冲而获利的，可分为牛市套利(Bull Spread)和熊市套利(Bear Spread)两种形式。

牛市套利：买入近期交割月份的合约，同时卖出远期交割月份的金属合约，希望近期合约价格上涨幅度大于远期合约价格的上涨幅度。

熊市套利：卖出近期交割月份合约，买入远期交割月份合约，并期望远期合约价格下跌幅度小于近期合约的价格下跌幅度。

跨期套利有几个主要的因素：①近期月份合约波动一般要比远期活跃；②空头的移仓使隔月的差价变大，多头的移仓会让隔月差价变小；③库存是隔月价差的决定因素；④合理价差是价差理性回归的重要因素。

(9)保证金制度。期货交易结算是每天进行的，而不是到期一次性进行的，买卖双方在交易之前都必须在经纪公司开立专门的保证金账户。期货保证金交易制度(见图5)具有一定的杠杆性，投资者不需支付合约价值的全额资金，只需支付一定比例的保证金就可以交易。保证金制度的杠杆效应在放大收益的同时也成倍地放大风险，在发生极端行情时，投资者的亏损额甚至有可能超过所投入的本金。

图5　期货保证金交易制度

在国际期货市场上，一般将保证金分为初始保证金和维持保证金。初始保证金是建立一个头寸所必需的最低资金需求，在中国香港也被称为基本保证金或基本按金。维持保证金是一个资金水平：一个账户的资金必须维持在这个水平之上，如果账户资金降到了维持保证金水平之下，经纪公司就会通知交易者追加保证金，该账户的资金必须追加到初始保证金的水平。维持保证金要比初始保证金低，或者相等。接到追加保证金通知时，交易者可以存入额外的资金，或者将这个头寸平仓。

在每天交易结束时，保证金账户都要根据期货价格的涨跌而进行调整，以反映交易者的浮动盈亏，这就是所谓盯市。浮动盈亏是根据结算价格计算的，结算价格的确定由交易所规定。当天结算价格高于前一天结算价格时，高出部分就是多头的浮动盈利和空头的浮动亏损。这些浮动盈利和亏损就在当天晚上分别加入多头的保证金账户和从空头的保证金账户中扣除。当保证金账户的余额超过初始保证金水平时，交易者可随时提取现金或用于开新仓；而当保证金账户的余额低于交易所规定的维持保证金水平时，经纪公司就会通知交易者限期把保证金水平补足到初始保证金水平，否则就会被强制平仓。

(10)涨跌幅限制。涨跌幅限制是指证券交易所为了抑制过度投机行为，防止市场出现过分的暴涨暴跌，而在每天的交易中规定当日的证券交易价格在前一个交易日收盘价的基础上上下波动的幅度。股票价格上升到该限制幅度的最高限价为涨停板，而下跌至该限制幅度的最低限度为跌停板。涨跌幅限制是稳定市场的一种措施。海外金融市场还有市场断路措施与暂停交易、限速交易、特别报价制度、申报价与成交价挡位限制、专家或市场中介人调节、调整交易保证金比率等措施。我国期货市场常用的是涨跌幅限制、暂停交易和调整交易保证金比率三种措施。

3. LME 交易所

1877 年，一些金属交易商人成立了伦敦金属交易所（LME），并建立了规范化的交易方式。目前是世界上最大的有色金属交易所。主要市场客户有：生产商、消费者、金属贸易商和批发商。参与者可以买卖期货、期权、平均价期权、月均期货及 LME 小型期货合约等金属及指数产品。图 6 是 LME 官方网站显示的合约类型。

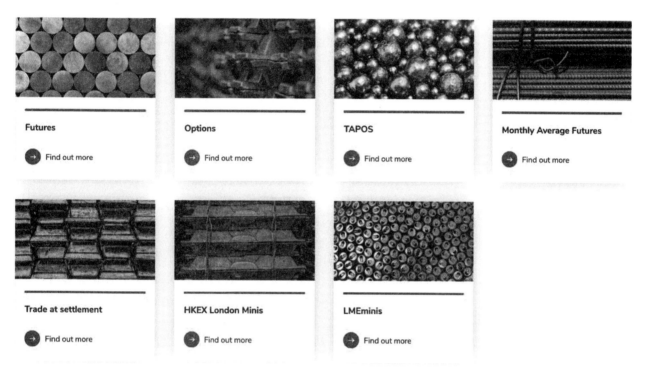

图 6 LME 的合约类型

（1）LME 实行会员制。会员类型包括：Ring Dealing-RDM、Associate Broker Clearing-ABCM、Associate Trade Clearing、Associate Broker、Associate Trade、Only for Individual and Honorary Member、LME Precious Registered Intermediating Brokers（RIBs）七种。

目前 LME 圈内会员（正式会员）有 9 个：Amalgamated Metal Trading Limited/AMT、CCBI Global Markets（UK）Ltd/MDT、Sigma Broking Limited/SIG、Stone X Financial Ltd/IFC、GF Financial Markets（UK）Limited/GFM、MAREX Financial/MFL、Sucden Financial Limited/SFL、Societe Generale International Limited/SNC、ED& FM an Capital Markets Limited/EMV。

（2）交易模式。圈内交易（The Ring Trading，伦敦时间 11:40~17:00）：圈内交易会员圈内叫喊（交易员通过各种各样的手势表示卖或买、数量及交割日期等）。交易所成立后很长时间里，大部分交易基本在场内进行，当时只有圈内交易，交易所收市后，交易自行停止。

办公室间电话交易（Telephone Trading，24 小时）：经纪公司之间的交易，主要是交易所场内交易停止后，市场的延续，也经常被称为 LME 场外交易。是 LME 的主要交易方式，其交易量占每日交易量的 60%~80%。一般通过电话进行，全球性 24 小时循环不间断交易。

电子盘交易（Electronic Trading，伦敦时间 01:00~19:00）：LME Select 电子交易平台早期主要是经纪公司之间通过电脑网络进行交易及互相对冲头寸，一般不针对客户，但是随着市场的透明化，大客户开始使用 LME Select。

图 7 为 LME 的交易时间流程。

Ring 1 (11.40 - 12.25)		Ring 2 (12.30 - 13.15)		Ring 3 (15.00 - 15.35)		Kerb trading (15.50 - 17.00)	
Steel billet	11:40 - 11:45	Copper	12:30 - 12:35			Zinc ceases trading	16.00
Aluminium alloy and NASAAC	11:45 - 11:50	Aluminium alloy and NASAAC	12:35 - 12:40	Lead	15:00 - 15:05	Tin ceases trading	16.10
Tin	11:50 - 11:55	Tin	12:40 - 12:45	Zinc	15:05 - 15:10	Lead and steel billet cease trading	16.20
Primary aluminium	11:55 - 12:00	Lead	12:45 - 12:50	Copper	15:10 - 15:15	Cobalt and molybdenum cease trading	16.25
Copper	12:00 - 12:05	Zinc	12:50 - 12:55	Primary aluminium	15:15 - 15:20	Primary aluminium ceases trading	16.35
Lead	12:05 - 12:10	Primary aluminium	12:55 - 13:00	Tin	15:20 - 15:25	Aluminium premiums, aluminium alloy and NASAAC cease trading	16.40
Zinc	12:10 - 12:15	Nickel	13:00 - 13:05	Nickel	15:25 - 15:30		
Nickel	12:15 - 12:20	Aluminium premiums	13:05 - 13.10	Aluminium alloy and NASAAC	15:30 - 15:35	Copper ceases trading	16.50
Cobalt and molybdenum	12:20 - 12:25	Steel billet	13:10 - 13:15			Nickel ceases trading	17.00
Interval	12:25 - 12:30	Interval	13:15 - 13:25	Interval	15:35 - 15:50		
		Kerb trading	13:25 - 13:35				
		Interval	13:35 - 15:00				

图7　LME 交易时间流程

资料来源：lme。

（3）官方报价以及结算价。对于全球有色金属行业来说，每天的 LME 官方结算价格吸引了所有人的注意力。这个价格是在早上第二节圈内交易结束钟声响起时的现货合约上的卖方报价。虽然全天都有交易，但对于现货合同来说，其参考价格是 LME 的结算价格，如果套保者想价格对冲，就会尽量在第二节结束时套保。

没有任何强制要求定价必须以 LME 结算价格为基准，合同双方可以协商定价基准。在早晨圈内交易结束时，LME 会发布"官方买价"和"官方卖价"，现金、三个月、15 个月以及一个或三个远期 12 月交割日。有时现货合约定价的基准价会选择现金官方买、卖价，3 个月官方买、卖价 4 种价格最低的一个，这种定价方式解决了价格结构变化给套保带来的不利影响。

（4）做市商制度。做市商制度：经纪商既是买方又是卖方，经纪商除法定节假日外，须随时为市场参与者报价。LME 一、二类经纪公司都是做市商，也即市场风险的承接者和转移者。

LME 的场内交易、场外交易都是采用典型的做市商制度（见图8），圈内会员可以根据市场自行报价，因此导致不同的会员有不同报价，包括 3M 和调期的价格都有不同。LME 的电子盘采用的是撮合成交方式。

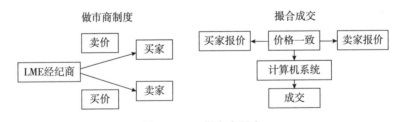

图8　LME 做市商制度

（5）交割日。现货交割（Cash）——从今天起两个工作日；隔日交割（Tom）——下一交易日；三个月（3 months）——从今天起三个自然月。图9 为 LME 交割日。

4. 行为金融理论

（1）过度自信。行为金融学理论中的过度自信是指投资者对于自身的投资能力和投资决策盲目乐观，

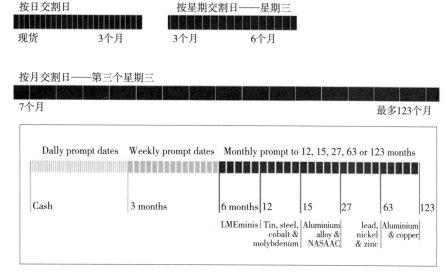

图 9　LME 交割日

资料来源：ime。

其至会忽视市场中存在的其他信息。一方面，过度高估自己投资判断的能力，可能在分析不足的情况下就进行投资选择；另一方面，在获取投资收益时会过多归因于自身选时选股的能力，而忽视市场性、偶然性因素的影响。

（2）情感情绪。投资者的投资行为在很大程度上会受到其情绪的影响。情绪对金融资产价格的影响路径包括通过影响投资者的风险偏好等，作用于投资者的投资行为，进而改变市场上对于金融资产的供给和需求，使其价格相应产生波动。

5. 金融安全

金融安全（Financial Security）是指货币资金融通的安全和整个金融体系的稳定。金融安全是金融经济学研究的基本问题，在经济全球化加速发展的今天，金融安全在国家经济安全中的地位和作用日益加强。作为整个经济和社会的血液，金融的安全和稳定直接影响到我国经济与社会的整体发展。

一国金融安全状况如何、金融安全程度高低，主要取决于该国防范和控制金融风险的能力与市场的感觉与态度。这种客观上的能力与主观上的感觉与态度是以用于减轻与处理危险的各种相关资源为后盾的。从整体上看，一国维护其金融安全的能力至少受内在因素和外在因素的影响。内在因素是指经济体系本身的原因引起的金融形势变化，包括国家自身的经济实力和金融体系的完善程度；外在影响因素主要源于该国在国际金融体系中的地位及国际游资的冲击。

（二）问题分析

（1）国际多头为什么能够成功逼空 LME 镍？

1）青山控股在此次交易操作中过度做空，为逼仓提供了机会。相比铜、锌、铝来说，镍无论是期货还是现货规模均较小，产业信息不透明、流动性较差，所以价格波动较为剧烈，加上经常出现的"逼仓"行情，故而有"妖镍"之名。但青山控股在此次交易过程中过度自信，过度相信自身对于市场的统治地位，从而对 LME 镍进行过度做空，为逼仓提供了可乘之机。早在 2022 年 1 月，市场就传言青山控股做空 15万吨镍；2 月初，媒体开始公开报道其做空约 20 万吨，当时 LME 仓库中 50%～80% 的库存就已经被一家神秘多头掌控。无论青山控股是投机还是套期保值，其头寸规模在流动性较差的镍市场都显得过于巨大。

LME 对交割品的基本要求是含镍量不低于 99.8%，而青山控股生产的高冰镍的镍含量约为 80%。考虑到其生产的镍产品无法用于交割，青山控股如此巨大规模的头寸，做空之初就应该想到可能难以顺利离场，并应密切关注库存变动情况，准备一些预案。当 2022 年 2 月初有报道多头已经掌控一半以上的库存时，青山控股也应该及时改变策略，要么开始移仓，要么准备现货预备交割，但青山控股并未采取较果断的措施。2022 年 2 月底俄乌冲突开始，西方制裁一步步加剧，俄镍出口被阻断后，青山控股坐拥如此巨大的头寸再想采取补救措施就显得为时太晚。毕竟镍的市场太小，而彼时多空双方都已是底牌摊开，再无腾挪余地。

2）LME 镍空头套保集中程度较高。期货市场中持有净空头头寸大部分是生产商等商业企业。随着俄乌冲突的发生和演变，欧美加大了对于俄罗斯的制裁力度，市场下调了中短期镍的供给预期，让镍价存在上涨的基础。基于这种预期，短期空头投机资金不会押注镍价下跌，因此纷纷离场，那么最后剩下的是商业企业以套保为目的的空头仓单。

自 2021 年第四季度开始，镍价逐步开启上行轨道，而商业企业净空头头寸同步增加，但 2021 年 10~12 月，投资公司或信贷机构持有的净空头头寸并未削减，彼时力量较为均衡。2021 年底开始，俄乌关系加速恶化，乌东局势阴云密布，镍价以较快速度开始上行，此时商业企业净空头头寸仍在增加，LME 镍期货市场空方逐步聚拢在商业企业中。若生产经营企业龙头在这批空单中持有大量头寸，则逐渐形成了多方市场的单一对手方。如果空头仓单持有者小而分散，多方逼空会使空方在保证金压力下迅速平仓离场；若空方为头寸集中度较高的大户，多方逼空效率也大幅提升。图 10 为 LME 镍净多头持仓数。

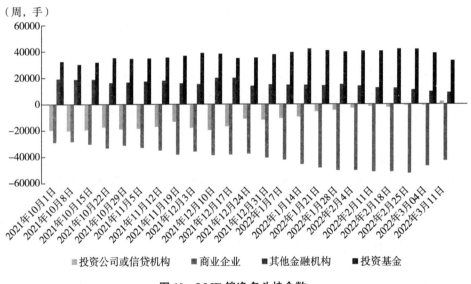

图 10　LME 镍净多头持仓数

3）LME 不完善的制度为针对镍做空提供了便利与可能。国内外期货市场"逼仓"事件虽时有发生，但像伦镍这样堪称"史诗级"的"逼仓"危机却极其罕见，此次事件中 LME 监管不力难辞其咎。

长期以来，LME 对市场监管的无力饱受诟病。与国内外其他期货交易所相比，LME 在大户持仓报告、交割月限仓、涨跌停板、强制平仓等风控制度方面有重大缺失，对交割仓库监管也十分松软，导致买方提货困难、少量大户利用仓库股权关系实行"仓单游戏"。

LME 是以现货交易为基础发展而来的交易场所，保留着圈内交易、日合约、调期等模式。但随着时代的发展，过于死板地强调自身的现货交易所历史，忽视当前国际资本和产业机构以期货交易为主的事实，必然会导致应对危机时主动性不足、储备手段有限。

设想如果 LME 有严格的大户持仓报告和限仓制度，则青山控股及多头都不会持有如此巨额的头寸，风险也不会积累到如此程度；如果有涨跌停板制度，则各方追加保证金和筹措货物交割的缓冲时间较长，亦不会造成两天暴涨 260% 的极端行情；如果有强制平仓制度，结合适当的涨跌停板设置，则即便遇上俄乌冲突突发干扰，LME 仍可以让多空双方在较低价位平仓了事，何至于现在如此费力地协调双方平仓。

4）地缘政治是此次 LME 镍逼空的导火索。目前全世界电解镍产能一年为 90 万吨，其中俄镍产能达 20 万吨。受俄乌冲突影响，欧美将俄罗斯主要银行从 SWIFT 体系中剔除，使和俄罗斯的国际贸易无法进行，全球前六的海运公司有五个相继宣布暂停俄罗斯的航运业务，造成俄镍无法出口。虽然青山控股镍产能很大，但是其生产产品为高冰镍，无法在伦敦交易所进行交割。由于地缘政治引发的经济制裁，俄镍难以交割，且 3 月合约临近交割，短时间内也无法完成大量现货注册仓单，因此具备了逼空的条件。

5）多方因势利导，成功逼空。嘉能可的做多行为，是对市场行情的一次精准狙击，这里既有嘉能可对市场"灰犀牛"的准确预期，也有其看准时机、快速出手的果决。嘉能可故意挑在 2022 年 3 月 9 日交割日前 3 天行动。在这几天内嘉能可并没有裸做多，而是依托大量现货库存，通过做多近月端的 LME 镍合约，并同时做空远月端的合约。一般而言，期货合约的近月合约和远月合约之间存在差价，远月合约通常比近月合约贵上 2%~3%。随着交割日的逼近，价差会逐渐收敛。此时青山控股持有大量空头仓位，但由于青山控股生产的高冰镍并不是标准交割产品，因而在几天内无法准备现货完成交割。嘉能可瞄准这一时机，利用资金优势暴力拉升 LME 价格，使俄乌冲突之前 2 万美元/吨的镍期货主力合约在 2022 年 3 月 7 日快速上涨 86%，突破 5 万美元/吨，并于 2022 年 3 月 8 日仅通过 2600 手便将镍价拉升最高至 10 万美元/吨，最后收盘为 8 万美元/吨。嘉能可精准地把握了势，踩准了点，于是就出现了"青山镍"事件。

总的来说，多方发现青山控股实际含镍产品和 LME 镍交割品种存在一定错配，并利用地缘政治事件催化短期涨价预期，最后再凭借短期资金优势达成了成功的逼空。

（2）青山控股的风险管理是否出现漏洞？本次逼空事件给企业套期保值带来哪些启示？

在伦镍逼空事件中，青山控股持有了 LME 镍远期的空单，这个行为是套期保值，是拥有现货的公司的正常操作。套期保值是现货持有者为了防止未来价格下跌风险，而提前签订衍生品合约空头，与合约对手方约定交割价格从而锁定未来收益的一种风险管理措施。青山控股起步于不锈钢产业，主要从事镍铬矿采掘及不锈钢生产业务。在自己有稳定的镍矿产量的情况下，做空是一个很正确的选择。举个例子，比如我是镍的生产商，我现在（2022 年 3 月）手上没有现货但是具备矿山和一切生产镍的设备和人员，或者我已经和其他公司签订了镍的采购协议，固定了生产成本或者镍的采购成本，假如是 1 万美元/吨，预计半年时间我可以生产或者采购 10 万吨的电解镍。而现在期货盘面上，2022 年 9 月到期的镍期货价格是 2 万美元（别看现在是 8 万美元或者回滚交易后是 5 万美元，但其实 2 万美元已经是历史高位的价格了）。而由于我是大的电解镍生产商，我是了解市场行情的，市场并不缺镍，现在的市场极有可能带有一些投机色彩。那我就可以在期货盘面上（境外是 LME，境内是 SHFE）以 2 万美元卖出 2022 年 9 月到期的镍期货合约，那么从我卖出镍期货的时候开始，这未来 10 万吨的电解镍利润就已经锁定了（10 万吨×期货合约价格−生产成本−升贴水仓储费等），现在我只需回去组织生产就可以了。

青山控股做空的数量是 20 万吨，其直接在 LME 持有约 5 万吨镍空头头寸，这些头寸是通过经纪商建银国际、工银标准和苏克登金融持有的，其余部分则是通过与摩根大通等银行的双边交易持有的。这个数量是否合理要依据其现货产量而定，因为期货套保一般是以 1:1 现货的比例来进行才能够正好覆盖风险，过多和过少的套保数量都会产生风险敞口从而蕴含投机的属性。青山控股披露数据显示，其镍当量产量在 2021 年达到 60 万吨，2022 年将达到 85 万吨。因此 20 万吨空单算是偏多了，有投机的倾向。更为重要的是，青山控股生产的镍矿并不符合 LME 的交割要求，这些空单属于有基差的不完全套期保值。根据基差的知识，在做这种不完全套保时，套保比例更加重要，需要根据相关性来计算好比例进行风险管理。但是终究是有基差，风险不可能完全对冲，因此青山控股的做空操作就存在着价格变化不一致导致的基差风险，这就是此次操作的第一个风险漏洞。青山控股明显是一个在镍市场耕耘多年的老练公司，这些它当然会有应对：按照以往的惯例，青山控股在交割前会与俄罗斯矿场置换，从而交割合格的镍矿。然而，2022 年俄乌冲突期间，LME 交易所取消了俄镍的交割资格，这就使青山原本的计划失效，手上没有了足够可交割的镍矿现货。这也显示出青山控股并没有对国际政治风险进行很好的预警和管控。

除了因为国际政治事件导致的无法置换可交割现货之外，过度投机与过度自信是青山控股的第二个风险漏洞。根据上文的分析，青山控股做的空单数量过大，超过了其正常套期保值的需求，这些多余的空单就变成了纯投机的风险敞口。暴露出的敞口因期货市场行情的剧烈变动引发了价格波动风险，从而导致保证金的不断追加，放大了资金风险的强度，带来潜在的巨大损失。而青山控股敢于如此做的原因有历史经验的路径依赖：青山控股最常用的做法，是利用技术优势打压镍价。据悉，在过去十年中，青山控股拿出不少于100亿元投入新项目、新技术，还专门成立了青山研究院。它曾在宣布冶炼技术出现重大突破、大幅降低生产过程中镍材的消耗之前布局卖空，直接让国际市场的镍价陷入长达数年的低迷，让一波看好镍价上涨的多头欲哭无泪。到2020年，全球镍市场供应过剩8.4万吨。但随着高镍三元电池的红火，电解镍迎来超级行情，全球供应短缺达到了10万吨，多头又蠢蠢欲动，相信未来镍价会更好。结果2021年3月镍价处于高位时，青山控股突然宣布了独创的"高冰镍"技术，可以用新生产线将低值镍铁加工为更有前途的高冰镍。这宣告高镍锂电池成本的大幅下探，同时也意味着多头因冶炼新技术导致镍价狂跌而损失惨重。从2021年下半年开始，青山控股加大了在印度尼西亚设置新生产线、炼制高冰镍的力度，公司可能对于自身的产能远景极有信心，因而看空国际镍价。不同的是，这一回青山控股开出了远大于交割能力的空单(20万吨)。很显然，青山控股的"套期保值"并不纯粹。

青山控股的第三个风险漏洞就是忽略了对手风险。在钢铁制造业这种期货市场上，能大量持有合约(无论是空方还是多方)的交易者是比较稳定的，基本上都是行业内的巨头公司。因此，对于交易对手的情况都会或多或少的了解。此次青山控股由于俄镍被禁止交割引起的现货不足情况就很容易被其交易对手方(多方)所利用，提前布局，短期内大幅推高期货市场价格：瑞士大宗商品贸易巨头嘉能可持有LME镍库存的50~80%，通过3个交易日内镍价期货暴涨近300%，主力合约最高超过了10万美元，直接将青山控股置于非常凶险的处境。

思考启示：

一是市场各方应高度敬畏市场。期货市场杠杆比例极高，且价格波动受到现货市场供求、国际形势变化、期货市场多空博弈等诸多因素影响，具有很大的不确定性，参与风险巨大，无论企业体量多大、资金实力多强、在现货市场地位多高，都要高度敬畏市场，妄自托大就可能遭遇不可预测的巨大风险。敬畏市场不能只是挂在嘴上，而应深深刻在参与各方的心上和脑海里，要时时刻刻如履薄冰。

二是要防止套期保值头寸变成投机头寸。对于生产商品的企业而言，在期货市场反向做空卖出，一定程度可以锁定企业生产利润。经过一段时间，当价格变动使现货出现盈或亏时，可由期货交易上的亏或盈得到抵销或弥补。但这里存在诸多条件或前提，比如现货价格与期货价格变动应该具有相当的一致性，企业产品可以在交易所进行实物交割，套保头寸并未超出企业的生产能力等。如果这些条件不能满足，套保交易就可能变成投机交易，套保头寸就会暴露市场风险。由于青山控股的产品不能在LME交割，且空单数量巨大，套期保值头寸成为投机盘。

三是要防止国际资本对国内企业或投资者的围猎。期货市场如战场，多空双方围绕价格展开利益博弈，由于国内市场主体利用期货市场的时间和经验不足，个别国际资本在国际期货市场可能把国内市场主体作为"肥羊"来猎杀，此前国内企业已经出现多起类似的巨亏案例。对此，国内企业在国际期货市场交易，要把期货交易仓单、交易方向等作为绝对商业机密，做好保密工作，要通过适当分仓、可靠的期货经纪商交易通道等合乎规则的手段，防止过度暴露目标，避免招摇过市。同时要做到知己知彼，尽可能收集期货市场多方信息，顺应市场大势，不与趋势作对，不要成为国际资本逼仓套利的靶子。

(3)LME"拔网线"合理吗？

经历了2022年3月8日这一天的疯狂后，LME果断宣布当天的交易无效。此举有一定的法理基础。LME拥有较大的自由裁量权，而最终的目的是维持市场的稳定。同时，LME也保留了操作余地，允许在特殊情况下，LME 可全权处理异常情况。此次伦镍逼仓事件，便是 LME 认为的具有"系统性风险"的情形。

LME 交易手册中，第三部分交易规则的第 13 条阐述了交易所可根据某些情况全权审查在 LME 进行的任何交易，并可酌情选择取消或调整价格，伦镍暂停并取消交易的行为的法理基础正是基于此。

再退一步，逼仓行为也属于 LME 规定里的"禁止行为"。由于大多数交易所设有涨跌幅限制，因此逼仓对价格造成的单日影响有限。但 LME 最初没有交易幅度限制，规则漏洞让逼仓的结果得以放大，以至于 LME 在恢复镍交易后为所有金属设置了 15% 的涨跌幅限制。逼仓分为多逼空和空逼多，无论是哪一种逼仓行情，都属于 LME 交易规则中认定的"禁止行为"。根据交易规则第 14 条，任何人都不能操纵或试图操纵市场，使成交价格不能反映真实的交易行为。

总的来说，LME 取消 8 日交易的必要性有以下三点：

第一，取消交易是为了保护伦镍市场定价权。衍生品市场的两大基本功能是价格发现和套期保值。在价格发现方面，镍价暴涨逾 10 万美元/吨，并没有体现该市场价格发现的功能，反而成为国际资本利用自身资金和信息优势进行博弈和收割对手的战场。伦镍价格暴涨过后，上下游实体企业面临高额亏损，报价停滞，大量企业直接减产或停产，严重影响国民经济生活。10 万美元/吨的价格并没有真正反映基本面需求。市场上的实体企业没有任何一家会承认这样的价格并以这样的价格来进行报价。在套期保值方面，在镍价波动如此剧烈的市场，套期保值功能遭到重大损坏，只要拥有空仓，基本都会在这一轮博弈当中成为牺牲品，被迫平仓离场或者面临被追缴巨额保证金，特别是 2022 年 3 月 8 日，基本都是处于一种低成交量的状态，这意味着原有的空方头寸（投机盘或者套保盘）被狠狠打击，未参与其中的也在静观其变，不敢轻易入场。在伦镍合约大涨的同时，现货价格却较为平稳，因此在伦镍市场上，并没有发挥它该有的套期保值的功能。尽管 LME 有充分的理由和法理依据解释其取消 2022 年 3 月 8 日交易的基础，但这个行为依然造成了多方影响。对于处于多头的交易者来说，LME 的行为有违交易所中立公平的本质，但对于市场来说，取消交易是平抑市场波动、使价格回归合理的重要举措。

第二，取消交易是为了保护市场的基本流动性。在极端逼仓情形下，散户空头将率先被迫交割离场，此时市场仍有微弱的流动性，但若持仓量较大的空头也被迫亏损离场，造成的直接影响是市场流动性的大量萎缩，剩下的是多头之间的相互倾轧。一方面，由投机资金和小保值盘组成的空头，对于逼仓的波动承受能力不强，在价格上涨的初期会先平仓，剩下的是风险控制能力较强的以企业为主的套保盘，这部分是空头的主要基石，如果保值盘也平仓或交割离场，在接下来的价格上涨过程中，商品将面临无人出货的局面。另一方面，在多头逼空成功后，多单出场就必然转换成空单平仓。然而当压箱底的保值盘也萎靡之后，多单空留账面浮盈，却因为再也没有可流动的空单而导致无法平仓，因此市场价格本身也是无效的。

第三，取消交易是在维护交易所体系的稳定。在市场没有流动性后，持续的高价导致了巨大的保证金需求，加大了交易者和经纪商的填补保证金压力，同时浮盈无法兑现，更是对经纪商的现金流形成了巨大的考验，若情况僵持，可能会导致经纪商的破产，进而影响到其代理的其他交易品种，使风险发生跨品种转移，这种情况并不是交易所愿意看到的。同时，因为期货市场实行的每日无负债制度，若 LME 镍价持续飙涨，空头亏损太严重，违约风险增加，增加了 LME 在交易双方中间调解的成本，也并不排除多方向 LME 索赔的可能性出现。LME 为维持这套机制，暂停并取消部分不合理交易，也是对期货市场底层机制的保护。

（4）青山控股被逼仓时面临哪些选择？为什么不提前移/平仓或在国内做套保？

LME 交易规则规定：卖方卖货卖多少都可以，但了结方式有两种，一种是到期给货，卖多少交多少，只是必须是注册的符合标准的货，如果不符合标准或达不到交割数量的话，那么到期就必须平仓。原本青山控股完全可以通过购买俄镍的方式来完成交割，但不料制裁发生后俄镍无法进入欧洲，也就不能充当交割品。另外，LME 要求镍交割品的含镍量不低于 99.8%，青山控股自己生产的镍产品含镍量又达不到这一标准，难以在 LME 交割，遂遭遇多头连续拉涨镍价的逼仓行为。另一种是主动平仓。如果原先的仓单爆了，必须追加保证金以保证持仓不会被平仓。但随着市场价格不断上涨，浮亏越来越大，需要追加的保证金就越来越多。如果不追加，即使没到期，按照 LME 的规则，经纪公司也有权强行把你的持仓平掉。而且因为伦镍价格涨得太猛，青山控股账户已经处于穿仓状态，欠着金融机构高额保证金。事已至此，青山控股买不到现货，又到了交割日，保证金账户又被打穿，理论上只能认亏巨额保证金。好在后来有银团的宽限，不至于伤筋动骨。

对于移仓，从 LME 披露的数据来看，已经可以从侧面证明，青山控股此前可能已经开始把 2022 年 3 月的空单往后移了，通过观察 LME 现货与 3 月期货的升贴水可以看到，LME 到期的仓单价格比 3 月的价格要高很多，而且到了历史高位。从这个角度看，包括青山控股在内的空单持有者，可能已经把前面的空单平移到后面去了，才导致了升贴水的大幅度上升。只是当期货价格涨得太快时，移仓的速度可能也不一定跟得上。特别是当量比较大时，移仓的速度也会相应受限，因为量很大，本身的交易就会影响到市场，所以也不敢同时下很多单，那样会造成市场的剧烈波动，对自身的头寸产生不良影响。

对于交易场所的选择，青山控股之所以会选择在 LME 做套保，是因为公司主要是通过印度尼西亚的工厂生产高冰镍，而印度尼西亚本身是在海外。另外，青山控股生产出的产品也是依据伦敦市场的价格来做定价的，所以青山控股用伦敦市场来做套保也是合乎常理的。而如果在国内做套保，青山控股可能面临着汇率波动的风险。另外，国内期货市场的容量不足，也是青山控股选择在规模更大的 LME 做套保的主要因素。还有，从 2022 年元旦前后开始，LME 的价格、升贴水相对国内要稍高一点，所以说如果 LME 的价格偏高、国内的价格偏低的话，那么青山控股的头寸可能会移到 LME 上，这样对青山控股更有利。

（5）就伦镍逼空事件来看，LME 的风控体系存在什么问题？

LME 在逼空事件发生后紧急加入涨跌幅限制的举措，反映了其之前在这方面管理的缺失。涨跌幅限制具有双面的移动平均线的作用，积极作用在于：第一，涨跌幅限制设置了涨停板和跌停板如何止盈和止损，每日的期价必须在涨跌停板之间波动；第二，涨跌幅限制提供了一个冷却期，给投资者提供时间去理性地重新估计期价。涨跌幅限制的不利影响在于波动率溢出（Volatility Spillover）、价格发现延迟和交易干涉。回望过去，第一次让 LME 陷入生存危机的轧空风暴发生在一个多世纪前。1887 年，法国实业家 Pierre Secretan 开始垄断铜市场，导致铜价翻了逾一倍，后来失去了控制，铜价崩盘。此后 LME 成为伦敦金融城中重要的一环：掌控着主要工业金属的全球"定价权"。但 LME 似乎已经忘了最初的伤疤，此次史无前例的逼空行情，对其信誉造成了破坏，重拾涨跌幅限制的措施成为必要。加入涨跌幅限制之后，连续跌停，使 LME 在不断扩大限制的幅度，这是对于机制参数动态调整的过程。而在持续的跌停后，镍价基本回归正常也显示了这个机制的作用。

由于 LME 大户持仓没有限制，导致对手盘利用规则进行逼仓的事件时有发生。此次，青山控股的头寸占比过大、合约过度集中、可交割现货量过小或者无法按照标准仓单交割是被境外机构围猎的主要原因。由于 LME 做市商制度下，对于大户持仓占比没有相应的限制，近月合约持仓与可交割仓单也没有必要的要求，往往导致一些企业持仓过大、过于集中，造成交割瓶颈。虽然新提出的递延交割对于保值一方组织交割货源有利，但事实上短期内仍然难以实现全部交割，损失难免。在俄罗斯遭到欧美制裁后，实际上相当于伦镍期货的交割范围发生了重大变化，但 LME 对此并未提前做出充分应对。事后，LME 虽然采取相应措施，取消了部分交易，但是已经对市场本身造成了伤害。LME 的风险控制制度中没有大户报告制度，仅限于对清算会员的管理，而且 LME 的纠纷解决机制不同于其他商品交易所，是由 LME 的仲裁委员会根据惯例进行裁决，因此在监管规则和纠纷解决机制上与国内期货交易所有着较为不同的机制。此次事件也证明了相比 LME，国内期货市场的风控能力更强。

（6）海外资本狙击中国企业事件为什么频繁发生？这给我们带来什么教训？

都说资本无国界。但是在现今的世界里，国家之间的文化难以调和，有着不同的思考方式；更重要的是，国家利益冲突难以调和，在中国发展强大的时候，势必会影响到以美国为首的发达国家既得利益者的利益。因此，海外资本在此次事件中不仅是在围猎巨大空单的利益，更是在围猎中资企业的利益。

1) 中资企业在国际上仍处于弱势地位。虽然这次青山控股代表中国资本在国际金融舞台上扬眉吐气了一把，但实则近年来，中国资本始终都是以弱者的形象出现，已经发生了多起国际资金巨头精准围猎中国企业的深刻案例。如 1997 年株洲冶炼厂被国际炒家逼空造成近 15 亿元巨亏；2004 年"中航油"事件被逼仓亏损 5.5 亿美元；2005 年"国储铜"事件，国家物资储备局被国际炒家逼空损失惨重。而近期，尽管当下中国经济体量已至世界第二，但仍有"原油宝"事件让国内投资者损失惨重。

当前，中国致力于打造"以国内大循环为主体，国内国际双循环相互促进"的新发展格局，"走出去"的中国企业将成为连通国内国际双循环的重要渠道。中国出海企业在"走出去"的过程中将越来越多地暴露于一种全新的风险：金融政治风险。这类风险主要是指发达国家凭借其在金融领域建立的市场优势、信息优势和监管优势，打压中资机构，最终目的是实现某种政治意图。如何有效防范、化解相关的金融政治风险，关乎中国的海外利益，更关系到中国出海企业的生死存亡。因此，中国政府和企业应尽早意识到这类风险，提前做好准备，维护国家和企业利益。

2) 维护金融安全是永恒命题，中国资本需要拥有国际话语权。金融风险防范是金融行业永恒不变的主题。习近平总书记多次强调，金融安全是国家安全的重要组成部分，是经济平稳健康发展的重要基础。当前，在国际国内经济双重压力影响下，我国金融发展面临越来越多的风险和挑战。随着经济全球化进程推进，金融危机外溢性愈加凸显，经济金融潜在风险更加复杂多变，境外机构利用规则漏洞"合法抢劫"，恶性操作累累发生。

维护金融安全，要坚持底线思维，坚持问题导向，在全面做好金融工作基础上，着力深化金融改革，加强金融监管，科学防范风险，强化安全能力建设，不断提高金融业竞争能力、抗风险能力、可持续发展能力，坚决守住不发生系统性金融风险底线。必须立足国情，从我国实际出发，准确把握我国金融发展特点和规律。

2012 年，港交所以 13.88 亿英镑协议收购 LME，当时这起收购一度被市场认为是"极度赔钱的买卖"。但从国家战略角度来看，港交所收购 LME，使我们中国人有了自己的定价中心，有了一定的国际定价话语权。并且在此次"青山被逼空事件"中发挥了相当程度的作用。因此，我国应进一步利用中国全球最大原料进口国的地位，加快发展国内期货市场，加大力气把国内期货市场建设成全球定价中心，尽可能地避免发生针对中国出海企业恶意逼空的投机活动。

五、关键要点

本案例分析的关键在于把握这场史诗级价格波动产生的原因，从多方与空方两边视角分析它们的操作，以及此案例反映出的交易所的监管制度缺陷与国际间金融安全问题的反思。

教学的关键要点包括：
(1) 逼仓机理及本次实现成功逼空所需具备的条件。
(2) 青山控股的套期保值操作及其存在的风险与应对失误。
(3) LME 交易所监管制度存在的缺陷及对本次镍价波动的影响。
(4) 思考新环境下国际问题引发的国家金融安全问题与处理启示。

六、建议课堂计划

本案例可以作为金融专业学位研究生"衍生金融工具"等课程的案例讨论课来进行，整个案例课堂教学控制在 3 节课，约 130 分钟。

(一)课前准备

要求学生在课前阅读案例正文，自行查阅"伦镍逼空事件"的相关资料，并独立分析案例中的思考题。本案例所涉及的相关事件的公开信息，可以在 Wind 数据库、LME 官网主页等网站查阅。学生从其他渠道获取的相关信息均可作为本案例的背景。

(二)课中讨论

(1)视频播放：在上课前 10 分钟，教师可以播放相关视频调动学生兴趣。

(2)基础知识讲解：本案例服务于期货、远期等章节的教学，教师首先正常按照课本进度讲解期货、远期的基础知识作为铺垫(一节课 40 分钟左右)。

(3)案例讲述：教师参考案例正文，阐明案例的内容、主题、分析思路(10 分钟)。

(4)小组讨论：将学生们分为 5 组，每组对思考题分别进行讨论和发言准备(25 分钟)。

(5)小组代表发言：各小组选派一名代表阐述本组对事件的看法和思考题的答案要点(每组 4 分钟，共 20 分钟)。

(6)交叉讨论：根据课前准备与小组讨论，对其他组的观点进行辩论和补充(20 分钟)。

(7)教师点评与答疑：教师对学生的观点进行点评与总结(15 分钟)。

(三)课后作业

以小组为单位，对课堂讨论问题和内容进行整理、反思和总结，形成书面报告并提交，字数在 3000 字左右。

七、其他教学支持

本案例教学的其他支持还包括：

(1) 网络。学生在课堂能够随时查阅相关网站资料，了解"伦镍逼空事件"的各类最新观点。

(2) 智慧案例研讨室。智慧研讨空间的整体布局与信息化硬件支持可以促成"物理空间+资源空间+社区空间"三位一体融合，优化教学内容呈现、便利学习资源获取、促进课堂交互开展、提升情境感知、激发学生学习的兴趣和主动性，从而提高案例研讨的效率和效果。

为"屠龙刀"铸鞘

——WSB 散户对打华尔街空头,裁判在哪里?[*]

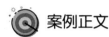 案例正文

摘　要: 2020 年新冠肺炎疫情暴发,由此引发了一系列衍生事件。在此大背景下,一起散户暴打华尔街金融机构的新闻引起各国投资者广泛关注。事件缘起于美国华尔街对冲基金分析认为一些上市公司在新冠肺炎疫情冲击下,未来营业额会大幅下降,由此认定这些上市公司股价会大跌。借此以 Citron Capital(香橼资本)和 Melvin Capital(梅尔文资本)为主的对冲基金运用自己庞大的资源,以 GME 游戏驿站等传统线下营销企业为主要对象,进行大量沽空,其中 GME 的市场沽空率最大达到 140%。与此同时,Reddit 论坛上 Wall Street Bet(WSB)板块的众多年轻投资者出于对 GME 公司的情怀和对华尔街金融机构的厌恶,使他们成为 GME 公司股价坚定的捍卫者。当带头大哥举起了"屠龙刀"后,散户纷纷响应,不顾一切冲入市场,大量买入 GME 的股票和看涨期权。多空大战在 GME 这个主战场你来我往,精彩异常。而这种精彩的背后,是多空双方累累的伤痕,是市场的风声鹤唳,极大地破坏了正常的市场秩序。监管机构在这场大战中如何定位?市场需要裁判来画线止戈,维持"江湖"的宁静。

关键词: 新冠肺炎疫情;散户抱团;GME 游戏驿站;看涨期权;市场监管

Casting a Sheath for the "Long Sword"

——WSB Retail Investors versus Wall Street Shorts, Where is the Referee?

Abstract: The COVID-19 crisis broke out in 2020, which triggered a series of derivative events. Against this backdrop, the news of a group of individual investors beating up professional financial institutions has attracted wide attention from investors around the world. After analyzing the market situation and future trend, some hedge funds on Wall Street judged that the future turnover of some listed companies would decline significantly under the impact of the epidemic, and thus concluded that the stock prices of these companies would fall sharply. So hedge

---

* 案例由广东工业大学经济与贸易学院张成科、杨江涛、朱璐璐撰写,作者拥有著作权中的署名权、修改权、改编权;本案例探讨时间从 2019 年 1 月 1 日到 2021 年 2 月 15 日。由于企业保密的要求,在本案例中对有关名称、数据等做了必要的掩饰性处理;本案例只供课堂讨论之用,并无意暗示或说明某种行为是否有效。

funds mainly composed of Citron Capital and Melvin Capital used their huge resources to make many short positions with traditional offline marketing enterprises such as GME as the main objects, among which GME's market short rate reached 140%. Meanwhile, many young investors in the Wall Street BET (WSB) section of Reddit have become staunch defenders of GME's stock price out of their feelings for the company and their distaste for Wall Street institutions. When the leader stood out, more and more individual investors responded with a heroic rush to buy GME shares and call options. The long-short war in the main battlefield of GME broke out. After the fierce battle, both sides were scarred, the normal market order was threateningly, greatly destroyed. How do regulators position themselves in this battle? The market needs a judge to draw the line to stop next war, to maintain the order of the financial market.

Keywords: The COVID-19 crisis; Individual investors group; Gamestop company; Call options; Regulatory

引 言

2020 年新冠肺炎疫情暴发,对每个国家的不同行业均产生了巨大的冲击。以美国为例,2020 年 3 月新冠肺炎疫情在美国暴发后,制造业和服务业大幅衰退,市场信心明显降低,美股更是先后出现 4 次熔断,严重影响居民整体消费信心,市场整体需求显著下降。

出于疫情防控的需要,美国各州采取了一系列限制人员流动的措施。这些措施对美国线下零售公司产生了直接的冲击。本次事件的主战场——GameStop(GME)公司是全球规模最大的电视游戏和娱乐软件零售巨头。2020 年第三季度财报数据显示,GME 公司第三季度净销售额较 2019 财年下降 30.2%,2020年已关闭实体门店数量达 462 家。虽然此时该公司全球电子商务销售额增加 257%,但即便将其计入可比商店销售额的情况下,总销售额依然下降 24.6%。GME 公司三个季度以来惨淡的经营业绩引起了 Citron Capital(香橼资本)和 Melvin Capital(梅尔文资本)等华尔街空头机构的兴趣。

华尔街研究机构注意到当时美国新冠肺炎疫情每天感染人数不断增加,且上升势头并未减缓。与此同时,新冠疫苗短期内无法实现普遍施打,疫情对 GME 公司零售业务的冲击不会减弱,判断未来 GME 的股价会进一步下跌。这个结论导致华尔街空头大军闻风而动,香橼资本和梅尔文对冲基金等诸多善于做空的机构开始对 GEM 公司的股票和期权进行大量沽空。

一、空军部队:华尔街空头

(一)空军基地

华尔街本质来说只是一个地理名词,但这个名词对不同的人可能有着不同的意义。对一些人意味着巨大的财富,而对另一些人则可能是巨大的梦魇。关于华尔街的"神话"不断地流传,也不断地创造。而这些不断创造的"神话"中,关于做多和做空的传说各占半壁江山。如路易斯·培根(Louis Bacon)、吉姆·查诺斯(Jim Chanos)和乔治·索罗斯(George Soros)等都在华尔街空头史上留下了浓墨重彩的一笔。在 2021 年 1月初围绕 GME 股票的多空博弈中,空方主要是两个非常具有影响力的机构:香橼资本和梅尔文资本。

香橼资本成立于 2001 年,创始人是被誉为"华尔街赏金猎人"的"70 后"——安德鲁·莱特(Andrew Left),其领导的研究小组专注于对一些公司进行做空研究。对于这家著名的做空机构,中国诸多上市公司应该记忆犹新,在香橼资本发布的沽空报告中,一直以中概股为重点研究对象。2005 年以来,香橼资本曾做空过恒大、新东方、东南融通、蔚来汽车等 20 余家中国公司,东南融通更是在被做空后,在短短

137 天被迫退市。这也使香橼资本声名大噪。

梅尔文资本是一家美国投资管理公司，由"明星基金管理人"Gabriel Plotkin 创办于 2014 年。该公司的投资策略主要是通过研究基本面来决定多空方向。但该公司 CIO 曾表示，他们对空头充满着强烈的关注。梅尔文资本在成立之后的第一年就创造了 47% 的超高回报率，该公司的管理资产也从最初的 9 亿美元增加到了 125 亿美元。该公司在 2020 年借助新冠肺炎疫情带来的波动实行"逢低吸纳"策略(Buy the Dip)获得了出色的业绩表现。

(二)空军参谋会议

2020 年全球遭遇重大黑天鹅事件——新冠肺炎疫情大流行，华尔街研究机构为此对美国经济和各类公司的业务所受影响进行了深入分析。美国新冠肺炎感染病例从 2020 年 3 月开始激增。随后各州政府逐渐出台了不同的政策呼吁民众减少不必要的外出，而这给美国的线下零售产业带来了巨大的冲击。东方财富的数据显示，美国消费者信心指数在 2020 年 3 月疫情暴发后出现显著下降(见图 1)。

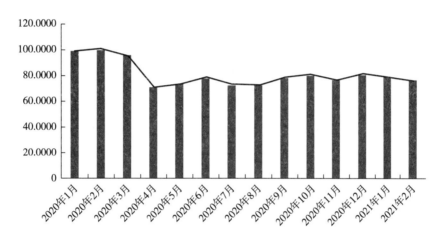

图 1　美国消费者信心指数

资料来源：东方财富数据库。

新冠肺炎疫情给许多线下经营公司带来了巨大的营销冲击，以 GME 公司为例。GME 作为一家《财富》500 强公司，总部位于得克萨斯州格雷普韦恩，是一家全球性的多渠道视频游戏、电子产品和收藏品零售商。在全球拥有 5000 多家线下商铺，提供各类游戏和娱乐产品。

为了响应联邦政府的防疫政策，GME 公司在 2020 财年上半年暂时关闭了美国的门店，后来随着疫情在全球各地的蔓延，又关闭了新西兰、欧洲和澳大利亚的部分门店。进入夏季，疫情出现缓和之后，关闭的店铺曾短暂地开放。2020 年 10 月，全球各地的疫情再次严峻，公司又被迫再次关闭了诸如法国、爱尔兰、加拿大、美国、奥地利和澳大利亚的大部分门店，而少数运营的门店则仅限于路边提货。

新冠肺炎疫情大流行对 GME 公司销售业绩带来的负面影响是显而易见的(见表 1)。

表 1　GME 公司 2019 年第四季度至 2020 年第三季度收益　　　　单位：百万美元

指标	2019 年第四季度	2020 年第一季度	2020 年第二季度	2020 年第三季度
总收入	2194.1	1021.0	942.0	1004.7
毛利	597.3	282.4	252.2	276.3
营业收入	75.2	−108.0	−85.6	−63.0
净收入	21.0	−165.7	−111.3	−18.8

资料来源：GME 公司财报。

除了疫情所带来的负面影响外，GME 公司本身也面临着经营困境和转型压力。对游戏产业而言，游戏行业的增长通常是由新技术的引进而推动的。历史上，技术的发展大大改善了游戏体验并增加了其他娱乐功能，游戏机的推出周期为五年至七年。消费者对游戏机的需求通常在周期的早期是最高的，而在后期则是最弱的。当前的游戏机包括 Sony PlayStation 4（于 2013 年推出）、Microsoft Xbox One（于 2013 年推出）和 Nintendo Switch（于 2017 年推出）。随着 Sony 和 Microsoft 在 2020 年 11 月成功推出其下一代游戏机 Sony PlayStation 5 和 Microsoft Xbox Series X。上一代游戏机销量下滑将是可以预料的大概率事件。

随着数字时代的到来，游戏零售产业面临的竞争加剧，数字渠道和其他形式提供的视频游戏的市场份额持续扩大，美国电子娱乐软件协会（ESA）发布的《2019 PC 和视频游戏行业报告》显示，美国游戏主机业务占比为 17%，而电子游戏占比达 83%（见图 2）。

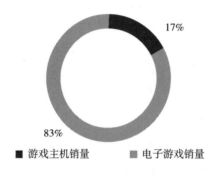

图 2 2019 年美国游戏行业游戏主机和电子游戏占比

资料来源：美国电子娱乐软件协会。

（三）空军集结

新冠肺炎疫情带来营销环境的负面冲击，游戏产业周期进入需求低迷期，以及视频游戏本身所面临的挑战和竞争，使 GME 这家全球最大的线下游戏零售商面临着糟糕的发展前景。2020 年 4 月 3 日，GME 公司的股价跌到了 2.58 美元/股的历史最低点。这一系列变化对华尔街空头形成了极大的吸引力，空头大军对 GME 公司的股票虎视眈眈。

二、起义部队：WSB 散户

（一）千禧一代的投资者

受益于 21 世纪以来互联网技术飞速的发展，人们的生产生活方式发生了巨大的改变，尤其是年轻人这个群体。这代年轻人被称为"千禧一代"。他们的成长伴随着互联网的快速发展，互联网改变了这群年轻人的交流方式、信息获取方式和休闲方式，他们可以非常熟悉地应用互联网搜寻自己感兴趣的信息，分享自己的观点，结交志同道合的朋友。可以说互联网已经成为他们生活的重要组成部分。

这次多空大战的多方是一群来自美国 Reddit 论坛下 WSB 板块的年轻投资者。Reddit 论坛是一个社交新闻站点，他们提出的口号是——提前于新闻发声，来自互联网的声音。该论坛最初由两个同为 22 岁的弗吉尼亚大学毕业生 Steve Huffman 和 Alexis Ohanian 创建，目前隶属于 Condé Nast Digital 公司。该论坛上的用户能够通过多种方式发帖表达自己的观点，其他的用户可对发布的帖子进行高分或低分的投票，得分突出的帖子会被放到首页。同时，用户也可以对发布的内容进行评论和回复，这样就形成了一个在线社区。

Reddit 用户大多是年轻人（见图 3），他们根据自身的喜好创造了不同的话题板块。WSB 就是一群热爱分享投资经验的年轻人组成的投资者板块。这群年轻的投资者平常就是一群沉迷于股票和期权的投资赌徒，他们并不信奉理性与价值投资，而是把股市当赌场，幻想自己能一夜暴富，变身华尔街之狼。他们最常喊的一句口号就是"YOLO"，意思是你只能活一次(You Only Live Once)。这句口号吸引了大群热血的年轻人，乐此不疲地在股市中寻找"妖股"(暴涨暴跌的股票)。

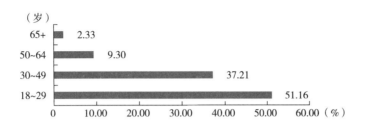

图3　Reddit 论坛用户年龄分布

资料来源：STATISTA。

(二)千禧人的喜与厌

这群年轻的投资者对 GME 公司的产品怀有许多美好的童年记忆。GME 公司成立于 1996 年，在那个电子游戏风靡年轻人世界的时代，大多数美国年轻人家里或多或少拥有与其相关的产品。GME 公司出售的游戏机给美国千禧一代的孩子们开启了一个全新的世界。如今，当年那群热爱打游戏机的孩子成长起来了，或许他们已经对游戏机失去了往日的狂热，但是游戏已经成为他们生活中重要的一部分。美国电子娱乐软件协会发布数据显示，65% 的美国成年人会时常玩游戏，他们的平均年龄为 33 岁(见图4)。75% 的美国家庭中，至少有一个热爱玩电子游戏的成员。美国人平均花费在游戏上的时间为 3.5～4.8 小时/周。这群年轻人对给自己童年带来欢乐时光的 GME 游戏机零售公司，怀有如同老朋友一般特殊的感情。当他们逐渐开始进入金融市场，成为这个市场上的新兴投资者，自然对 GME 公司怀有特殊的投资偏好。

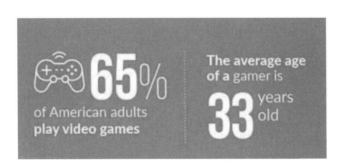

图4　美国成年人玩电子游戏的比例和平均年龄

资料来源：美国电子娱乐软件协会。

这群金融市场上的年轻投资者，除了对 GME 游戏公司拥有特殊的感情外，对华尔街的金融机构也充满着特殊的童年记忆。与对 GME 公司的美好回忆不同，他们对华尔街金融机构的记忆充满着厌恶、愤怒和憎恨等诸多负面情绪。他们对华尔街的记忆最早源于 2008 年金融危机，经济大萧条以摧枯拉朽之势席卷美国，成千上万个家庭的财富被席卷一空，上万家公司倒闭，一周失业人数一度达到 66.5 万。这些给千禧一代留下了深刻的烙印。他们认为 2008 年金融危机产生的原因在于华尔街金融机构和银行贪婪地追求高额利润，不加限制地进行裸卖空操作，把沽空率一路推高，最终导致了整个社会经济的崩盘。根据

WSB 上最热的讨论帖叙述，他们的父母在这场经济大萧条中失业，家庭失去收入，只能靠松饼粉、豆子和米饭生活，这种艰难的日子持续了一年之久。他们的父母从那时起，有了储存食物的习惯。对于 2008 年由于金融市场沽空率过高引发的金融危机，美国证券交易监督委员会(SEC)在 2009 年 7 月 27 日出台了 *Short Sale Rule Amendments*，对裸卖空的操作进行了限制。然而如今，华尔街金融机构卷土重来，通过股票和期权大量沽空 GME 公司(见图 5)。他们的行为唤起了这群年轻投资者童年的回忆，燃起了他们对华尔街金融机构的怒火。

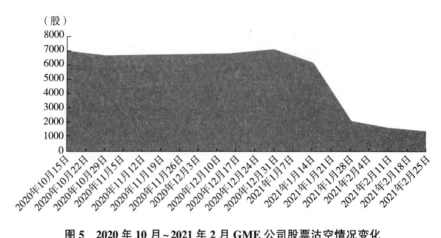

图 5　2020 年 10 月~2021 年 2 月 GME 公司股票沽空情况变化

资料来源：东方财富数据库。

(三) 义军云集

WSB 板块上狂热的年轻人为这场多空大战准备了群众基础，但是他们还缺一位强有力的领导者。时势造"英雄"——基思·吉尔(Keith Gill)，一位优秀的资深金融分析员，举起了反抗华尔街金融霸权的大旗，其麾下迅速集结了一批数量可观的追随者，他也顺势成为这支"民间武装"的领袖。

公开资料显示，Gill 于 2009 年毕业于斯通希尔学院，并获得了会计方向的工商管理学士。2010 年在 Lucidia 工作期间，Gill 成立了自己的公司但是失败了。

2014 年，他又成立了新公司 Roaring Kitty LLC，公司名就是以他的 YouTube 频道命名的，但 10 个月后又失败了。2016 年，他在 LexShares 担任了为期两年的投资运营分析师，两年后辞职。目前，吉尔一直在 Mass Mutual 担任特许财务分析师顾问，为公司员工举办讲习班，解答他们的个人理财和投资问题。

Gill 首次购买 GameStop 公司股票期权是在 2019 年 6 月。他在自己的 YouTube 平台上发布了一段视频，告诉粉丝们，他认为 GameStop 的价值被严重低估了，这家游戏公司即便在网络游戏盛行的情形下，仍然具有投资价值。他已经购买 GME 股票期权，押注 GameStop 股价会上涨。

作为这场多空博弈中散户群体中的领导者，他对这场多空大战中网络舆论的形成和发展起到了至关重要的作用。Gill 通过频繁地在 Reddit 的 WSB 板块发帖，分享了他对 Gamestop 的投资组合截图，刷屏他的购买记录，激励了许多的年轻投资者跟随他一起做多 GME 公司的股票和期权。他的追随者坚信只要购买足够多的 GameStop 股票，并死死扣住不卖，随着市面流通股的减少，股价必然会随着需求的增加不断上涨，而对冲基金的空头将不得不以高价被迫收购"韭菜们"手中的股票来实现风险对冲或者平仓离场。伴随着这场大战的进行，Gill 的个人财富从最初投入的 754991 美元升值到了近 4800 万美元，其中包括 13840298 美元现金。投资总收益率为 4420.98%。这种从 74 万美元到将近 5000 万美元的惊人收益刺激他的追随者们源源不断地投入这场战斗中(见图 6)。

Price Paid $	Day's Gain $	Total Gain $	Total Gain %	Value $ ▾
14.8947	9,976,500.00	16,630,766.83	2,233.12%	17,375,500.00
0.20	10,128,750.00*	16,747,241.80	163,257.12%	16,757,500.00
				$13,840,298.84
$754,991.37	$20,105,250.00	$33,378,008.63	4,420.98%	$47,973,298.84

图 6 Keith Gill 个人收益情况截图

资料来源:WSB 板块 Keith Gill 个人账号。

三、兵已聚,将已至,乱终起

(一)三军未动,粮草先行

2021 年 1 月 19 日,香橼资本宣布做空 GME,这场多空博弈开始正式进入观众视野,并迅速引爆美国舆论。然而关于 GME 事件真正的开启时间或许要追溯到 2019 年 GameStop 公司为了业务转型宣布的一系列新领导任命开始。

伴随着网络游戏和虚拟游戏的快速兴起,GME 公司的业绩持续下滑,股价更是从 2013 年的最高点一路下跌。2019 年初,公司董事会决定尝试公司战略转型。随后公司为了调整领导结构陆续公布了一批新领导的任命。这些任命包含首席执行官、独立董事和首席财务官等高层人员的变动,同时也包含一些旧职位的裁撤和新职位的设立。具体如表 2 所示。这些人都是在零售业运行、电子商务、品牌战略和企业转型方面拥有丰富经验和过人能力的佼佼者。2019 年 5 月,GME 公司初步完成公司转型前人事方面的调整。随后公司新的领导团队宣布了一份将持续多年的转型计划,并将其称为"GameStop Reboot"。该计划将聚焦于四个方面:优化核心业务、建立无摩擦的数字生态系统、成为游戏的社交/文化中心和转变供应商伙伴关系。

表 2 2019 年上半年 GME 公司任命的高层人员

姓名	职务	宣布时间	生效时间	过往经历
乔治·谢尔曼 (George Sherman)	首席执行官	2019 年 3 月 21 日	2019 年 4 月 15 日	乔治曾担任 Vericon Wireless 产品和服务的最大独家授权零售商 Victra 的首席执行官。曾担任 Advance Auto Parts 的总裁兼临时首席执行官,负责超过 4000 家商店的商品销售、市场营销、信息技术、供应链和商业销售。曾担任百思买服务的总裁,他主管消费者服务、中小型企业功能、渠道合作伙伴关系
劳尔·费尔南德斯 (Raul Fernandez)	公司独立董事	2019 年 4 月 24 日	—	劳尔是 Team Liquid eSports 和 Wizards District Gaming NBA 2K 的所有者。在华盛顿特区共同拥有和经营 Capital One Arena。劳尔担任 General Atlantic Partners 的特别顾问和有限合伙人。曾担任智能视频监控软件的领先开发商 ObjectVideo 的董事长兼首席执行官

姓名	职务	宣布时间	生效时间	过往经历
丽莎贝丝·邓恩 (Lizabeth Dunn)	公司独立董事	2019年4月24日	—	丽莎贝丝是Pro4ma Inc（一家信息技术服务咨询公司）的创始人兼首席执行官。是Talmage Advisers的创始人兼首席执行官。曾在领先的金融公司和零售组织（包括Macquarie Group、FBR、Thomas Weisel、Prudential Equity Group、Bear Stearns、Gap Inc.和Liz Claiborne）担任过各种咨询和金融分析师职务
丹尼尔·考夫曼 (Daniel J. Kaufman)	首席转型官（新设）	2019年5月8日	2019年5月10日	2012年10月1日至2018年5月10日，丹尼尔曾担任GME公司首席法律和行政官、公司秘书
詹姆斯·贝尔 (James Bell)	执行副总裁兼首席财务官	2019年5月30日	2019年6月3日	詹姆斯曾担任Wok Holdings Inc.的财务总监，在此期间，他成功设计并领导了公司的总体战略计划和全渠道数字化转型。詹姆斯之前曾在RLH Corporation和Coldwater Creek Inc.担任执行副总裁、首席财务官。在包括Harry & David Holdings Inc.和The Gap在内的多家消费业务部门担任高级财务职务
克里斯·霍姆斯 (Chris Homeister)	执行副总裁兼首席推销官（新设）	2019年5月30日	2019年6月10日	克里斯最近担任The Tile Shop（一家公开交易的专业零售商）的总裁、首席执行官和董事会成员。他在百思买担任过多个高级职务，包括数字商品与战略规划高级副总裁、娱乐业务集团总经理兼高级副总裁，负责产品类别，包括视频游戏、电影、音乐和电子阅读器。并启动了百思买的视频游戏以旧换新业务
弗兰克·哈姆林 (Frank Hamlin)	执行副总裁兼首席客户官（新设）	2019年5月30日	2019年6月3日	弗兰克在零售营销、战略、客户忠诚度和电子商务方面拥有超过25年的经验，并曾担任GameStop的首席营销官。曾担任JoS Men's Wearhouse的母公司Tai lo d Brands的首席营销官。在吉它中心（Guitar Center）担任各种市场和运营领导职位

资料来源：GME公司财报。

（二）义军大佬的战前布局

GME公司为战略转型进行的人事变更引起了一部分人对GME公司的兴趣，其中就包含此次多空博弈的主角——"带头大哥"Keith Gill。公开资料显示，Gill早在2019年6月已经大量买入GME公司2021年1月15日到期的深度虚值看涨期权（见图7）。然而GME公司转型的消息和部分人的关注并没有阻止GME公司股价下跌的趋势。从2019年5月31日到8月15日，GME股票收盘价从7.58美元/股下跌到3.21美元/股。

2019年8月19日，Scion Asset Management（SAM）的创始人迈克尔·伯里（Michael Burry）公开宣布自己购买了游戏驿站300万股股票（见图8）。在Burry宣布不久后，GME股票又回到了5美元左右。为此，Gill在Reddit论坛上更是以DFV的名义发帖感谢Burry。

Symbol ▲	Actions		Qty #	Price Paid $	Last Price $	Bid	Ask	Day's Gain %	Day's Gain $	Total Gain %	Total Gain $	Total Cost	Value $
GME ① ⚑ Jan 15 '21 $8 Call	Trade ▼	▤	1,000	0.53	0.85	0.75	1.25	14.29%	12,500.00	86.69%	46,433.96	53,566.04	100,000.00
06/07/2019	Close Roll		50	0.60	0.85	0.75	1.25	14.29%	625.00	64.97%	1,969.20	3,030.81	5,000.00
06/20/2019	Close Roll		50	0.75	0.85	0.75	1.25	14.29%	625.00	32.25%	1,219.20	3,780.81	5,000.00
07/17/2019	Close Roll		50	0.55	0.85	0.75	1.25	14.29%	625.00	79.80%	2,219.20	2,780.81	5,000.00
07/18/2019	Close Roll		50	0.50	0.85	0.75	1.25	14.29%	625.00	97.57%	2,469.20	2,530.80	5,000.00
08/14/2019	Close Roll		200	0.30	0.85	0.75	1.25	14.29%	2,500.00	227.43%	13,891.77	6,108.23	20,000.00
08/20/2019	Close Roll		100	0.30	0.85	0.75	1.25	14.29%	1,250.00	227.16%	6,943.41	3,056.59	10,000.00
08/22/2019	Close Roll		100	0.55	0.85	0.75	1.25	14.29%	1,250.00	79.97%	4,443.41	5,556.59	10,000.00
08/22/2019	Close Roll		200	0.65	0.85	0.75	1.25	14.29%	2,500.00	52.58%	6,891.77	13,108.23	20,000.00
08/27/2019	Close Roll		100	0.60	0.85	0.75	1.25	14.29%	1,250.00	65.11%	3,943.41	6,056.59	10,000.00
09/03/2019	Close Roll		100	0.75	0.85	0.75	1.25	14.29%	1,250.00	32.33%	2,443.41	7,556.59	10,000.00
Cash													$13,962.21
Total				$53,566.04				14.29%	$12,500.00	86.69%	$46,433.96		$113,962.21

图 7　Keith Gill 持有的 GME 股票深度虚值看涨期权截图

资料来源：WSB 板块 Keith Gill 个人账号。

SCION ASSET MANAGEMENT, LLC

Aug 26, 2019

The Board of Directors
GameStop Corp.
625 Westport Parkway
Grapevine, TX 76051

Dear Members of the Board,

Scion Asset Management, LLC and its affiliates ("Scion") own approximately 3,000,000 shares, or about 3.3%, of GameStop, Inc. ("GameStop") common stock.

We believe that the Board of Directors ("Board") should examine itself as the stock languishes near all-time lows, and as the company eliminates the dividend and lays off employees.

图 8　SAM 于 2019 年 8 月 26 日发给 GME 公司董事会的建议

资料来源：美国证券交易委员会。

(三) 风起云涌，诸侯汇聚

在投资大佬 Burry 宣布增持 GME 股票五个月后，出现了一大批投资机构开始增持 GME 股票。这些投资者中不乏有黑石集团(BlackRock)，Vanguard Group、FMR 等知名投资机构(见表 3)。

表 3　2020 年上半年知名投资机构增持的 GME 公司流通股

公司名称	提交持股报告时间	持股数量(股)	占比(流通股)(%)
Dimensional Fund Advisors LP	2020 年 1 月 9 日	7127360	10.81
Black Rock	2020 年 2 月 4 日	11271702	17.10
FMR	2020 年 2 月 7 日	11620064	17.63

公司名称	提交持股报告时间	持股数量(股)	占比(流通股)（%）
Vanguard Group	2020 年 2 月 11 日	9516181	14.43
State Street Corp	2020 年 2 月 14 日	3847409	5.84
Foss Donald A	2020 年 3 月 9 日	3515200	5.30
MUST Asset Management Inc	2020 年 3 月 20 日	3300000	5.00
Scion Asset Management LLC	2020 年 5 月 6 日	2801929	4.30
Hestia Capital Partners LP	2020 年 6 月 12 日	948600	1.46

资料来源：美国证券交易委员会。

2020 年 4 月 13 日，在 WSB 板块上一个名叫"Senior_ Hedgehog"的用户发布了一篇关于 GME 股票的深度分析帖。帖中指出，做市商为了对冲卖出的 GME 看涨期权而产生的风险敞口，已大量买入了 GME 公司的股票，市面上的流通股中 84%的股票已经锁死在了空头交易中。而剩下的 1000 万股流通股中，有 300 万股已被 Burry 持有，留给空头做空的股票已经不多了。虽然这个分析帖中并没有明确指出他所说数据的确切来源，但是在 WSB 板块上，已经开始出现了相当有质量的暗示可以做多 GME 公司股票和看涨期权的言论帖(见图 9)。

图 9　2020 年 4 月 13 日 WSB 网站上深度分析和预言轧空的分析帖

资料来源：WSB 论坛 Senior_Hedgehog 个人账户。

2020 年 8 月，电商平台 Chewy 的创始人瑞安·科恩(Ryan Cohen)宣布，自己买入了游戏驿站 580 万股股票(见图 10)。Cohen 作为火爆的宠物电商平台创始人，突然投资负债累累的游戏驿站，这给市场带来了巨大的想象空间——游戏驿站能否借助电商平台实现转型？GME 的股票开始被更多的投资人关注，股价也迎来了一波强势的上涨。从 2020 年 8 月到 12 月的四个月，GME 的股价翻了四倍，2020 年 12 月 31 日的收盘价为 18.84 美元/股。

1	NAMES OF REPORTING PERSONS Ryan Cohen			
2	CHECK THE APPROPRIATE BOX IF A MEMBER OF A GROUP			(a)☐ (b)☐
3	SEC USE ONLY			
4	SOURCE OF FUNDS (SEE INSTRUCTIONS) PF			
5	CHECK BOX IF DISCLOSURE OF LEGAL PROCEEDINGS IS REQUIRED PURSUANT TO ITEM 2(D) OR 2(E)			☐
6	CITIZENSHIP OR PLACE OF ORGANIZATION Canada			
NUMBER OF SHARES BENEFICIALLY OWNED BY EACH REPORTING PERSON WITH	7	SOLE VOTING POWER 0		
	8	SHARED VOTING POWER 5,800,000		
	9	SOLE DISPOSITIVE POWER 0		
	10	SHARED DISPOSITIVE POWER 5,800,000		
11	AGGREGATE AMOUNT BENEFICIALLY OWNED BY EACH REPORTING PERSON 5,800,000			

图 10　Ryan Cohen 向 SEC 提交的持股报告

资料来源：美国证券交易委员会。

  2020 年 1 月 11 日，关于 Cohen 的猜测终于落地。GME 公司宣布为加速公司转型，已经与 Cohen 达成一致，决定增加具有重要电子商务和技术经验的 Cohen、Alan 和 Jim 加入公司董事会(见图 11)。与此同时，GME 公司股东的持股比例发生了变化，第二批新的投资机构增持了 GME 公司的股票(见表 4)。此时关于 GME 公司多方的布局已经基本完成，万事俱备只欠东风。

GameStop Announces Additional Board Refreshment to Accelerate Transformation

Aligns with Ryan Cohen of RC Ventures on the Immediate Appointment of Three New Directors with Significant E-Commerce and Technology Experience

Confirms the Board's Commitment to Supporting GameStop's Pursuit of Growth and Market Leadership

图 11　GME 公司宣布的关于更新公司董事会成员的任命

资料来源：美国证券交易委员会。

表 4　2020 年下半年知名投资机构持有的 GME 公司流通股

公司名称	提交持股报告时间	持股数量(股)	占比(流通股)（%）
Vanguard Group INC	2020 年 7 月 10 日	5419336	8.37
Permit Capital, LLC	2020 年 9 月 8 日	2554031	3.94
Senvest Management, LLC	2020 年 10 月 13 日	3610740	5.54
RC Ventures LLC	2020 年 12 月 21 日	9001000	12.90

资料来源：美国证券交易委员会。

(四)东风吹，战鼓擂

  2021 年 1 月 13 日，战斗打响。GME 公司股票从当天开盘价 20.39 美元/股一路上涨到了 38.62 美元/股，当天收盘于 31.40 美元/股，大涨 54%，当日累计成交额 45 亿美元，而此前 20 个交易日，GME 公司日累计成交额最高没有超过6亿美元，平均日累计成交额为1.78亿美元。

2021年1月19日，著名做空机构香橼资本发布做空言论，宣布做空游戏驿站。香橼资本声称买游戏驿站的投资者将成为输家，股价将迅速回落到20美元/股。当天GME收盘报价39.37美元/股，这意味着香橼资本认为GME的股价将要腰斩(见图12)。

Citron Research @CitronResearch · Jan 19   ···

Tomorrow am at 11:30 EST Citron will livestream the 5 reasons GameStop $GME buyers at these levels are the suckers at this poker game. Stock back to $20 fast. We understand short interest better than you and will explain. Thank you to viewers for pos feedback on last live tweet

♥ 1.8K   ⇅ 1.1K   ♡ 2K

图12 香橼资本2021年1月19日发布的做空GME股票的声明

资料来源：Citron Research的Twitter官方账号。

香橼资本做空GME公司的相关言论引发了WSB个人投资者极大的愤怒，大家聚集到香橼资本的推特下，反驳做空言论，甚至进行言语攻击。quiver quantitative网站对WSB网站评论和投资者情绪的统计显示，从2021年1月19日起，在WSB网站上关于讨论GME股票的帖子一直居高不下，且多持正面态度(见图13)。多家媒体也开始对该事件进行广泛报道。在香橼资本做空言论引爆舆论的同时，也彻底引爆了GME公司的股票。GME的股价从2021年1月19日开始一路上涨，截至1月22日GME的收盘价为63.35美元/股，暴涨了60.91%。而此时香橼资本依然坚持股票价格应该回落到20美元/股(见图14)。

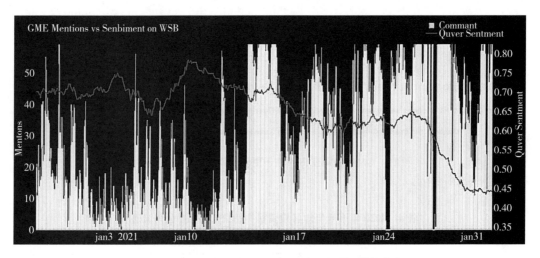

图13 WSB网站上对GME股票的评论量和情绪指数

资本来源：quiver quantitative。

Citron Research @CitronResearch · Jan 22   ···

Too many people hacking Citron twitter, will record and post later today. $GME going to $20 buy at your own risk

♥ 2.7K   ⇅ 1.1K   ♡ 2.1K

图14 香橼资本发推特坚持GME股价将回落到20美元/股

资料来源：Citron Research的推特官方账号。

2021 年 1 月 25 日，梅尔文资本的创始人兼 CEO 加布里埃尔·普洛特金(Gabriel Plotkin)宣布获得来自 Citadel 和 Point 72 两家基金公司 27.5 亿美元的投资。SEC 网站公开资料显示，梅尔文资本截至 2020 年 12 月 31 日持有价值超过 1.1 亿美元的 GME 看跌期权(见图 15)。当天 GME 股票的收盘价为 76.79 美元，比起 2020 年 12 月底的收盘价暴涨了 307.59%。

Finding **GameStop** in 13F-HR (Institutional investment manager holdings report) INFORMATION TABLE of filed (2021-02-16) ‹Previous 1 of 1 Next›

INC	COM NEW	30212P303	198,600	1,500,000 SH	Call	SOLE	0	0
EXPEDIA GROUP INC	COM NEW	30212P303	1,579,180	11,927,339 SH		SOLE	11,927,339	0
FACEBOOK INC	CL A	30303M102	1,272,937	4,660,041 SH		SOLE	4,660,041	0
FAIR ISAAC CORP	COM	303250104	498,264	975,000 SH		SOLE	975,000	0
FERRARI N V	COM	N3167Y103	120,498	525,000 SH		SOLE	525,000	0
FISERV INC	COM	337738108	990,394	8,698,349 SH		SOLE	8,698,349	0
FIRST MAJESTIC SILVER CORP	COM	32076V103	73,920	5,500,000 SH	Put	SOLE	5,500,000	0
GAMESTOP CORP NEW	CL A	36467W109	113,040	6,000,000 SH	Put	SOLE		6,000,000	0
GARTNER INC	COM	366651107	272,323	1,700,000 SH		SOLE	1,700,000	0

图 15　梅尔文资本向 SEC 提交的信息披露报告

资料来源：美国证券交易委员会。

2021 年 1 月 26 日，梅尔文资本的加布里埃尔·普洛特金宣布，在遭受巨额亏损后，该基金于当天下午平仓了 GameStop 的空头头寸。而当天 GME 的收盘价比前一日翻了将近一倍，达到了 146 美元/股。

2021 年 1 月 27 日，在梅尔文资本黯然离场后，香橼资本的创始人莱特发布视频，声称已经平掉了 GME 90%的空头头寸。这意味着香橼资本继梅尔文资本之后宣布退场。然而事情并未结束，曾经经历多次被做空的特斯拉 CEO 马斯克(Elon Musk)在推特发文力挺 GME(见图 16)，这一举动进一步激发了投资者们的热情。雅虎金融数据显示，当天收盘时，GME 股票多项指标都创造了历史，股价报收于 347.51 美元/股，涨幅达 134.84%，当日成交额为 295.34 亿美元，市值为 242.38 亿美元，换手率为 133.91%。与此同时，另一个消息悄然传开，Reddit 论坛的服务器提供商 Discord 以"渲染暴力"为由，把 WSB 的服务器给移除了，许多用户显示已无法进入。

图 16　马斯克对 GME 事件的发言

资料来源：马斯克个人推特账号。

注："stonk"是对 stock 故意拼错的谐音，而"stonk"有猛烈暴击的意思，也有被解释为自嘲不懂股票、干就完事的意思。

2021 年 1 月 28 日，由于诸多用户投诉 Discord 的行为严重侵犯了言论自由，Discord 不得不被迫恢复 WSB 服务器。稍后投资者发现 Robinhood、Interactive Brokers 和 TD Ameritrade 等多家券商宣布由于市场动荡，将对包含 GME 在内的多只股票限制交易。其中 Robinhood 的措施为限制用户买入，仅能平仓手中持有的股票，同时还提高了某些产品的保证金要求（见图 17）。而 Interactive Brokers 的措施是将相关股票期权进行清算，同时多头头寸需缴纳 100%的保证金，而空头头寸需要缴纳 300%的保证金（见图 18）。由于券商的限制交易行为，GME 的股价骤然下跌，当天最高价为 482.97 美元/股，但在收盘时仅为 197.44 美元/股。

图 17　Robinhood 限制 GME 股票交易通知

资料来源：Robinhood 官方推特账号。

图 18　Interactive Brokers 限制 GME 股票交易通知

资料来源：Interactive Brokers 官方推特账号。

2021 年 1 月 29 日，Robinhood 等券商在多空博弈关键时刻限制交易的行为进一步引起全球关注和更加广泛的舆论讨论。当天，Robinhood 创始人之一 Vladimir Tenev 宣布从 30 日开始有限放开 GME 等相关股票交易（见图 19）。而 GME 股票开盘后一度上涨 82.21%，至少两度触发熔断。做多的日内交易者持续占上风。上午 9 点 56 分，香橼资本创始人安德鲁·莱特宣布中止长达 20 年的卖空研究，专注为做多的散户投资者提供长期的多样投资机会（见图 20）。

此时期权市场上，2021 年 1 月 29 日到期的执行价在 320 美元以下尚未平仓的看涨期权（ITM）数量为 92116 份，占总数的 97.79%。而相同执行价格且未平仓的看跌期权（OTM）数量为 329077 份，占总数的 99.87%。其具体分布情况如图 21 所示。到当天收盘，GME 的股价达到了 325 美元/股，可以说这场多空博弈 WSB 论坛上的散户获得了名义上的胜利。

Robinhood Retweeted

VLAD ✔ @vladtenev · Jan 29

Starting tomorrow, we plan to allow limited buys of these securities. We'll continue to monitor the situation and make adjustments as needed.

💬 5.6K　　🔁 1.1K　　♡ 955

Show this thread

图 19　Robinhood 的首席执行官宣布放开限制 GME 股票买入

资料来源：Robinhood 官方推特账号。

Citron Research @CitronResearch · Jan 29

Citron Research discontinues short selling research After 20 years of publishing Citron will no longer publish "short reports". We will focus on giving long side multibagger opportunities for individual investors

Citron Research discontinues short selling research ...
After 20 years of publishing Citron will no longer write "short reports". We will focus on giving ...
🔗 youtube.com

💬 2.8K　　🔁 6.7K　　♡ 14K

图 20　香橼资本发文宣布中止做空研究

资料来源：Citron Research 官方推特账号。

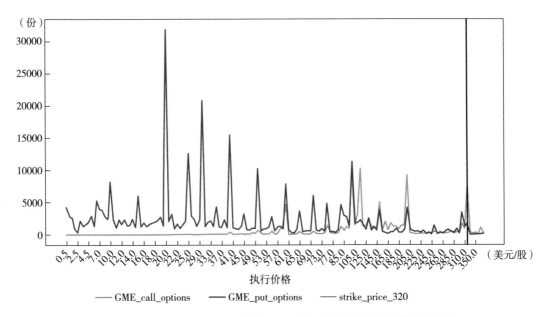

图 21　2021 年 1 月 29 日到期的 GME 期权各个执行价位上的分布情况

资料来源：WSB 论坛。

四、维和部队，姗姗来迟

(一)画线止戈

GME 公司作为一家主营线下零售业务的公司，在公司业绩依然被新冠肺炎疫情严重影响的情况下，股价异常波动，终于引起了监管层的注意。

从 2021 年 1 月 27 日 WSB 服务器被 Discord 以"渲染暴力"为由移除，进而引起较大舆论风波后，行政部门和监管部门首次出现在人们的视线中。在当天的白宫新闻发布会上，白宫新闻发言人被问到 GME 事件时声称，拜登团队"正在监控"GME 游戏驿站的情况。同日，美联储主席鲍威尔在新闻发布会上第一个被问到的问题，就是如何看待 GME 游戏驿站被爆炒，不过他称不会就个股及一天的市场表现置评，仅称美联储非常广泛地关注金融环境，密切审视非银行业。

2021 年 1 月 29 日，在美国 Robinhood 等多家券商限制 GME 交易后，美国 SEC 随后发布声明表示，正密切关注近期出现的极端的市场波动性，将致力于保护投资者，以维持市场的公平、有序和高效。将密切审查受监管实体采取的可能使投资者处于不利地位或以其他方式不适当地抑制交易某些证券的行动。白宫发言人对此表示，白宫尊重金融市场监管部门的作用。

2021 年 1 月 31 日，美国总统拜登的高级经济顾问接受媒体采访时表示，拜登政府将对"游戏驿站"(GameStop)过山车式股票交易的法律问题进行调查。美国国家经济委员会主席布莱恩·迪斯(Brian Deese)在接受 NBC 新闻采访时表示，委员会致力于全面了解发生的情况，重点是保护散户投资者及公平交易，发现并追查潜在的违法行为。

监管部门和行政部门密集发声的背后，更需要人们回答"GME 事件"背后可能存在的一些新的问题，比如个股市场的社群化、社交媒体中持牌金融从业者的行为和投资交易的游戏化等。除此之外，还有是否存在市场操纵、交易平台背后是否存在关联利益等。

(二)大战调查程序将启

2021 年 2 月 1 日，美国众议院金融服务委员会宣布，在 2 月 18 日举行题为："游戏是否停止？当卖空者、社交媒体和散户投资者发生冲突时，谁赢谁输？"的听证会，了解最近市场大幅波动事件(见图 22)。2021 年 2 月 12 日委员会公布了出席听证会的人员名单，包含 Robinhood 的 CEO Vlad Tenev、Citadel 对冲基金的 CEO Kenneth Griffin、Melvin Capital 对冲基金的 CEO Gabriel Plotkin、Reddit 论坛的联合创始人兼 CEO Steve Huffman，以及"带头大哥"Keith Gill 等(见图 23)。

Waters Announces February Hearing on Recent Market Volatility Involving GameStop, Other Stocks

February 1, 2021 | Posted in Press Releases

Today, Congresswoman Maxine Waters (D-CA), Chairwoman of the House Committee on Financial Services, announced the following hearing: February 18 at 12:00 PM ET: The full committee will convene for a virtual hearing entitled: "Game Stopped? Who Wins and Loses When Short Sellers, Social Media, and Retail Investors Collide." See here for Chairwoman Waters' statement on recent market volatility. All h... **Read more »**

图 22　2021 年 2 月 1 日美国众议院金融服务委员会发布的新闻稿

资料来源：美国众议院金融服务委员会官网。

Waters Announces Robinhood, Citadel, Melvin Capital, Reddit CEOs and Keith Gill to Testify at Committee Hearing

February 12, 2021 | Posted in Press Releases
Tags: Full Committee

Today, Congresswoman Maxine Waters (D-CA), Chairwoman of the House Committee on Financial Services, announced the following witnesses for the February 18 full Committee virtual hearing entitled: "Game Stopped? Who Wins and Loses When Short Sellers, Social Media, and Retail Investors Collide." Vlad Tenev, Chief Executive Officer, Robinhood Markets, Inc. Kenneth C. Griffin, Chief Executive Officer, ... **Read more »**

图 23　2021 年 2 月 12 日美国众议院金融服务委员会发布的新闻稿

资料来源：美国众议院金融服务委员会官网。

　　围绕 GameStop 的多空博弈随着 2021 年 1 月 29 日的收盘而告一段落，但 GME 事件背后反映出来的市场运行、市场监管、市场秩序等方面的问题还需要金融行业和相关监管部门了解该事件的整体情况后，进一步深入研究和讨论。

为"屠龙刀"铸鞘

——WSB 散户对打华尔街空头，裁判在哪里？

 案例使用说明

在允许做空机制存在的市场上，有关多方和空方的较量往往是你方唱罢我登场，并不是罕见的事情。然而发生在 2021 年 1 月美股市场上的这场围绕 GME 股票的多空博弈却凸显了一些不一样的变化。无往不利的华尔街空头，节节败退；自嘲为"韭菜"的散户们，却喜讯频频。固然平民的胜利让我们欢欣鼓舞，但作为金融行业的学生，未来的金融行业从业者、监管者，我们需要思考这场罕见胜利的背后出现的不一样的变化。这样的变化对于整个金融体系是不是有利？可能引发的风险是什么？监管者该如何确保市场高效运作的同时，又能为整个金融体系行稳致远护航。

一、教学目的与用途

(一)适用课程

"金融监管""金融理论与政策""衍生金融工具""金融市场与金融机构""金融机构风险管理""金融机构与监管"。

(二)适用对象

金融专业硕士、应用经济学硕士、MBA(金融方向)、金融专业本科生。

(三)教学目的

本案例通过介绍 2021 年 1 月发生在美股市场上金融机构和个人投资者群体之间的多空博弈，了解个股市场社群化的出现对金融市场的影响；了解网络平台上有影响力的持牌金融从业者的行为对金融市场可能的冲击；了解投资交易游戏化的背后是金融的普及，还是对市场秩序的破坏。思考金融监管机构该如何应对这些新的变化。

(四)具体目标

(1)通过本案例教学，让学生了解当前美股市场上个股社群化对金融市场的影响。启发学生思考面对这种个股投资社群化现象该如何监管。

(2)通过本案例教学，让学生了解金融衍生品的杠杆作用。思考当前随着中国金融衍生品市场的开放，该如何保证衍生品市场的高效和稳定。

(3)通过本案例教学，让学生了解监管对金融市场的重要性。对于金融市场上可能引发的系统性风险，监管机构可以采取的监管举措。思考如何保证监管约束和市场活力之间的平衡。

二、启发思考题

（1）通过了解 WSB 板块上投资者群体的行为，思考监管部门对于金融市场上意见领袖通过舆论引导，致使市场异常波动，扰乱市场秩序的行为是否需要监管。

（2）通过 GME 股价的波动情况，思考股票价格是否一定会反映公司基本面的价值。当股票价格显著偏离公司基本面，成为简单依靠资金相互倾轧的战场，监管机构如何进行有效约束。

（3）美股市场上多空博弈频发，"妖股"盛行，对市场秩序形成了严重的冲击。思考市场是否应该允许沽空机制的存在。

（4）与 GME 事件有关的听证会已经展开，Robinhood 的 CEO Vlad Tenev、Citadel 对冲基金的 CEO Kenneth Griffin、Melvin Capital 对冲基金的 CEO Gabriel Plotkin、Reddit 论坛的联合创始人兼 CEO Steve Huffman，以及"带头大哥"Keith Gill 将出席听证会，思考他们出席听证会的原因是什么。

（5）GME 事件中，期权的杠杆作用成为散户能对打华尔街空头机构的主要原因之一。思考 GME 事件对我国衍生品市场发展的启示。

三、分析思路

（1）GME 事件中，散户之间通过互联网社交平台有意识地串联，聚集了大量的资金冲击金融市场。对于这种互联网时代扁平化的"类融资"模式是否需要进行监管，学生可以从金融市场的本质去思考，这样的行为是否对整个市场是有利的。

（2）GME 事件中，大家普遍认为 GME 公司的股价严重偏离了公司的基本面。学生需要了解股价反映公司基本面的理论依据。思考监管机构的职责及监管机构可能会采取的措施。

（3）对于金融市场是否应该允许沽空机制的存在一直是有争议的话题。这次的多空博弈为反对者提供了有力的证据。学生可以从沽空机制与不同市场的契合度去分析，如何使沽空机制对市场的运行产生正向作用。

（4）在此次 GME 事件中，诸多机构和平台参与其中。它们在此次事件中是否应该承担责任，了解事情经过的人可能均有不同看法。就此次出席听证会的人而言，分析他们所代表机构或者组织在此次事件中的作用，委员会要求他们出席听证会可能想要了解的问题。

（5）以史为鉴可知兴衰。GME 事件中潜在的问题为我国金融市场的发展提供了诸多参考。学生可以结合我国当前金融衍生品市场的发展，就监管方面而言，谈一下我国在接下来发展金融衍生品市场时需要注意的问题。

四、理论依据及相关概念

（一）沽空

沽空又称卖空、做空，它与做多是相对的。一般来说，做多某项标的是预期标的物价格在未来会上涨，先行买入，待其价格上涨后再卖出；而做空则是相反，预期标的物价格在未来会下跌，先借入标的物卖出，待其价格下跌后再买入标的物归还，从中赚取差价。专业的做空机构往往会在做空时发布做空报告，通过宣告做空依据的方式引导舆论，进而最大限度地迫使股价下跌。

（二）裸卖空

在做空策略中还存在一种投资手法称为裸卖空，是指投资者没有真正地借入标的物而直接在市场上卖出根本不存在的股票。当该交易实际发生交割时，裸卖空者可以从市场上买入标的物；而当该交易只是在二级市场上进行标的所有权的转移，不发生实际交割则不需要裸卖空者买入标的物。由于交易者没有提前借入标的物，故不用支付保证金或利息，其交易成本非常低。裸卖空的行为会加剧市场的不稳定性。2008 年金融危机的一个很重要的原因是美国金融市场上存在大量的裸卖空交易。因此，美国证券交易委员会于 2009 年 7 月对裸卖空交易进行了严格的限制。

（三）轧空（Short Squeeze）

在做空过程中可能会出现"轧空"现象：而轧空可分为两种：一种是空头之间的自然轧空，另一种是多头倾轧空头的操纵轧空。

（1）自然轧空：投资者预判标的价格即将下跌，进场大量建立空仓仓位。此时这些投资者就成了空头。如果标的价格没有如空头所愿下跌，或者是虽然下跌了但又快速反弹，这时空头担心价格进一步上涨扩大损失，出于对风险的控制，此时空头会面临两种选择：一是建立与标的相同、方向相反的头寸平仓；二是直接购买对应标的。在实际交易中，市场上很难存在大量与空头交易意愿相反、持仓标的相同的多方，所以这种平仓的方法可行性较低。大多数空头会选择直接购买标的。如果市场上空头需求量较大，就会出现哄抢标的的现象，这将会导致标的价格上涨，从而迫使更多空头不得不以更高的价格买进标的，进一步推升标的价格，但这种现象往往不会持续太久，自然轧空过后，标的价格一般会回落到合理的价位。这就是空头之间的自然轧空。

（2）操纵轧空：与自然轧空前半段类似，空头预判标的价格即将下跌，大量建立空仓仓位。如果该消息被多方获知，而此时市场流通标的的数量又不是非常巨大，多方就会进入市场大量购买流通中的标的，此举会推动标的价格的上涨。此时，空头由于不确定未来价格是否继续上涨，为避免损失的扩大，往往也会加入购买标的的行列，和多头形成抢购的局面，进一步推升标的价格。当标的价格达到多头的预期时，清仓离场，空头则会产生巨大损失。在极端情况下，多头如果拥有全部标的，而空头不得不无条件接受对方的报价进行平仓。历史上保时捷收购大众时就发生过这种情况。2008 年，保时捷持有大众74.1% 的股票，德国州政府持有 20.1%，市场上的流通股仅为 5.8%。由于欧美空头机构不知道这个消息，做空大众汽车的比率达 10.4%。当消息曝光后，空头机构为了平仓，不得不接受大众汽车每股 946欧元的报价，而这个报价是前一天价格的 4.49 倍。

（四）伽马（Gamma）挤压

如果要了解 Gamma 挤压（Squeeze）需要了解做市商（Market Makers）、Delta、Gamma、Delta 中立策略等概念。

1. 做市商

以期权交易为例，当投资者 A 购买期权时，通常并不是另一个投资者 B 或者某个对冲基金与投资者A 进行对手交易，而是做市商。做市商是通过向市场提供流动性来获取收益，而不是从定向头寸中获利。实际上，这意味着做市商会向期权交易者收取一定的溢价，然后对自己进行调仓，以便无论发生什么情况，都可以保留其溢价。这种策略称为套期保值。

做市商如何进行套期保值保留其溢价呢？以一份看涨期权为例，当投资者 A 买入一份看涨期权，做市商会卖出一份看涨期权。此时投资者作为多方，而做市商处于空方。为了对冲做市商处于空方所面临的风险，做市商一般会通过多种途径进行风险对冲，其中最简单的方式就是购买一定数量的基础股票。而一份看涨期权对应 100 股股票。

做市商需要多少份股票来对冲一份看涨期权空头？首先绝对不是 100 股，原因非常简单，如果持有 100 股股票，同时又做空一份看涨期权，此时就相当于做空一份看跌期权(见图 1)。如果股票价格下跌，将会给做市商带来显著的损失。

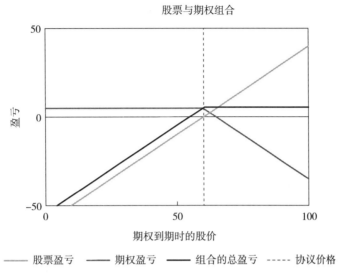

图 1 持有 100 股股票和做空一份看涨期权其组合收益

做市商应该采取何种策略才能够保证无论股票是上涨还是下跌都不承受损失，且保住卖看涨期权所带来的溢价呢？答案就是 Delta 中立策略。要了解 Delta 中立策略需要了解两个期权里非常重要的概念 Delta 和 Gamma。

2. Delta

Delta 代表如果标的每增加 1 美元，对应的期权增加多少。以 GME 股票期权为例，如果 Delta 为 0.5，则意味着 GME 股价每增加 1 美元，对应的期权价格增加 0.5 美元。我们需要了解，一份 GME 期权的价格远远小于 GME 股票的价格。例如，一份执行价格为 100 美元的 GME 看涨期权，期权费为 5 美元，Delta 为 0.5。而此时 GME 股票当前的交易价格为 50 美元，如果股票价格上涨到了 51 美元，则期权的价格会上涨 5.5 美元，对于股票而言上涨了 2%，而对于该看涨期权合约而言上涨了 10%。

更为重要的是，对于期权合约而言，Delta 的数值并不是恒定的，而是随着股票价格的变动而变动。正如图 2 所示，对于执行价格为 10 美元的看涨期权，Delta 随着标的资产价格上涨而增大。当看涨期权标的价格远小于执行价格时(深度虚值)Delta 最小，当标的价格远大于执行价格(深度实值)时 Delta 最大。

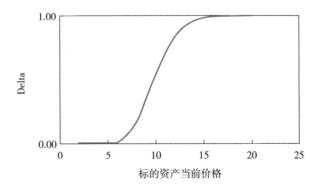

图 2 看涨期权 Delta 关于标的资产价格的函数(执行价为 10 美元)

3. Gamma

Gamma 与 Delta 关系密切，Gamma 表示随着看涨期权标的价格的上下波动，Delta 的变化有多大，即图 2 中 Delta 曲线的斜率。可以明显观察到，当看涨期权处于深度实值或深度虚值时，Gamma 均比较低，当看涨期权的标的价格和执行价格一致时(平值期权)，Gamma 是最高的(见图 3)。

如果了解微积分，则可以知道 Delta 和 Gamma 最简单的解释是 Delta 是期权价格相对于基础股票价格的一阶导数，而 Gamma 是二阶导数。

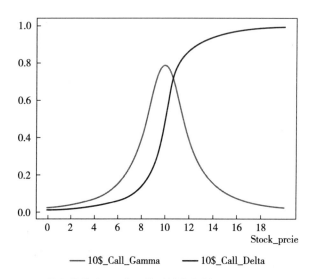

图 3　执行价格为 10 美元的看涨期权的 Delta 和 Gamma

4. Delta 中立策略

当知道期权的 Delta 和 Gamma，我们就可以知道做市商如何通过 Delta 中立策略来对冲手中卖出的看涨期权了。为了保证看涨期权空头头寸不随着股票价格的波动发生损失，做市商会购买一定量的标的股票来确保 Delta 为零。此时，由看涨期权空头和基础股票多头构成的组合能够保证，股票价格上下变动时，组合的整体价值不发生改变。这就是 Delta 中立策略。做市商会通过出售看涨期权，然后购买一定数量的股票来维持 Delta 中立。

与此同时，做市商还需要随着市场股价的波动不断调整头寸，当期权 Delta 增加(减少)时，买入(卖出)股票。作为大型机构，它们这样做最大的优势在于交易成本低，交易速度快。

为了更好理解风险中立策略，我们通过示例来进一步解释(见表 1)。这是一份 2021 年 3 月 26 日到期的执行价格为 210 美元/股的 GME 股票看涨期权的希腊值表，2021 年 3 月 22 日当天期权费为 26.5/29.60 美元/股，GME 股票前一天收盘价为 200.27 美元/股。

表 1　2021 年 3 月 22 日到期执行价为 210 美元的看涨期权希腊字母表

Call(GME 210326C00210000)	
Delta	0.47838
Gamma	0.00765
Rho	0.01447
Theta	−1.87520
Vega	0.00000
Impvol	2.00000

资料来源：NASDAQ 网站。

当做市商向投资者卖出一份这样的看涨期权时，做市商将会有一个-0.47838 的 Delta，由于每份看涨期权对应 100 股 GME 股票，因此做市商的总 Delta 为-47.838。而每一股 GME 股票对应的 Delta 为 1，所以做市商需要买入 47.838 份股票即可保证做市商的总 Delta 为零，而此时做市商持有的总成本是：200.27×47.838-29.60×100=6620.52 美元 。投资者买入期权的成本为 29.60×100=2960 美元，而做市商为此用来对冲该期权合约买入 GME 股票的成本为 200.27×47.838=9580.52 美元，这大约为 3.24 倍的杠杆。即投资者买入一份 GME 看涨期权就可以令做市商花费 3.24 倍的成本买入对应的 GME 股票。

同时，上边我们提到做市商需要根据股票价格的变动来不断调仓以确保组合始终满足 Delta 中立。接上述示例，股票价格上涨到了 202 美元/股，根据表 1 中的数据，新的 Delta = 0.47838+0.00765×(202-200.27)，即 0.49161，此时该看涨期权合约的 Delta 为 49.161。如果做市商维持当初 47.838 股 GME 股票，则无法实现 Delta 为零的中立策略，此时做市商一般选择增持 1.323 股 GME 股票。做市商通过不断调整其持有的股票数量，以保持中立立场。它们这样做会产生一些成本，因为股票的波动性越大，做市商对冲的速度和效率就越低。因此做市商通常会对波动异常的股票收取较高的手续费和保证金。

5. Gamma 挤压

Gamma 挤压是指随着基础股票的上涨，卖出看涨期权的做市商将购买更多股票，以维持中立的头寸。它们必须购买的股票数量 ΔS 与期权的变化幅度 ΔC 成正比，即 Gamma(Γ = ΔS/ΔC)。当期权合约平价时，Gamma 系数最高。因此，当股票上有大量看涨期权时，股票价格上涨会导致做市商购买更多股票，当期权合约为平值期权时，购买率最高。这就是 Gamma 挤压。

6. Gamma 挤压和轧空的绝命循环

在 GME 事件中，GME 初始股价为 40 美元左右时，此时市场上存在执行价为 40、45、50、55、60 美元等不同执行价位的看涨期权，由于大量个人投资者选择买入这些看涨期权，存在杠杆效应情形下，做市商不得不花费更多的钱进入市场持有 GME 股票来对冲卖出期权导致的风险敞口。此时，市场上又存在较多的个人投资者也在增持 GME 股票，由于 GME 流通的股票数相对较小，市场旺盛的需求推动股价的上升，第一次轧空开始。

当股票价格上升到逼近 45 美元时，由于此时执行价格为 45 美元的看涨期权近似为平值期权，此时更多做市商为了调整组合的 Delta 加大购买 GME 股票量，再一次助推 GME 股票快速冲过 45 美元、46 美元，第一次 Gamma 挤压形成。

但同时市场依然存在大量买入 GME 看涨期权和股票的投资者。相同条件下，新一轮轧空开始，以此循环往复，推动 GME 股价一路飙升，对空头形成碾压式的打击。

(五) 意见领袖

20 世纪 40 年代，拉扎斯菲尔德(Paul Lazarsfeld)在《人民的选择》一书中最早提出了"意见领袖"的概念。在他的定义中，意见领袖属于大众传播中的"信息中介"，是人际传播中的"积极分子"，他们往往能更快、更多地接触到信息，并通过一定的加工处理将信息及观点传达给更为广泛的普通受众。意见领袖通常具备三种要素：专业能力、自身价值的表达、身处于社交网络的中心。

在我们熟悉的生活中，每一社会领域中都不乏为众人所追随的意见领袖，他们在所处领域中拥有比一般人更深厚的专业知识、更宽广的视野见闻及更核心的信息资讯。他们往往是某个领域的专家，他们的影响力源于自身所能提供的专业知识及大众对其专业性的认可与信任。

与现实中的意见领袖一样，网络意见领袖也是"术业有专攻"，他们在特定的领域中安营扎寨，借助网络平台解读并传播专业性资讯，从而集聚影响形成一定的权威性。同时，伴随着网络技术的去中心化打破了各专业领域之间的区隔，也降低了信息生产与传播的门槛，意见领袖不仅是信息的传递者，也是信息的解读者。理性的观点分析是网络意见领袖信息解码的主要方式。此外，感性的情绪宣泄也成为当下网络意见领袖话语表达的一大趋势。不同于制度化的权威，意见领袖以超凡的人格魅力和强大的感召力取胜，他们的追随者对之拥有近乎疯狂的迷恋。

五、具体分析

（1）通过了解 WSB 板块上投资者群体的行为，思考监管部门对于金融市场上意见领袖通过舆论引导，致使市场异常波动，扰乱市场秩序的行为是否需要监管。

在每个国家金融市场上，市场操纵或者欺诈等行为都是金融监管部门严厉打击的对象。1929 年，美国证券市场经历股市大崩盘之后，国会分别于 1933 年实行了《证券法》和 1934 年制定了《证券交易法》。这两个立法对维护美国证券市场秩序、确保证券市场的健康发展起到了不可磨灭的作用。

1934 年，美国证券交易委员会根据《证券交易法》授权制定的一项针对证券欺诈的规定——规则 10b-5。此规则规定任何人直接或间接使用任何手段进行欺诈，做出虚假陈述，省略相关信息或进行可能在进行涉及股票和其他证券的交易过程中欺骗他人的商业活动均属违法。

在 GME 事件中，"带头大哥"作为这次事件的主角之一，被控作为一名持牌的金融专业人士，却假称自己是业余投资者，通过不断在社交媒体上发言，鼓动他的追随者执行自己推荐的投资策略，使自己获得了巨额利益，造成了 GME 股价的大幅度波动。针对他的这一系列行为是否存在违法违规还需要法律的判决。但是我们从中可以看到一个明显的变化，即一位网络上的意见领袖出现在金融市场上，并且造成实质的金融市场的动荡，针对这一行为是否需要进行监管？我们回答这一问题需要回归金融市场的本质。金融市场的出现是为了让社会上存在的闲置资金聚集起来，流向最需要的人或者机构手中，为借入者和贷出者都带来便利和收益。随着金融市场的不断发展，金融市场拥有了许多其他的功能，如改善资产流动性、转换债券期限、帮助企业调节生产等。这些新功能的出现都给金融市场参与者带来了方便。然而无论哪种功能都需要金融市场的稳定，只有保证金融市场整体的稳定，才能保证投资者和融资者不因市场波动而产生不必要的损失，确保参与者对整个市场的信心。金融市场应当是大多数参与者在进行生产生活过程中的一个途径和环节，而不是最终的目的，参与者不应该为市场不必要的不稳定性埋单。因此，各国家和地区监管机构的首要任务和目标应当是确保金融市场整体的稳定和高效运行。

操纵市场行为是伴随着金融市场产生的一大顽疾，并随着市场的发展而逐渐演变。随着金融模式的创新与相关技术的进步，操纵市场行为衍生出新的样态，新型操纵市场行为在实践中日益涌现，给金融市场的稳定带来了巨大冲击。由于操纵市场的表现形式多种多样，边界相对弹性，因此美国证券交易委员会对操纵市场的定义较为模糊。其核心含义是指通过故意提高、打压或维持证券价格来实现获利。股价涨跌并非自然交易的结果，而是成为一种手段。

在 GME 事件中，我们可以看到这些个人投资者毫不掩饰地在各个网络平台上为推高 GME 股价而呼朋唤友的场面，并且通过他们的行动对股票市场的价格带来实质的冲击，进而获利。他们手中并不存在显著的欺诈、谣言或者内幕消息等，但他们又确确实实对市场的秩序产生了严重的冲击。如果非要有一个合理解释的话，可理解为情绪因素对市场的显著影响。更为让市场不安的是这样的一个行动是极有可能复制的，比如 WSB 论坛的投资者后续又叫嚣要对白银、BCRX 生物公司等开展类似行动。因此，SEC 作为美国证券市场的监管机构，面对这种新兴现象，不但需要对这种严重破坏市场稳定的行为进行监管，更需要对这类行动进行有效的约束，恢复金融市场的秩序。

（2）通过 GME 股价的波动情况，思考股票价格是否一定会反映公司基本面的价值。当股票价格显著偏离公司基本面，成为简单依靠资金相互倾轧的战场，监管机构如何进行有效约束？

在金融领域有诸多反映股票价格和公司基本面关系的理论。比如 20 世纪 70 年代提出的有效市场假说指出，在有效市场上，股票的价格应该反映市场上所有可以获得的信息。并且将市场分为弱势有效、半强势有效和强势有效。通过市场实证研究指出绝大多数市场处于半强势有效状态，即股票价格已充分反映了所有公开信息。根据该理论，公司的基本面情况已经反映在了股票价格中，并且作为股票价值的主要依据。在此基础上，一个著名的投资策略产生了——价值投资策略。

价值投资策略由本杰明·葛拉汉和大卫·多德所提出。其重点是通过基本面分析，去寻找并投资于一些股价被低估的股票。该投资策略随着沃伦·巴菲特在股票市场的巨大成功而享誉全球。然而近些年，随着市场的不断发展，越来越多事件表明股票价格会脱离公司基本面的价值，而其中投资者的行为因素在其中起了重大作用。GME 事件则更加有力地证实了这一观点。

对 GME 事件中的多空博弈或许会让旁观者热血沸腾，但是从监管角度而言，这种博弈对于整个市场的破坏是非常严重的。这种简单依靠资金量大小进行的多空博弈，极大损害了市场上的流动性，破坏了金融市场秩序和稳定。在 2021 年 1 月 GME 多空博弈的高峰时期，美国道琼斯指数连续下跌(见图 4)，虽然很难说这种下跌完全是由于这场多空博弈引发的，但多空博弈必然引起多空双方不断从市场上抽取大量资金，从而助长了市场下跌的趋势。

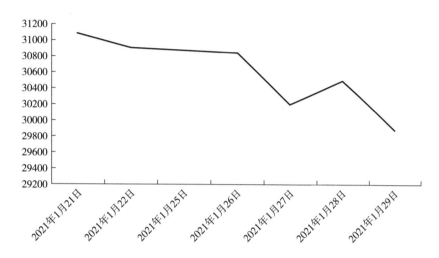

图 4　美国 2021 年 1 月下旬道琼斯指数收盘价变化

资料来源：雅虎金融网站。

此外，当股价不再围绕上市公司基本面价值上下波动，金融市场可能成为交易双方零和博弈的一个场所。对一个成熟稳定的金融市场，投资者可以通过寻找有价值的公司，凭借公司不断增长的利润来获取高额的投资回报，通过把蛋糕做大，实现双赢。而通过简单的资金堆积实现短期内推高股价，然后抛售离场，长期来看这种行为只可能有一种结果：赢和输相等，也就是零和。这样的金融市场严重脱实向虚，不符合金融市场的初衷。

监管机构作为市场秩序的维护者，对于这种行为有必要进行监管约束。目前，在美股市场，与此相关的规定被称为断路器机制，但这种机制无法阻止这种多空双方有计划有目的的博弈行为。因此监管机构可以考虑从以下两个方面对这种异常股价波动进行约束。

1)股价异常波动风险警示。在目前个股断路器机制的基础上，增加在股市休市后股价异常波动风险警示机制。个人投资者在网络社群上受情绪感染而导致盲目参加股市交易的行为，相当一部分人缺乏对公司经营业绩的关注和研究，对这种盲目进行交易行为背后的风险缺乏必要的认知。监管机构有必要在个股异常波动后，向投资者发出相关的警示通知，以降低投资者的盲目投资情绪。

2)交易平台的交易限制。在本次多空博弈过程中，饱受争议的是交易平台自行制定了相关股票的交易限制。从股票市场的稳定和秩序方面来看，这样的行为有助于舒缓投资者的盲目投资狂热。但存在的问题是，交易平台作为市场交易中的参与者，不应该有权限自行决定暂定某只股票的正常交易。关于是否暂停某只股票的交易应当交由市场监管部门进行裁决。GME 事件中限制交易的情形反映了 SEC 在这方面相关的规定不明确、不清晰，监管部门有必要在这方面出台详细的规章制度。

（3）美股市场上多空博弈频发，"妖股"盛行对市场秩序形成了严重的冲击。思考市场是否应该允许沽空机制的存在。

沽空机制的存在，在股票市场上一直属于饱受争议的话题，我们需要在初步了解沽空机制概念的同时，进一步分析沽空机制的存在对整个股票市场的利弊。既不能对沽空机制引发的问题视而不见，也不能因噎废食，完全否定沽空给市场带来的积极作用。

沽空机制指投资者进行做空操作的方法及制度的总和。沽空是指当投资者预测股价在未来可能下跌时，通过券商借入股票卖出，等待股价下跌后买回偿还券商并从中赚取差价的投资方式。做空股票和做多股票往往有着不对称的收益，从理论上讲，做多股票的收益是无穷的，损失则为投入的全部本金，而做空股票则正好相反，收益最多为100%，损失可能是无穷的。所以对个人投资者而言，进行做空操作的风险非常巨大。

尽管做空可能存在极大的风险，但许多专家学者依然对做空机制存在着较高的研究热情。主要的原因在于做空与股票的定价效率、股价波动性和上市公司的治理能力之间均存在着显著的相关性。

关于做空对股票的定价效率的影响，支持者认为卖空交易者往往会努力收集上市公司的各种公开信息，认真研究和分析公开信息背后可能存在的问题，这些研究会伴随着高价值信息的产生，这些信息将有效反映在股票价格上，修正股票的错误定价，使股票价格尽可能反映公司的基本面信息。除此之外，主动做空有助于降低未预期盈余在盈余公告前的漂移程度。反对者则通过卖空机制引入前后，对比市场上股票价格的定价效率来反驳做空有利于股票的定价效率。换句话说，在实证研究中，存在和传统认知不一致的结论。对此我们还需要通过进一步的实证研究来验证市场上做空机制和股票定价效率的关系。

关于做空对股价波动性的影响，支持这一观点的人认为，在限制或不允许做空的市场上，资产配置只能为正或为零，没有相当力量的空头与之抗衡，极易形成非理性的看涨行情。非理性看涨的持续必然导致市场风险的叠加，当累积的风险超过阈值之后，股价必然会迎来暴跌，更危险的是这种暴跌还极有可能引发金融市场的连锁反应，危害整个金融体系的平稳运行。反对者认为做空者不一定会正好与市场形成相反的结论，通过融资融券机制，当市场行情上涨时加入追涨的行列，当市场行情下跌时，加入追跌的行列，从而不仅没有有效降低市场的波动性风险，反而对风险进行了放大。

关于做空对上市公司治理能力的影响，做空可以对上市公司形成有效的市场监管，从而提升公司的治理能力。这几乎是所有专家和学者的共识。一方面允许做空的市场会激励整个市场的参与者认真研究和分析上市公司各类公开信息，帮助投资者更好地了解公司状况，缓解市场上的信息不对称问题。另一方面允许做空的市场会有效抑制公司的盈余管理行为。因为卖空的行为往往会引来监管当局更加严厉的监管，有助于发现公司财务和管理等方面存在的问题。

在上述分析中，我们可以看到关于做空机制的存在对股票市场的影响并没有形成统一的认识。不同市场上，做空机制发挥的作用也不尽相同。但是我们不能因此就片面地否定做空机制，我们更应该聚焦于如何防控和监管做空机制可能引发的问题。金融市场是一个庞大的系统，除了市场本身之外，当地的经济发展水平、市场化程度、投资者素养、法制与监管等都对做空机制存在较大影响。当前在美国市场上，多空博弈频发，甚至出现如GME事件中由于大量做空，导致市场波动加剧的情况，美国SEC有必要对做空机制进行因时制宜的审查和探讨，对做空机制的安排和监管进行合理调整。

（4）与GME事件有关的听证会已经展开，Robinhood的CEO Vlad Tenev、Citadel对冲基金的CEO Kenneth Griffin、Melvin Capital对冲基金的CEO Gabriel Plotkin、Reddit论坛的联合创始人兼CEO Steve Huffman，以及"带头大哥"Keith Gill将出席听证会，思考他们出席听证会的原因是什么。

1）Robinhood。对于Robinhood交易平台，需要解释以下两个方面的问题：第一，解释在2021年1月28日限制GME股票交易的原因。第二，交易平台大力推出无佣金交易是否有意推动证券交易的游戏化。

在正常的交易市场中，对资产选择买或卖都属于正常交易范畴，除了政府监管部门不应该存在其他组织或实体擅自禁止某只股票的正常交易，这属于严重干扰市场正常秩序的行为，必须对这类行为进行严厉惩戒，维护投资者权益。

无佣金交易和简单的游戏化界面都让人们质疑是否 Robinhood 致力于证券交易的游戏化。《华尔街日报》消息显示，该交易平台 80% 的客户属于"千禧一代"，平均年龄为 26 岁。游戏化界面和无佣金交易的模式允许年轻投资者参与卖空、期权和其他高级衍生品交易，而这类交易通常因其涉及较高风险而被认为不适合新手投资者。

2）Citadel。对 Citadel 基金而言，一方面该基金的部分业务是代表 Robinhood 执行交易，这些交易推动了 GME 股价的飙升；另一方面这家对冲基金又为在逼空事件中损失惨重的梅尔文资本提供了资金。Citadel 基金需要解释其行为。

在此次多空博弈过程中没有资料显示 Citadel 基金直接参与其中。但当多空博弈尘埃落定，关于博弈过程中的一些疑云让人们注意到 Citadel 基金。Citadel 基金在 2021 年 1 月 25 日宣布注资梅尔文基金（空方），在 1 月 28 日与 Citadel 业务相关的 Robinhood 宣布限制 GME 买入，GME 股价也随之大跌。对这两者之间是否存在串谋，需要监管部门深入调查。

3）Melvin Capital（梅尔文资本）。对于梅尔文资本，本身作为此次事件中的受害者，但是有些地方可能存在着违法的行为。这场多空舆论浪潮最早是由于 WSB 论坛的用户声称梅尔文资本存在大量的裸卖空。对于这个消息的真实性我们不得而知。但是我们从后续发展来看，梅尔文资本作为一家成熟的对冲基金在此次交易过程中损失如此惨重，缺乏最基本的风险控制手段。让人们不得不怀疑是否真实存在大量裸卖空的现象。自从 2009 年 7 月，美国 SEC 就已经严令禁止裸卖空操作。因此梅尔文资本有必要阐述其卖空理由和卖空操作的细节。

4）Reddit。对于 Reddit 平台，需要阐述自身是否有意在 WSB 板块上煽动 GME 狂热情绪，以助长 GME 股价的飙升。作为此次事件中个人投资者的大本营，对 GME 股票和期权的热炒是用户们自发讨论行为还是背后平台有意的推波助澜，这将是研判 Reddit 论坛是否存在市场操纵的关键。

5）Keith Gil。对于 Keith Gill，需要回答为什么隐瞒自己身为持牌的金融专业人士的身份，声称自己是业余投资者；是否了解有关于 GME 公司的内幕消息；鼓动自己追随者热炒 GME 股票和期权的目的是不是帮助自己攫取巨额利益。关于 Gill 我们无法判断他在这场博弈中是天命之子，还是有意为之。对于他这种网络上的意见领袖，该如何有效规范类似行为，避免他们通过自己的影响力，串联个人投资者，对股价造成实质的异常波动需要监管部门深入思考。

（5）GME 事件中，期权的杠杆作用成为散户能对打华尔街空头机构的主要原因之一。思考 GME 事件对我国衍生品市场发展的启示。

GME 事件对我国金融衍生品市场运行规律和制度建设都有较高的探讨价值，2015 年我国推出第一只上证 50 ETF 期权产品至今，共上市了 22 个期权品种。分为 4 个金融期权品种及 18 个商品期权品种。其中，无论在成交规模还是持仓规模上，相比商品期权，金融期权都占据绝对优势（见图 5）。

金融衍生品未来将会是我国金融市场发展的一个重要方向。加强金融衍生品市场的建设，逐渐丰富衍生品市场的产品种类，有助于实现更高水平的对外开放、更高质量的服务实体经济。中国证监会主席易会满在 2020 年 10 月提出的金融市场建设的六大工作重点中就包括"完善期货期权品种开放范围与路径"。可以预见，在不久的将来，我国衍生品市场，尤其是期权市场还将进一步扩容，未来将会有更多的 ETF 基金期权、大盘指数期权、商品期货期权乃至个股期权品种的上市。

如何推动这些衍生品市场从建立走向成熟，一个非常重要的途径就是学习国外衍生品市场发展过程中的经验和教训。在 GME 事件中，个股期权对股票价格的飙升起到了关键作用。散户们通过大量购买 GME 看涨期权和标的股票，形成了 Gamma 挤压和轧空的双循环，使股价快速背离其基本面，造成股价的剧烈波动。这次事件就是典型的个股期权市场操纵，其特点是并非直接操纵期权市场，而是通过操纵期权标的物市场来影响期权价格，从中牟利。事实再一次证明，金融衍生品工具具有一般金融工具所不具有的高风险、高杠杆的特点。

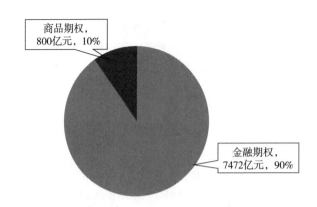

图5 截至 2020 年 10 月我国金融期权和商品期权市场占比情况

资料来源：东方财富网。

个股期权在我国目前并没有类似品种上市。但存在一些抗风险能力较强的大型券商开展个股期权场外交易业务，并且个股期权业务目前只针对大型机构开放，不对小型机构和个人开放。为了个股期权市场的稳定发展，期权的标的物市场要有足够的深度、广度和弹性，才不致让市场被投资者轻易撬动。GME 事件中存在的一个问题是市面上流通的 GME 股票数量较少，散户们因此可以通过大量买入 GME 股票和各种加杠杆操作使 GME 股价飞升。

学习海外衍生品市场发展过程中所出现的问题，加强我国金融衍生品市场的风险管理，有助于我国金融衍生品市场行稳致远，更好地为投资服务。对于未来我国可能会上市的个股期权，发展过程中需要注意以下几点：

1）在期权标的物选择方面。建议选择的期权标的物的市场规模要足够大，市场上流通股数量要足够多。

2）在投资者准入方面。建议对投资者进行风险承受能力评估，设立期权投资者准入门槛标准；合理安排保证金制度；建立基于实际控制关系账户的限仓制度管理。

3）在市场监督方面。建议对市场进行实时监控，建立对于市场异常交易或市场异常波动即时的通报和警示制度。

好的风控体系才是市场发展的根本保证。随着经济的发展和金融市场逐步开放，我们要丰富市场参与者类型，形成有效的风险循环，加强投资者保护，让金融更好地服务于实体经济。

六、建议课堂安排

（一）课堂计划

GME 事件案例学习时间 90 分钟。

（二）课前规划

在课堂上讨论本案例前，应该要求学生至少读一遍案例全文，初步了解整个 GME 事件。

提出思考题，请学生在课前完成阅读和初步思考。

具备条件的还要以小组为单位围绕所给的案例启示题进行讨论。

(三)课中计划

课堂前言(3 分钟)：简单扼要、明确主题；

案例介绍(15~20 分钟)：事件回顾；

分组讨论(20 分钟)：思考题的看法；

发言要求(5 分钟)：幻灯片辅助，控制在 30 分钟；

教师总结(15 分钟)：引导全班进一步讨论，进行归纳总结。

(四)课后计划

请学生上网搜索案例的相关信息资料，尤其是最新消息，写出案例分析报告，字数在 3000~5000 字。

经济金融政策篇

特拉斯"债"劫难逃，英联邦"股汇"齐崩

——英国"债股汇三杀"*

 **案例正文**

　　摘　要：2022 年 10 月 20 日，上任仅 45 天的特拉斯宣布辞去英国首相职务。特拉斯刚上任的时候，标榜自己是"第二个撒切尔"，要拯救英国经济。然而在 1500 亿英镑能源补贴计划、450 亿英镑减税税令以及央行加息政策下，英国国债市场崩盘，进而引发英国金融市场大幅震荡，上演"债股汇三杀"，拉开了此次英债危机的大幕：英国国债收益率飙升，创近 14 年新高；富时 100 指数暴跌，创近 14 个月新低；英镑崩盘，创近 37 年新低。本案例深入剖析英国经济面临的外部压力和内部忧患，梳理特拉斯政府能源补贴和减税等政策引发债股汇"三杀"的过程，揭露英债危机爆发的前因后果，以期为防范主权债务危机和金融危机带来启示。

　　关键词：特拉斯；"债股汇三杀"；英债危机

Truss's no Escape from "Debt"
Leads to Collapse of Stock and Foreign Exchange
—Case Analysis of UK's "Triple Kill of Bond, Equity and Foreign Exchange"

Abstract：Truss announced his resignation as Prime Minister on October 20，2022，after just 45 days in office. When she first took office，Truss billed herself as a "second Thatcher" to save the British economy. However，under the 150 billion pound energy subsidy program，45 billion pound tax cut and the central bank's policy of raising interest rates，the British Treasury market collapsed，and then triggered a large shock in the British financial market，staged a "triple killing of bonds，stocks and foreign exchange"，which opened the big scene of the British debt crisis：the yield of British Treasury soared，the highest in nearly 14 years；The FTSE 100 plunged to

---

　　* 本案例由广东工业大学经济学院赵雪瑾、黄伟俊、钟永祥、肖聪撰写，作者拥有著作权中的署名权、修改权、改编权。本案例只供课堂讨论之用，并无意暗示或说明某种行为是否有效。

a 14-month low; The pound collapsed, hitting a near 37-year low. This case analysis gives an in-depth analysis of the external pressure and internal worries faced by the British economy, sorts out the process of the "triple killing" of bond, stock and foreign exchange caused by the Truss government's energy subsidy and tax reduction policies, and reveals the causes and consequences of the outbreak of the British debt crisis, which has certain enlightenment significance for the discussion of the sovereign debt crisis and financial crisis.

Keywords: Truss, "Triple Kill of Bond, Equity and Foreign Exchange", British Debt Crisis

一、引言

2022年10月20日，上任仅45天的英国首相特拉斯，在把英国经济搅得天翻地覆之后，终于顶不住压力辞职了。然而留给英国投资者和普通民众的却是满地鸡毛，引来无数人的不满，令人唏嘘。

正如特拉斯所言，她是在"（英国）经济和国际环境极不稳定的时期"任职首相的。在这"内忧外患"的特殊时期，也就注定了她的任期要么力挽狂澜、流芳百世，要么惨淡收场、背负骂名。历史证明，特拉斯属于后者。那么特拉斯是如何一步步走下神坛？英国经济内忧外患的局面又是如何形成的？特拉斯政府究竟做了些什么，让英国经济付出了怎样惨痛的代价？本文将深入探讨英国经济面临的外部压力和内部忧患，梳理特拉斯政府能源补贴和减税等政策引发"债股汇三杀"的过程，揭开本次英债危机的谜底。

二、外部承压：全球经济步入衰退

2018年，美国的"贸易保护主义"抬头和"逆全球化"带来中美贸易摩擦，全球经济衰退预期释放。2020年，新冠肺炎疫情在全球蔓延开来，导致各国纷纷面临着停工停产的问题，能源供需失衡。2021年下半年，一方面极端天气的出现，欧洲遭遇了一个凛冽的寒冬；另一方面经济复苏，需求增加。这两方面使欧洲能源危机爆发。2022年上半年，叠加俄乌冲突和美元加息，导致国际贸易供应链和国际金融体系受到极大的冲击和破坏。全球经济步入动荡、衰退阶段。

（一）能源危机——巧妇难为无米之炊

2020年，新冠肺炎疫情在全球开始蔓延，各国政府采取了空前严厉的人员流动限制与交通封锁等限制性措施，抑制了消费，也阻碍了供给。中国、美国和德国分别为东亚、北美和西欧地区的产业链中枢，日本、韩国、英国和印度等国也是全球产业链的深度参与方。新冠肺炎疫情在这些国家的扩散，导致这些国家正常的社会生产活动受阻，从而需求规模大减，导致各国能源需求低迷。

2020年，世界石油市场书写了行业新历史。由于各国在新冠前期的限制性措施，影响了正常的社会生产活动，国际石油需求短时间内急剧减少，库存迅速增加，国际石油市场的供需很快失衡。2020年4月20日，即将到期的2020年5月美国轻质原油期货价格暴跌约300%，收于每桶-37.63美元。2020年5月1日，石油输出国组织（OPEC）+主要产油国的联合减产行动正式启动。根据OPEC出版的2021年《石油市场月报》第1期，2020年，世界石油需求总量为9001万桶/天，相比2019年的9976万桶/天，减少了975万桶/天，下降的幅度为9.78%。而2020年第二季度，也即全球新冠限制性措施最严厉的时期，世界石油需求减少量最大，该季全球石油需求总量仅为8255万桶/天，比2019年的需求量大幅减少了1721万桶/天，下降的幅度为17.25%。

然而，经历了2020年的"负油价"，2021年却开始全球能源荒，国际能源价格一路高歌猛进，震荡上涨，创下近年新高。原因在于全球新冠限制性措施放开，欧美主要经济体经济复苏，国际能源需求上涨，然而石油的供给弹性小，2020 年的减产行动导致 2021 年能源供给不足，能源供需再次失衡。美国的原油期货价格自 2020 年 4 月触底反弹，然后稳定在 40 美元/桶左右，而在 2021 年起开始震荡上行，直到 2022 年 6 月 5 日达到高点 120.67 美元/桶，此后也维持在高位（见图 1）。

图 1　纽约原油期货收盘价走势

资料来源：英为财情。

被视为欧洲天然气价格风向标的荷兰 TTF 天然气期货价格更是一路狂飙，从 2021 年 2 月 14 日 16.555 欧元/兆瓦小时开始上涨，最高涨到 2022 年 8 月 21 日 339.200 欧元/兆瓦小时（见图 2）。

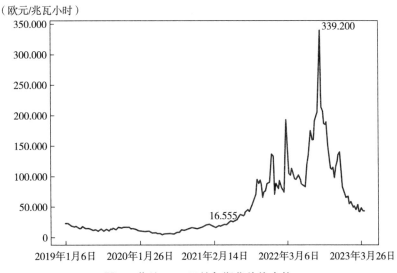

图 2　荷兰 TTF 天然气期货价格走势

资料来源：英为财情。

2021 年下半年开始的全球能源荒，给英国国内的众多企业带来了"灭顶之灾"。根据中国电力网发布的数据，在 2021 年英国电力来源结构中，原油发电占 0.5%，天然气发电占 40.1%，燃煤发电占 2.1%，核能发电占 14.8%，水力发电占 1.6%，可再生能源发电占 37.7%，其他占 3.2%（见图 3）。

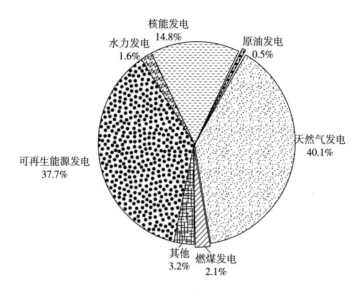

图 3 英国 2021 年电力来源结构

资料来源：中国电力网。

从英国的电力来源中可以看出，英国的发电主要依赖风能等可再生能源和天然气。但天公不作美，受全球极端天气现象频发的影响，2022 年夏季英国经历了历史罕见的极端高温天气，社会用电需求上升。然而受天气的影响，英国风力发电不及预期，加上天然气的供给又受制他人，导致发电量难以满足英国国内居民生活和工业生产的需要。

据 EIA（美国能源信息署）的数据，2020 年通过管道和液化天然气（LNG）进口的天然气占欧盟（EU-27）和英国天然气供应的 80% 左右。2020 年，通过管道进口的天然气占所有天然气进口量的 74%，液化天然气占总进口量的 26%。欧盟和英国的天然气管道进口来自俄罗斯、挪威、北非和阿塞拜疆，但主要的供应商还是俄罗斯。

2022 年 2 月 24 日，恰逢俄乌战火燃起，美欧阵营对俄的制裁太过猛烈，于 2022 年 2 月 26 日宣布将俄罗斯几个主要的银行踢出 SWIFT 系统。2022 年 3 月 25 日，美国承诺 2022 年至少向欧盟额外出口 150 亿立方米液化天然气，且未来会继续增加出口量，以减少欧盟对俄罗斯的能源依赖。但是美国的天然气也不是说给就能给的，还需要时间，远水救不了近火，并且相对于欧盟和英国而言，也只是杯水车薪。而俄罗斯在 2022 年 3 月 31 日宣布，"不友好国家"需以卢布购买俄罗斯天然气，导致英国的天然气供给愈加紧张，天然气发电"力不从心"，电力能源成为"奢侈品"。电价一路狂飙（见图 4），导致了英国国内的众多企业由于电价的高涨而难以开展生产，引发了经济的滞胀。

（二）美联储加息——"好大哥"开始发难

俄乌冲突导致乌克兰经济骤然下滑，俄罗斯经济大幅收缩，周边国家经济也受到影响。更重要的是通过大宗商品市场、贸易与金融的渠道和前景预期的信心渠道产生全球溢出效应，既削弱了全球经济增长，又大幅地推高了国际市场天然气、石油和粮食的价格。国际供应链格局发生深刻变化，各国无法快速调整，加之全球大多数经济体在新冠肺炎疫情期间的货币大放水，通货膨胀于 2021 年下半年在很多国家发生，导致全球性的通货膨胀攀升。

美国自 2021 年下半年开始，通货膨胀率来势汹汹，2022 年 6 月达到惊人的 9.1%。此后便开始下滑（见图 5），主要原因是美联储在 2022 年 3 月加息的起步，直到 12 月底，加息 7 次，累计加息 425 个基点，联邦基金利率目标区间为 4.25%~4.50%（见表 1）。

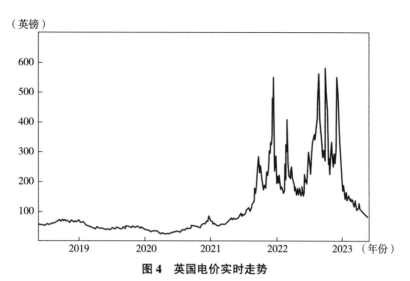

图 4　英国电价实时走势

资料来源：Trading Economics。

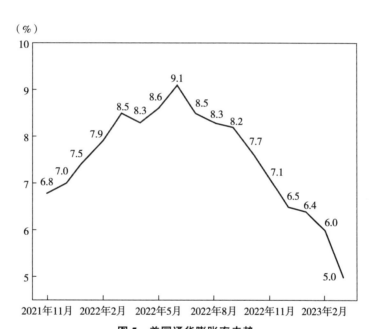

图 5　美国通货膨胀率走势

资料来源：Trading Economics。

表 1　美联储 2022 年加息时间

加息时间	加息基点	基准利率区间
2022 年 3 月 17 日	25	0.25%~0.50%
2022 年 5 月 5 日	50	0.75%~1.00%
2022 年 6 月 16 日	75	1.50%~1.75%
2022 年 7 月 28 日	75	2.25%~2.50%
2022 年 9 月 22 日	75	3.00%~3.25%
2022 年 11 月 3 日	75	3.75%~4.00%
2022 年 12 月 15 日	50	4.25%~4.50%

资料来源：笔者整理。

美联储加息是指美联储在同业拆借市场的利率提高，这个利率也被称为联邦基金利率。美联储上调同业拆借市场利率后，其他金融机构从美联储借钱的成本就会上升，且美联储是同业拆借市场的最大参与者，其提供的融资会在其他金融机构中占据很大比例，融资成本上升很难自行消化，只能转嫁给他人。因此这些金融机构给他人提供的融资利率也会上升，由此传导下去，整个市场的利率水平就会上升。市场利率的抬升引发了债券抛售，产生了巨大的震荡效应，十年期国债收益率在短短一年多的时间由1.24%逼近4%，并且还有进一步上涨的可能（见图6）。

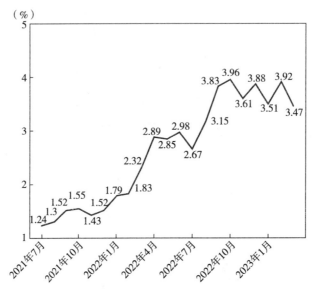

图6　美国十年期国债收益率走势

资料来源：Trading Economics。

美联储激进加息对世界经济产生负面影响，一方面导致投资从欧盟、英国等发达经济体流向美国，另一方面对其他国家的货币形成了贬值压力，使英镑兑美元的贬值压力不断增强。英国作为一个金融贸易大国，国内工业薄弱，许多重要的商品都是依靠进口，而美国向来是英国的前三大进口国。美元相对英镑升值，意味着英国从美国进口的货物价格越来越高，对英国不可避免地造成了输入型通货膨胀的压力。图7为英国从美国进口总额走势。

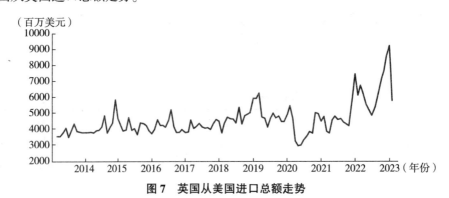

图7　英国从美国进口总额走势

资料来源：CEIC Data。

三、内部忧患：英国经济"三高"症状

在能源危机、美联储加息等多重外部压力下，英国国内经济也是危机四伏。此阶段英国国内经济所

表现出来的特征，就是债台高筑、通胀高企、赤字高攀的"三高"症状，给英国的"债股汇三杀"埋下了祸根。

(一)债台高筑——罗马不是一日建成的

英国政府从新冠肺炎疫情大流行开始就一直在大规模扩张财政支出，在2020年和2021年英国财政赤字率为13%和7.9%，远高于2015~2019年2.9%的平均水平。

在2020年，英国的财政支出高达9427亿英镑（见图8），相比上一年增加2046亿英镑，增幅为27.72%，而2020年财政收入才7249亿英镑（见图9），赤字缺口达到2178亿英镑。在接下来的两年，赤字缺口进一步增加了1462.7亿英镑。很明显财政入不敷出，英国政府唯有举债填补赤字缺口，这也造成了英国的政府债务的快速增加。

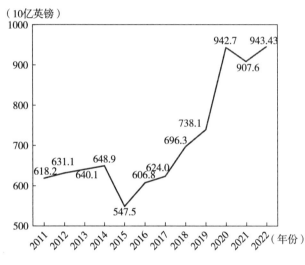

图8　英国财政支出走势

资料来源：前瞻数据库。

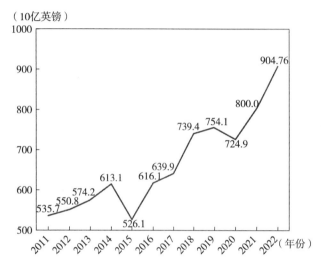

图9　英国财政收入走势

资料来源：前瞻数据库。

从英国的政府债务来看，2020年第一季度，当时新冠肺炎疫情的影响尚未大规模影响英国，第一季度的政府债务保持在18150亿英镑左右（见图10）。而在接下来的时间，新冠肺炎疫情开始在英国流行，英国政府为了补贴民众，刺激经济增长，采用了宽松的财政手段，政府通过债务筹集资金。此后英国政府债务一路猛涨，到了2020年7月，便已经达到了20364亿英镑。2022年8月，英国政府的债务余额已经达到了24342亿英镑，相比疫情前的水平，足足增加了34.12%。

2020年之前英国政府债务占GDP的比重保持在85%以下，而在2020年和2021年分别达到了97.5%和97.2%，并于2022年突破100%，高达100.6%（见图11），刷新了有史以来的最高点，令人惊叹。如此高额的政府债务，也为英国的经济发展埋下了一颗不定时炸弹，等待着某根"导火索"来将其点燃。

(二)通胀高企——冰冻三尺非一日之寒

2020年3月，新冠肺炎疫情开始在全球蔓延开来，对全球主要经济体的经济发展造成严重的影响。国内经济停摆，失业率增加，众多国家都对民众进行了补贴，而且补贴力度之大，远超预期。英国预算责任办公室于2022年5月14日公布报告称，为应对新冠肺炎疫情，英国政府支出的纳税人资金将高达1232亿英镑（约合人民币10696.224亿元）。这比疫情刚刚开始时政府的预计高出了1037亿英镑，超出初期计划的5.3倍，导致政府扩表严重。

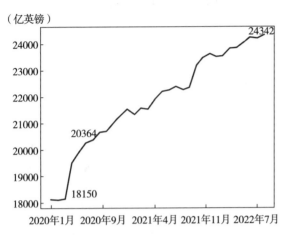

图 10 英国政府债务走势

资料来源：Trading Economics。

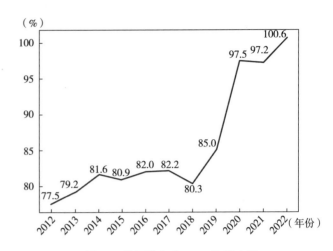

图 11 英国债务占 GDP 比重走势

资料来源：Trading Economics。

从英国的 M0 货币供应量来看，2019 年 1 月为 823.76 亿英镑，流通中的现金在 2020 年 4 月之前最高是 830.17 亿英镑。而 4 月之后，M0 货币供应量触底反弹，而且趋势上涨极快，在 2020 年 11 月就已经突破了 900 亿英镑，达到 900.12 亿英镑。此后继续上涨，到 2022 年 8 月时，已经达到了 947.08 亿英镑，相比 2020 年 4 月增加了 15.10%。很显然，英国政府在疫情期间，通过大幅扩表来保证居民社会生活的正常进行，但是，这也造成了英镑的流动性泛滥，为之后的通货膨胀率高涨奠定了流动性基础。

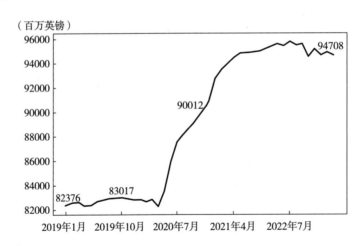

图 12 英国 M0 货币供应量走势

资料来源：Trading Economics。

虽然英国的通货膨胀率在 2021 年上半年稳定地控制在 3% 以内，但由于能源短缺和进口物价上涨，加之英国"脱欧"后限制移民劳工入境，导致疫情后劳动力短缺，引发工资大幅上涨，英国企业的生产成本上升。加上政府扩表所打下的流动性基础，2021 年下半年通货膨胀率开始上涨，且一发不可收拾，2022 年 7 月通货膨胀率更是突破了 10% 的关口，而后稳定在 10% 左右（见图 13），创 40 年新高。

英国的高通货膨胀已经对英国的经济产生极其严重的影响。不仅低收入民众难以支付高昂账单，众多企业也因为生产的高成本而纷纷宣告倒闭，导致经济倒退，引发经济的滞胀。据英国国家统计署（ONS）数据，2022 年第二季度（3~6 月）英国企业破产水平达到历史新高，3~6 月的破产企业数量为 5629 家，接近 2009 年全球经济危机的创纪录水平。

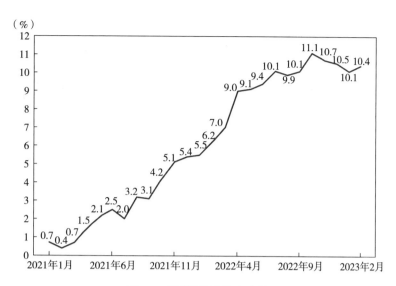

图 13　英国通货膨胀率走势

资料来源：Trading Economics。

（三）赤字高攀——成也萧何，败也萧何

2000 年至 2019 年末，英国国际收支呈现出"经常账户长期逆差、金融交易账户长期顺差、整体基本平衡"的格局，相较于经常账户和金融交易账户，英国的资本账户相收支规模要小得多，对国际收支格局的影响不大。在此期间，经常账户逆差 GDP 占比平均为 3.27%，金融交易账户顺差 GDP 占比平均为 3.50%。

可以将疫情暴发前的英国国际收支格局细分为三个阶段：①2000 年初至 2005 年第二季度，经常账户逆差 GDP 占比平均值为 2.06%，金融交易账户顺差 GDP 占比平均值为 2.13%，最高曾到 7.17%。金融交易账户波动明显，国际收支整体平衡；②2005 年第三季度至 2011 年第二季度，经常账户逆差 GDP 占比平均值上升为 3.08%，金融交易账户顺差 GDP 占比平均值快速攀升为 3.63%。此期间，大量资本流入英国购买英国金融资产，印证了伦敦国际金融中心的快速发展；③2011 年第三季度至 2019 年末，经常账户逆差 GDP 占比平均值猛增至 4.18%，金融交易账户顺差 GDP 占比平均值也上升为 4.3%，但增幅显著低于经常账户，国际收支基本处于平衡状态。

从 2020 年起，英国三大账户的国际收支差额基本在"0 线"以下（见图 14），国际收支状况恶化，这意味着有不少的资本流出英国。从三大账户的差额总和来看，在 2021 年 6 月以后，三大账户的总逆差额基本都在 200 亿英镑以上，特别是在 2022 年 3 月，三大账户的总逆差额达到了最低点 817.33 亿英镑（见图 15）。

主要的原因有两方面：第一，2021 下半年到 2022 年 3 月这段时期，正是"英国能源荒"的第一波高潮，由于英国的能源主要依靠进口，而且需求刚性较大，能源价格的上涨使英国经常账户逆差急剧扩大；第二，2021 年下半年，英国的通货膨胀来势汹汹，投资者普遍"唱衰"英国市场，导致大量的投资者抛售英国的金融资产出逃，使资本与金融账户逆差急剧扩大。

英国的经济发展成败皆在于金融。长期以来，英国存在着经常账户逆差和资本与金融账户顺差的平衡局面，使英国的国内经济处于平稳发展的态势，并且通过发展金融业实现英国经济的快速增长，成为一个金融贸易占 GDP 总额 60% 左右的大国。但这意味着英国对抗风险的能力较弱，不稳定性强，英国国内经济的发展极易受到外部不稳定因素的扰动。无论是新冠肺炎疫情、能源危机、俄乌冲突还是美元加息，这一系列意外事件都通过国际收支的渠道深深地影响了英国的金融稳定，导致英国经济发展出现大幅波动。

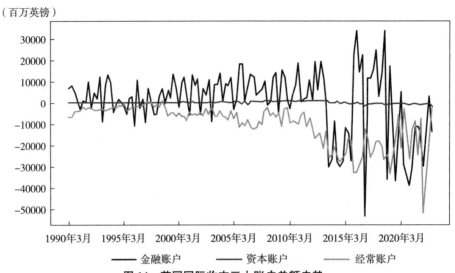

（百万英镑）

图 14 英国国际收支三大账户差额走势

资料来源：前瞻数据库。

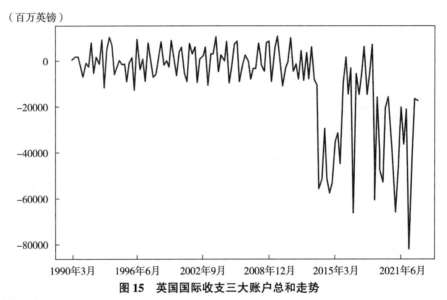

（百万英镑）

图 15 英国国际收支三大账户总和走势

资料来源：前瞻数据库。

四、经济崩盘：英债危机始末

在内外交困的历史时期，特拉斯接任英国首相，并且标榜自己是"撒切尔第二"，要拯救英国经济。然而一系列政策出台后引发英国金融市场大幅震荡，出现"债股汇三杀"，拉开了此次英债危机的大幕。

（一）魔幻的特拉斯经济学——压死骆驼的最后一根稻草

在英国国内经济深陷泥泞沼泽时，特拉斯接受英国女王伊丽莎白二世的正式任命，成为英国第56任首相，同时也是英国历史上第三位女首相。

2022年9月21日，财政大臣克沃滕公布了特拉斯政府第一项野心勃勃的财政计划——耗资高达600亿英镑的能源救助计划。

2022年9月22日，英格兰银行宣布加息0.5个百分点，将利率升至2.25%（见表2）。

表2　英国央行加息时间

加息时间	变动基点	变动后利率(%)
2021年11月3日	0	0.10
2021年12月15日	15	0.25
2022年2月3日	25	0.50
2022年3月17日	25	0.75
2022年5月5日	25	1.00
2022年6月16日	25	1.25
2022年8月4日	50	1.75
2022年9月22日	50	2.25

资料来源：笔者整理。

2022年9月23日，特拉斯政府推出了自1972年以来最激进的减税计划，其规模达450亿英镑，具体包括：取消了将公司税提高到25%的计划，将公司税维持在19%（这是二十国集团最低的税率）；提前一年将个人所得税税率从20%降至19%，对年收入超过15万英镑征收的最高税率则从45%降至40%。同时取消年初刚推出的1.25%的国民保险税、大幅减免房地产印花税、取消金融从业者奖金上限。另外，特拉斯还承诺，在两年内提供总额1500亿英镑家庭能源补贴。政府决定减税加上支付能源账单，2022年发债目标金额也随之提高，增加约45%，至2341亿英镑。

克沃滕表示，此次的减税措施旨在刺激饱受通货膨胀困扰的英国经济实现增长，高昂的能源成本并不是英国面临的唯一挑战，更重要的是英国经济增长没有达到应有的水平。但是在高通货膨胀的困局中，克沃滕想实现英国经济的增长，犹如逆水行舟，不进则退。

根据惠誉预计，特拉斯的减税政策将在2023~2024财年减少277亿英镑收入，并在2024~2025财年减少313亿英镑收入。如果英国政府不采取补偿措施，政府赤字将在2022年保持在GDP的7.8%，并在2023年增加到8.8%。预计到2023年，英国政府的财政支出将创下1990年以来的最高纪录，届时英国的债务将占到GDP的101%，同样将创下半个世纪以来最高债务水平纪录。

政府债台早已高筑登天，收入又将减少，使投资者担忧政府能不能还得起债。再加上随着美联储加息，美元持续走强，而英镑由于国内通货膨胀和国际收支恶化持续走低，英国的经济早已不堪重负。"能源补贴+减税+加息"三项组合拳一出，资本用脚投票，债市、股市、汇市遭受大规模抛售，2022年9月23日当天造成了"债股汇三杀"。

（二）"一杀"债市——树欲静而风不止

2022年9月23日，特拉斯政府采取"能源补贴+减税+加息"组合拳策略，对于英国国债的冲击是最大的。因为英国政府的债务余额已达到历史的新高位，而特拉斯的政策会减少财政收入，且大幅增加政府支出，这需要政府再额外借入资金，国债市场增量预期明显。在英国经济预期下行的状态下，英国政府的财政收入不足，可能发生债务违约，英国政府也可能"以债养债"或者超发货币来偿还债务。但无论是哪种方法，都极可能进一步恶化英国的经济状况，使投资者遭受损失，所以投资者大规模抛售英国国债，连夜离场。

从国债收益率的走势图来看，英国5年期（见图16）和10年期（见图17）的国债收益率具有相同的走势，事实上其他年期的国债收益率也呈现出相同的走势。2022 年 9 月 23 日，5 年期和 10 年期的国债收益率都大幅上升，5 年期的国债收益率由 22 日的 3.553% 上升至 23 日的 4.058(%)，并在接下来的几天时间里持续走高，27 日达到最高点 4.688%；10 年期的国债收益率则从 22 日的 3.489% 上升到 23 日的 3.822%，并持续走高，27 日达到最高点 4.501%（见表 3）。

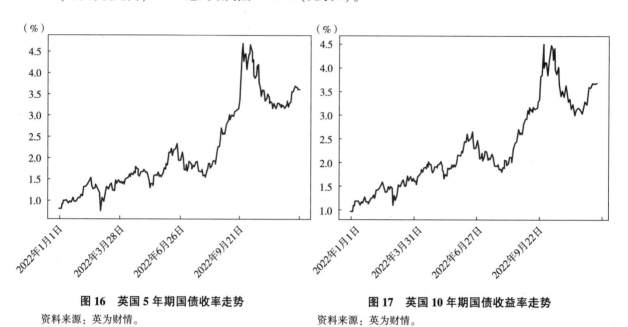

图 16　英国 5 年期国债收率走势

资料来源：英为财情。

图 17　英国 10 年期国债收益率走势

资料来源：英为财情。

表 3　英国 5 年期和 10 年期国债收益率数据　　　　　　　　　　单位：%

时间	5 年期国债收益率	10 年期国债收益率
2022 年 9 月 20 日	3.297	3.293
2022 年 9 月 21 日	3.370	3.313
2022 年 9 月 22 日	3.553	3.489
2022 年 9 月 23 日	4.058	3.822
2022 年 9 月 26 日	4.542	4.236
2022 年 9 月 27 日	4.688	4.501
2022 年 9 月 28 日	4.273	4.008
2022 年 9 月 29 日	4.428	4.139
2022 年 9 月 30 日	4.396	4.096

资料来源：英为财情。

　　然而，随着英国国债价格的暴跌，作为其最大持有者之一的英国负债驱动型投资（LDI）养老基金，却因高杠杆下国债抵押品的贬值而收到了前所未有追加巨额保证金的通知。LDI 养老基金不得不出售国债回笼资金去支付保证金，造成恶性反馈，导致英国国债市场进一步崩盘，国债利率再次上涨。

　　由于投资者大量抛售国债，市场难以吸纳如此大量国债之时，便只能靠央行出手收购国债。2022 年 9 月 29 日，英国国债收益率又现上行迹象，与此同时，英国央行的紧急购债计划也正式启动，但是仍未能阻止国债收益率的进一步上行。2022 年 10 月 10 日，英国 5 年期和 10 年期国债收益率再一次达到高点，分别为 4.649% 和 4.472%，此后国债收益率开始逐渐恢复正常的水平，并随着英国央行的加息而走高。

但是英国央行的紧急购债计划也意味着被迫放弃此前紧缩性的货币政策，又利用量化宽松的手段，加剧了国内的通货膨胀。

(三)"二杀"股市——城门失火，殃及池鱼

英国富时100指数被认为是英国经济的晴雨表，由英国股票市场中市值最大的前100家上市公司组成。富时100指数覆盖伦敦证券交易所大约80%市值，是反映伦敦证券市场股票行情变化的重要参考指标。

2022年9月23日，特拉斯政府宣布了减税政策之后，英国富时100指数大跌约141点，收盘于7018.6点，相比前天的收盘价7159.52点，跌幅为1.97%。在接下来的时间里指数继续下滑，直到9月29日，收盘于6881.59点，之后开始一波反弹，然而又迅速下行，跌破之前的低点，于10月12日再创新低，收盘于6826.15点（见图18）。

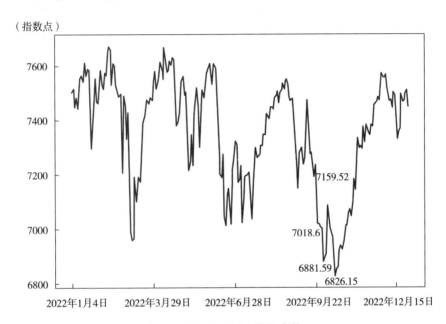

图18 英国富时100指数走势

资料来源：英为财情。

英国富时100指数、法国CAC 40指数和德国法兰克福指数并称为欧洲三大股票指数，是当前全球投资人观察欧股动向最重要的指标之一。英国股市的暴跌，也带崩了欧元区的股市，法国和德国的股市也不好受。

从法国CAC40指数来看，2022年9月23日，该指数收盘于5783.41点（见图19），相比上一天的收盘价5918.50点，跌了约135点，跌幅为2.28%。而且该指数继续下行，直到9月29日达到最低点5676.87点，反弹一小段时间后又下跌，但此次下跌未能突破9月29日的低点。从9月及之后的走势来看，该指数与英国富时100指数有较高的正相关性。

对比法国CAC40指数和德国法兰克福指数，可以发现两者之间具有极高的正相关性。2022年9月23日，德国法兰克福指数收盘于12284.19点，相比前一天的收盘价12531.63点（见图20），跌了约247点，跌幅为1.97%。之后持续下跌，直到9月29日达到最低点11975.55点，反弹一小段时间后又下跌，但此次下跌也未能突破9月29日的低点。

通过三个指数的对比，可以发现英国股市的崩盘对欧洲的其他国家产生了溢出效应，也带动了欧元区的下跌，可谓城门失火，殃及池鱼。

（指数点）

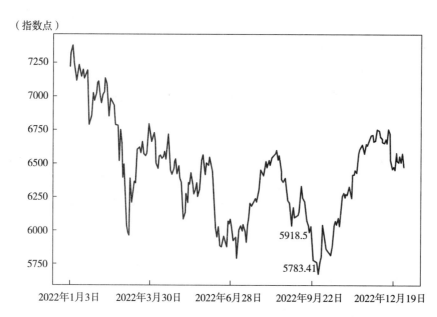

图 19　法国 CAC40 指数走势

资料来源：英为财情。

（指数点）

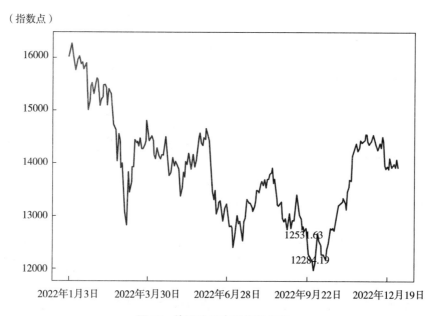

图 20　德国法兰克福指数走势

资料来源：英为财情。

（四）"三杀"汇市——山雨欲来风满楼

2022 年 9 月 23 日，在特拉斯政府减税等政策宣布之后，英国汇市也掀起了一场大动荡。

首先是英镑兑美元的汇率。自美联储 2021 年 3 月启动加息之后，英镑的贬值压力已经在不断增加，虽然英国央行也在加息，但还是无法与美元相抗衡，英镑早已一贬再贬；另外，英国的国际收支不断恶化，资本大量流出，使英镑兑美元汇率持续走低，英镑早已是摇摇欲坠。

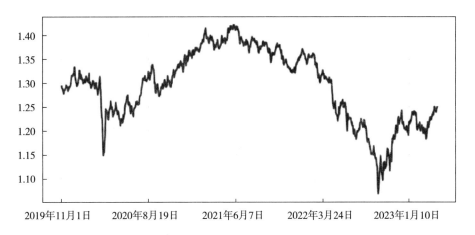

| 2019年11月1日 | 2020年8月19日 | 2021年6月7日 | 2022年3月24日 | 2023年1月10日 |

图21　英镑兑美元汇率走势

资料来源：英为财情。

从英镑兑美元汇率的走势可以看出，自2022年3月23日，美联储启动加息步伐之后半年内，英镑兑美元汇率直线下降。9月23日，英镑兑美元汇率由前一天的1.1257跌到1.0856，跌幅为3.69%，是1985年3月以来首次跌破1.10关口。26日汇率继续下行，收盘于1.0684，跌幅为1.61%，盘中甚至跌到最低价1.0384，此后汇率开始震荡回升（见表4）。

表4　英镑兑美元汇率部分数据

时间	收盘	开盘	最高	最低
2022年9月20日	1.1379	1.1434	1.1462	1.1356
2022年9月21日	1.1266	1.1376	1.1386	1.1237
2022年9月22日	1.1257	1.1269	1.1366	1.1212
2022年9月23日	1.0856	1.1256	1.1275	1.0838
2022年9月26日	1.0684	1.0858	1.0933	1.0384
2022年9月27日	1.0731	1.069	1.084	1.0653
2022年9月28日	1.0888	1.0733	1.0917	1.0539
2022年9月29日	1.1115	1.0886	1.1121	1.0761
2022年9月30日	1.1160	1.1115	1.1236	1.1023

资料来源：英为财情。

其次是英镑兑欧元的汇率。自从2022年1月3日以来，英镑兑欧元汇率震荡下行，9月23日，英镑遭遇大规模抛售，英镑兑欧元汇率也跌到低点（见图22）。

23日当天，英镑兑欧元汇率收盘于1.1199，相比较前一天，跌幅为2.17%，而26日，英镑继续贬值，收盘于1.1117，跌幅为0.74%，此后英镑兑欧元汇率开始震荡上升（见表5）。

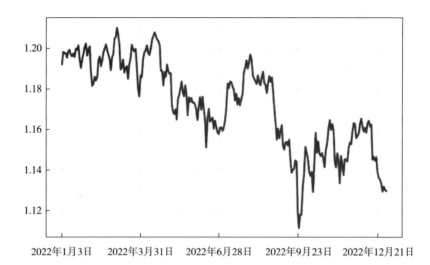

图 22　英镑兑欧元汇率走势

资料来源：英为财情。

表 5　英镑兑欧元汇率部分数据

日期	收盘	开盘	最高	最低
2022 年 9 月 20 日	1.1410	1.1406	1.1466	1.1383
2022 年 9 月 21 日	1.1450	1.1413	1.1482	1.1400
2022 年 9 月 22 日	1.1442	1.1453	1.1509	1.1413
2022 年 9 月 23 日	1.1199	1.1449	1.1482	1.1183
2022 年 9 月 26 日	1.1117	1.1203	1.1299	1.0816
2022 年 9 月 27 日	1.1183	1.1121	1.1243	1.1101
2022 年 9 月 28 日	1.1182	1.1187	1.1298	1.1026
2022 年 9 月 29 日	1.1321	1.1186	1.1341	1.1133
2022 年 9 月 30 日	1.1384	1.1324	1.1428	1.1296

资料来源：英为财情。

(五)"惨淡收场"——迷途知返，为时已晚

2022 年 9 月 23 日，英国"债股汇三杀"给英国金融发展史上留下一个难忘的伤疤，无数投资者遭受经济损失，金融市场留下了满地鸡毛。虽然特拉斯政府迷途知返，却也为时已晚，对于英国国内投资者而言，不仅要承受高额的日常开支，还要直面不断缩水的金融资产，无数人的财富被洗劫一空。

在这场"闹剧"中，首当其冲的还是英国的 LDI 养老金。LDI 策略是建立在英国收益确定型计划职业养老金(DB 计划)的基础上的，该计划是以满足未来确定性的支出为目标，其重点在于计算出养老金的负债(未来需要支出的现金流的当前现值)，并基于利率和通货膨胀的预期，买入期限和负债支付期相同，以及与负债等值或通胀挂钩债券，实现资产端与负债端的价值匹配。对于这类 DB 计划的管理，不怕负债现值的波动，怕的是资产波动和负债波动不匹配。根据英国投资协会数据，2021 年英国养老金市场的总资产为 4.2 万亿英镑，其中使用 LDI 策略的养老金资产为 1.6 万亿英镑，约占养老金总资产的 38%，相当于

2021 年英国 GDP 的 2/3。据智通财经数据，2022 年 9 月 20 日到 9 月 27 日的一周时间内，英国 10 年期国债价格从 105.4 英镑跌至 91.4 英镑，这相当于养老基金资产端的价值缩水了 13.3%。为了防止英国 LDI 养老金的崩盘，9 月 29 日，英央行也被迫开始了不限量购买国债的紧急购债计划，并于 10 月 14 日结束该计划。在这两周的时间内，英国央行购买了 192.5 亿英镑的债券，以防止英国市场的动荡蔓延。

2022 年 10 月 14 日，财政大臣夸西·克沃滕宣布辞职，新任财政大臣亨特撤销了此前宣布的几乎所有减税措施，同时缩减能源补贴计划，加上在英国央行持续购债等一系列操作下，英国"债股汇"三市终于趋于稳定回升；18 日，英国首相特拉斯为其引发经济动荡的减税措施道歉，承认"走得太远、太快"；20 日，特拉斯宣布，辞去首相职务和执政党保守党党首职务，但将继续担任首相至新领导人产生；24 日，前财政大臣里希·苏纳克作为唯一候选人，自动当选英国保守党新党首，根据规定，其会自动出任英国首相。

苏纳克政府计划通过加税，特别是向能源公司征收 30% 的暴利税，希望在五年内筹集近 400 亿英镑，以及削减财政支出的方法，填补 500 多亿英镑的公共财政预算缺口，最大限度地削弱长期经济衰退带来的影响。但是苏纳克政府上任之后的几月内，英国的通货膨胀仍然居高不下，处在 10% 的关口，英央行继续加息缩表（见表 6），英国经济衰退的迹象依然长期存在。

表 6 英央行在"债股汇三杀"之后的加息时间

加息时间	变动基点	变动后利率(%)
2022 年 11 月 3 日	75	3.00
2022 年 12 月 15 日	50	3.50
2023 年 2 月 2 日	50	4.00
2023 年 3 月 23 日	25	4.25

资料来源：笔者整理。

五、经验复盘：英债危机警示

"减税+紧缩货币"是治理经济滞胀的不二之选，但是这种方法需要具备一定的条件。20 世纪 80 年代，由于国际油价大涨，使美欧国家的通货膨胀率极高。1980 年，英国的通货膨胀率一度高达 20%，而美国的通货膨胀率也是居高不下。时任英国首相的撒切尔夫人和美国总统罗纳德·里根都采用了"减税+紧缩货币"的政策，来抑制国内的高通胀，但二人都在极力地削减政府的支出，尤其是撒切尔夫人为了削减政府开支中的大头——福利支出，不惜对工会动手，最终才将政府的支出削减到合适的水平。然而，特拉斯政府在借鉴经验的时候，却忘了审视政府本身的财政状况，而且还要大幅增加支出，以及减少收入，造成了市场恐慌，"三杀"局面由此形成。

此外，"减税+紧缩货币"的政策面临着一个困境：要想一直坚持该政策直至它见效，通常要求政府资产负债表能够在此期间保持相当稳健，因为减税将减少政府的收入，若是政府开支不能得到有效控制，那就可能需要举债，而当政府早就负债累累时，举债的做法导致债务增加，便容易发生主权债务危机。2009 年，欧洲主权债务危机便是前车之鉴。然而，最需要推出减税政策来刺激经济增长的时候，往往也正是政府资产负债表比较脆弱的时候。在不能通过其他途径解决减税初期赤字上升问题的情况下，除非政府领袖立场非常坚定、民众拥有比较长远的眼光，同时金融市场也"愿意"配合，否则减税政策就很难坚持到底。从经济系统脆弱性的角度来看，该政策的成功，要求经济系统有一定的韧性，而一旦政策不成功，则可能大幅加剧经济系统的脆弱性，显然，此次特拉斯政府属于后者。

　　总而言之，从宏观上看，英国本轮危机的发生不仅有外部原因，也有它自身内部的问题。一方面，受到持续的疫情冲击、美联储加息和国际收支恶化的影响，尽管英国政府采取了同样的加息政策，但依旧无法与美元走强相抗衡，输入型通货膨胀压力随着英镑贬值不断加深；另一方面，英国本身的产业结构不合理，抗风险能力相对薄弱，国内的物资过于依赖进口，无法通过国内自身的产业链解决供需失衡的问题，也是本轮危机爆发的关键。在外忧内患的条件下，特拉斯政府不合时宜的政策出台，引起英债危机爆发、造成"债股汇三杀"，成为压死英国经济的最后一根稻草。

特拉斯"债"劫难逃，英联邦"股汇"齐崩

——英国"债股汇三杀"

 案例使用说明

一、教学目的与用途

（1）适用课程："金融理论与政策""金融市场与金融机构"等。

（2）适用对象：金融专业硕士、MBA、高年级本科生的上述课程教学。

（3）教学目的：本案例剖析了此次英债危机的导火索和演变逻辑，梳理了英国 2022 年 9 月 23 日"债股汇三杀"的背景和事件的始末。引导学生了解由于一系列突发事件导致全球经济步入衰退给英国经济发展带来的外部压力。并系统性地阐述了英国经济"三高"的状态，及其相互影响机制，引导学生了解并掌握特拉斯政策失败的原因及其给英国经济带来的影响和金融市场中的风险传递机制等。具体的目标分为：

1）基于汇率决定理论：引导学生探究影响汇率形成的一系列因素和形成机制，通过汇率以及汇率的决定因素，找出当前经济背后存在的问题。

2）通货膨胀的成因与治理理论：引导学生了解通货膨胀形成的主要原因，主要有哪些类型的通货膨胀，以及该如何治理通货膨胀。

3）内外均衡与开放经济理论：引导学生了解在开放经济中，如何处理内外部均衡问题。

4）金融加速器理论：引导学生了解金融市场通过哪些渠道放大经济中的冲击，使经济的顺周期效应更强。

5）主权债务危机理论：引导学生了解主权债务危机的爆发原因，以及该如何治理等问题。

6）金融市场联动理论：引导学生了解债市、股市和汇市三市的联动传导机制，探究三市之间如何相互影响。

二、启发思考题

（1）从英镑兑美元汇率的历史数据来看，2014 年英镑兑美元汇率开始走下坡路，此后英镑兑美元汇率处在历史低位，为什么会出现这种情况呢？请你从汇率决定的相关理论，试分析原因。

（2）在 2021 年的前 20 年，英国的通货膨胀率都稳定地控制在 6% 以下，其中绝大多数时期处于 4% 以下，为何 2021 年下半年，英国的通货膨胀率会上涨地如此之快，且居高不下？背后的原因是什么，英国央行又是如何处理高通胀问题，效果如何？

（3）英国前任财政大臣克沃滕表示，减税措施的目的在于实现英国经济的增长。请你从内外均衡和开放经济的角度，评述一下特拉斯政府出台的"减税+能源补贴+加息"政策组合能否促进英国经济的增长。

（4）英国是一个金融贸易大国，其国内经济的微小冲击都可能经由金融市场放大，然后对国内经济产生巨大的冲击。请你从金融加速器效应的角度，试分析英国金融市场对于英国经济问题的加速效应。

（5）英国此次"债股汇三杀"的直接原因在于特拉斯政府采取的经济政策，但本质上是投资者对英国可能爆发主权债务危机的担忧。此次英国的情况与2009年欧洲主权债务危机有何相似之处？此外，截至2023年4月，英国债市、股市、汇市三市已经回归到近几年的正常水平，这是否说明英国已经摆脱了此轮英债危机？

（6）请结合本案例分析英国股市、债市和汇市三者的联动性及其传导机制。

三、分析思路

依据国际金融理论分析英镑汇率持续走低的原因，阐述了国际收支恶化、通货膨胀和美元加息对英镑兑美元汇率走势的影响；结合经济学经典理论，阐述了英国本轮通货膨胀的起因与治理效果，解释了英国通胀顽固的原因，以及英镑贬值对于输入型通货膨胀的助推作用。

在国际金融的理论框架上，沿用开放经济下的有关理论，分析英国经济政策对于促进英国经济增长目标的作用效果；结合伯南克等人所提出的金融加速器理论，探究英国金融市场如何放大英国经济的问题，导致危机愈演愈烈。

基于2009年欧洲主权债务危机的前车之鉴，分析英债危机产生的原因与目前的状况；结合所学的经济学理论与积累的经济直觉，分析股市、债市、汇市三个市场之间的联动传导机制，说明了金融市场之间是相互联动，而且更有彼此相互增强的作用。对于负向的冲击，可能通过金融市场之间的联动传导，对经济产生更大的冲击。

四、理论依据及分析

理论依据如图1所示。

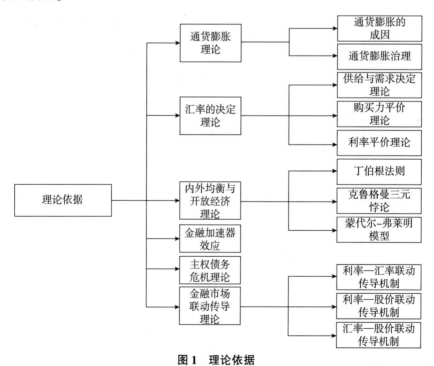

图1　理论依据

（1）从英镑兑美元汇率的历史数据来看，2014年英镑兑美元汇率开始走下坡路，此后英镑兑美元汇率跌破1.4（见图2），处于历史低位，为什么会出现这种情况呢？请你从汇率决定相关理论的角度，试分析原因。

图 2　英镑兑美元汇率走势

资料来源：Trading Economics。

答：第一，供给与需求决定理论：从国际收支的角度看，外汇的供给是出口创汇与资本流入时对外汇的积累。而外汇的需求来源于出口换汇与资本流出。当外汇的需求大于供给时，外汇升值，本币贬值；当外汇的需求小于供给时，外汇贬值，本币升值。

关于英国国际收支对于汇率的影响，我们可以从两个账户来考虑：经常账户、资本和金融账户，其中资本和金融账户是由资本账户和金融账户组成的。资本账户主要是记录资本转移和非生产、非金融资产的收买或放弃等。金融账户涉及一经济体对外资产和负债所有权变更的所有交易，按功能分为直接投资、证券投资、其他投资。

首先是经常账户差额，从数据上来看，自 1990 年开始，英国的经常账户差额基本上是逆差状态（见图 3），其中服务贸易常年顺差，货物贸易常年逆差，这说明了英国的制造业较为薄弱，国内物资的供给很大一部分来源于国外进口。2012 年，英国的经常账户逆差开始逐渐扩大，对外汇需求增加，导致英镑的贬值压力较大。

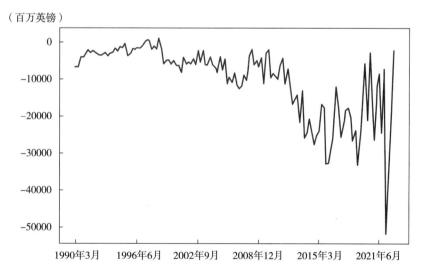

图 3　英国经常账户差额走势

资料来源：前瞻数据库。

其次是资本账户，从数据上，1990～2015 年，英国资本账户绝大多数时间处于顺差状态（见图 4），不过资本账户顺差的数值相比经常账户逆差的数值要小得多。而在 2015 年之后，资本账户收支情况开始恶化，逐步走向逆差，而且逆差缺口逐渐扩大，这意味着资本流出，对英镑形成了贬值的压力。

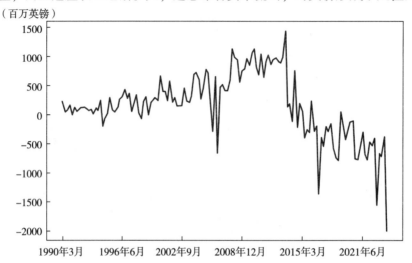

（百万英镑）

图 4　英国资本账户差额走势

资料来源：前瞻数据库。

最后是金融账户，从数据上看，英国金融账户的差额数值较大，要远大于经常账户和资本账户，这也说明英国是以金融贸易为主的国家。在 2013 年之前，英国的金融账户差额绝大多数时候处在顺差状态，而且顺差的数值相比经常账户更大。而在 2013 年之后，金融账户的收支情况开始恶化，并且逆差的数值较大，导致资本流出，对英镑形成了较强的贬值压力（见图 5）。

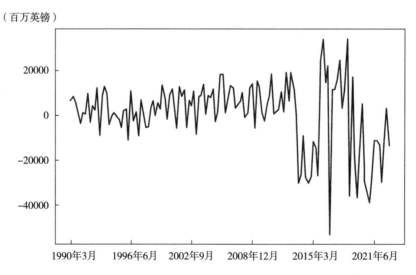

（百万英镑）

图 5　英国金融账户差额走势

资料来源：前瞻数据库。

由于美国常年在英国的进口额中排名第三，而且也是英国金融业强有力的竞争对手，流出英国的资金其中有一大部分会流向美国，所以英国的国际收支中有较大的部分就是英国与美国之间的交易与资本互流。从三个账户的总和来看，在 2014 年之前，英国国际收支的总体情况较为稳定，无法解释 2014 年之前，英镑兑美元汇率激增或者激降的走势。但是在 2014 年之后英国三大账户的总和开始激降，此后处于低位震荡，与英镑兑美元汇率走势相似（见图6）。可以看出，2014年之后，三大账户齐齐走低，出口换汇和资本流出增加，导致英镑贬值压力不断增大。所以从国际收支的角度来看，2014年之后英镑兑美元汇率的下跌，一个很重要的原因就是英国国际收支的恶化。

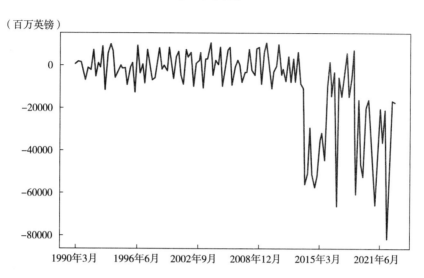

（百万英镑）

图6　英国三大账户总和的走势

资料来源：前瞻数据库。

第二，购买力平价理论：国际历史上最悠久的汇率决定理论，它的基本思想是，人们之所以需要某一种货币是因为它具有购买力，当一国向国外提供自己的货币时，外国居民就取得了对这一国商品和劳务的购买权利，所以货币的转移体现的是购买力的转移。一个国家的货币价值，由其在该国所能购得商品及劳务的量，即货币购买力来决定。因此人们对本国货币和外国货币比价的衡量主要取决于两种货币的购买力，该理论的基础是一价定律理论，即同一种商品，在没有运输费用和贸易壁垒的自由竞争市场上，无论在哪个地方，用同一种货币计量的价格都是一样的。购买力平价理论有两种形式：绝对购买力平价理论和相对购买力平价理论。

绝对购买力平价理论认为，汇率取决于以不同货币衡量的两国一般物价水平之比，也可以近似等于两国通货膨胀率之比。公式如下：

$$e = P_d / P_f \tag{1}$$

其中，e 为直接标价法下的汇率，而 P_d 和 P_f 分别是本国和外国的一般物价水平，一般用通货膨胀率替代。

相对购买力平价理论认为，由于各国的物价指数计算中存在统计口径和权重不一的问题，导致各国的物价水平很难直接拿来比较。于是又提出了将汇率变动的幅度和物价变动的幅度联系起来，便形成了相对购买力平价。其公式为：

$$e_t = \frac{P_d^1 / p_d^0}{P_f^1 / p_f^0} \times e_0 = \frac{PI_{dt}}{PI_{ft}} \times e_0 \tag{2}$$

其中，P_d^1 和 p_d^0 分别表示本国报告期和基期的价格水平，P_f^1 和 p_f^0 分别表示外国报告期和基期的价格水平。PI_{dt} 和 PI_{ft} 分别是本国和外国在 t 期的物价指数，e_0 是基期汇率。将其进行简单的变形可以得到：

$$\frac{e_t}{e_0} = \frac{PI_{dt}}{PI_{ft}} = \frac{1 + \pi_d}{1 + \pi_f} \tag{3}$$

$$\frac{e_t - e_0}{e_0} = \frac{\pi_d - \pi_f}{1 + \pi_f} \tag{4}$$

其中，π_d 是本国的通货膨胀率，π_f 是外国的通货膨胀率，且当外国通胀率小于 10% 时，汇率的变动率可近似等于 $\pi_d - \pi_f$。

英美两国的通货膨胀率走势如图 7 所示。

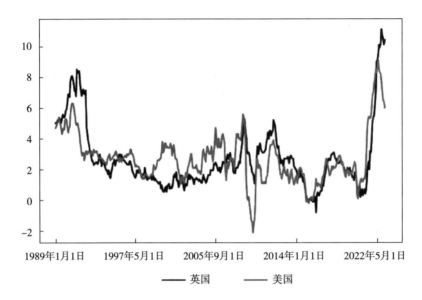

图 7 英美两国的通货膨胀率走势

资料来源：前瞻数据库。

从英美两国的通货膨胀率走势来看，两者具有较强的正相关性，但是并不能较好地解释英镑兑美元汇率的历史走势。首先，针对购买力平价理论而言，一国货币对内通货膨胀，必然表现出对外贬值。1997~2005 年的前半段，美国通货膨胀情况明显高于英国，按照购买力平价理论，英镑应相对美元升值，而实际情况却是贬值。再从 2014 年之后来看，英美两国的通货膨胀率极其相似，按照购买力平价理论，这段时间英镑兑美元汇率应当较为稳定，但是英镑兑美元汇率却持续走低。所以购买力平价理论并不能较好地解释英镑兑美元汇率的走势情况。

第三，利率平价理论：该理论的基本思想认为，均衡汇率由两个经济体之间的利差决定。由于资金具有逐利行为，会倾向于流入高利率国家。所以当一国利率上升时，资金会从低利率国家流入高利率国家，导致高利率国家货币短期升值，低利率国家货币短期贬值。但是在未来套利结束时，资金流出高利率国家，导致高利率国家货币远期贬值，而低利率国家货币远期升值。

根据利率平价理论，货币汇率的变动率与利率相关，其基本计算公式为：

$$\frac{E-e}{e} = \frac{r_d - r_f}{1 + r_f} \qquad (5)$$

其中，E 是远期汇率，e 是基期汇率，当 r_f 较小时该式可近似化简成：

$$\frac{E-e}{e} = r_d - r_f \qquad (6)$$

从公式来看，汇率的变动率主要由两国的利差决定。

从英美基准利率差额的走势和英镑兑美元汇率走势来看，两者具有较强的正相关性，英美利差的走势和英镑兑美元汇率的走势基本一致，只不过幅度有所不同。这也是因为汇率的决定不只由利差决定，还受到其他因素的影响。但是在 2016 年 2 月 7 日之后的一小段时间内，利差走势与汇率走势不一致，从图 8 中，我们可以看到利差下行，而汇率上行，不过汇率上行之后，又快速下跌，此后开始随利差波动。

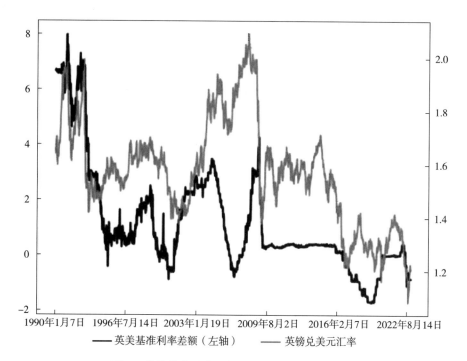

图8 英美基准利率差额和英镑兑美元汇率走势

资料来源：前瞻数据库。

从结果上来看，利率平价理论对于英镑兑美元汇率的决定有一定的解释力，英国和美国基准利率的差额走势可以在一定程度上引导英镑兑美元汇率的走势。但是两者变动的幅度不一致，所以英美基准利率差额是一个重要的影响因素。

（2）在2021年的前20年内，英国的通货膨胀率都稳定地控制在6%以下，其中绝大多数时期处于4%以下，如图9所示。

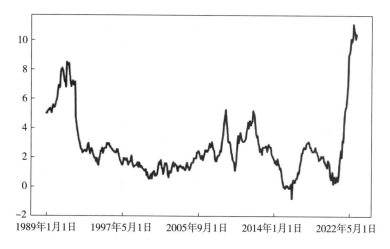

图9 英国近35年通货膨胀率走势

资料来源：前瞻数据库。

为何2021年下半年，英国的通货膨胀率会上涨地如此之快，且居高不下？背后的原因是什么？英国央行又是如何处理高通胀问题，效果如何？

答：1）通货膨胀的成因：

①直接原因。在信用货币时代，如果纸币的发行量超过了流通中实际需要的数量，多余的部分继续在流通中流转，就会造成通货膨胀。这是通货膨胀最直接的原因，也是最直接的表现。

②深层原因。

需求拉动型通货膨胀：由于经济运行中总需求过度增加，超过了既定价格水平下商品和劳务等方面的供给而引发通货膨胀。对于引起总需求过大的原因有两种解释：一是凯恩斯主义的解释，强调实际因素对总需求的影响；二是货币主义的解释，强调货币因素对总需求的影响。

成本推动型通货膨胀：成本或供给方面的原因形成的通货膨胀，即成本推进的通货膨胀，又称为供给型通货膨胀，是由厂商生产成本增加而引起的一般价格总水平的上涨。导致成本上升的原因大致有：工资过度上涨；利润过度增加；进口商品价格上涨等。

结构失调型通货膨胀：由于一国经济结构发生变化而引起的通货膨胀。在经济发展中，产业结构可能会相应地发生变化，一些部门兴起，而另一些部门衰退，于是一部分社会需求将由一个部门转到另一个部门。需求增加的部门，产品价格和工资上涨，而需求减少的部门，由于工资和价格的刚性，其工资和价格并不随之下降，或者下降的幅度很小，从而最终造成物价总水平的上涨。

混合推动型通货膨胀：在实际中，造成通货膨胀的原因并不是单一的，因各种原因同时推进的价格水平上涨，就是混合推进的通货膨胀。如果通货膨胀是由需求拉动开始的，即过度需求的存在引起物价上升，这种物价上升会使工资增加，从而供给成本增加又引起成本推动的通货膨胀。如果通货膨胀一开始是由成本推动开始的，即成本增加引起物价上升，这时如果没有总需求的相应增加，工资上升最终会增加失业，工资开始下降，从而使成本推动引起的通货膨胀停止。

据分析，英国陷入本轮通货膨胀的原因主要有以下几个：

第一，面对能源危机没有合理且有力度的调控方式。作为能源进口国，英国受到俄乌冲突引发的能源供应危机的严重影响。2022年4月，英国能源监管机构Ofgem将天然气价格上限上调了54%，创下英国有史以来最高纪录。随着天然气价格的上涨，民众所需要支付的能源账单将会更加昂贵，而企业生产的成本也会增加，导致物价水平的上涨。从这方面来看，英国此次通货膨胀是以能源危机为导火索所引发的输入型通货膨胀，也属于成本推动型。

第二，政策宽松导致的流动性激增。英国从新冠肺炎疫情暴发开始，大规模地补贴民众和企业，导致货币供应量激增，如图10所示。

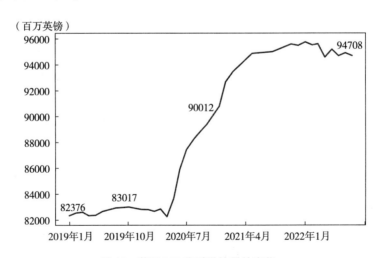

图10　英国M0货币供给量的变化

资料来源：Trading Economics。

正因为政策宽松所打下的流动性基础，才导致了在能源短缺的推动下，通货膨胀率上涨得十分迅速且居高不下。

第三，"脱欧"后遗症仍在发酵。作为一个高度开放的经济体，英国的经济结构都围绕着金融贸易展开，贸易总额相当于 GDP 的 60%，英国本身的工业规模也小于德国和意大利等国家，英国在农业方面也没有达到抗衡危机的实力。英国消费的食品中只有不到一半是在国内生产的，包括大部分谷物、肉类、奶制品和鸡蛋等大部分食物需要通过欧盟进口。一方面，近两年疫情的蔓延大幅抬高了货运价格，同时脱欧导致进口在通关、报税等方面增加了人力和时间成本，这些额外的费用都通过企业转嫁到消费者的身上。另一方面，英镑兑美元和英镑兑欧元汇率处在震荡下行的趋势，使进口商品等的价格上升，也会推动英国通货膨胀的高涨。

2）通货膨胀的治理。主要的对策如表 1 所示。

表 1 通货膨胀的治理对策

政策	具体手段
紧缩性货币政策	中央银行通过减少货币发行，降低流通中的货币量来抑制通货膨胀，主要有三种工具： ①通过公开市场业务出售政府债券回笼资金； ②提高再贴现率，影响市场利率； ③提高商业银行的法定准备金率，缩小货币扩张乘数
紧缩性财政政策	通过削减政府支出和增加财政收入来抑制通货膨胀： ①增加税收，以减少投资和消费支出； ②削减政府的财政支出，以消除财政赤字，平衡预算； ③减少政府转移支付、社会福利开支，以抑制个人收入增加
紧缩性收入政策	通过限制工资的提高和垄断利润的获取，控制一般物价的上涨幅度： ①确定工资—物价指导线； ②管制或冻结工资； ③运用税收手段，通过对过多增加工资的企业按工资超额增长比率征收特别税等办法来抑制收入增长速度
价格政策	主要针对垄断高价在通货膨胀形成过程中的推波助澜作用，具体措施有通过制定反托拉斯法限制垄断高价、冻结物价、同企业签订反涨价合同等
增加有效供给政策	减税，如降低边际税率以刺激投资进而刺激产出等

资料来源：笔者整理。

在本次通货膨胀中，英国政府主要采取的治理手段是：

①紧缩性货币政策。英国央行自 2021 年 12 月开始就已经启动了加息的步伐。到 2023 年 3 月，累计加息 12 次，将英国的基准利率从 0.10% 一直加到 4.25%。

②紧缩性收入政策。2022 年 5 月，英国财政部宣布将对石油和天然气企业征收 25% 的"能源利润税"，也被称为"暴利税"，作为缓解民众生活成本危机方案的资金来源之一。通过税收手段，来获取能源企业的利润，抑制其收入增长速度。

③价格政策。为了防止能源公司向客户滥收费用，并保证电价稳定，英国设置了一个能源价格上限。英国能源监管机构 Ofgem，自 2019 年开始实施能源价格上限制度，初衷是为了杜绝能源供应商赚取超额利润，确保用户支付的能源价格不超过公平价格。但是在 2022 年 2 月上旬，该机构宣布自 4 月 1 日起，受

能源价格上限制度保护的约 2200 万用户将面临能源零售价格上限的大幅上调，家庭用户的能源账单支出上限将出现高达 54% 的飙涨。Ofgem 还征求各方意见，考虑在特殊情况下较频繁地更新能源价格上限，以更快应对批发市场价格的空前上涨。但是该机构频繁更新能源价格上限，导致价格政策的执行效果很弱。

虽然英国政府采取了一系列的政策去抑制通货膨胀，但是从数据上来看，这些政策的效果并不好。

英国的通货膨胀率并没有出现明显的拐点，目前依旧处在高位，政府所采取的政策并不能起到较好的作用，其主要原因还是英国内部经济结构的问题。英国的经济结构都围绕着金融贸易展开，英国经常账户常年是逆差状态，因为英国自身的制造业规模较小，很多商品需要依赖进口，如石油、天然气、食品等，而这样的经济结构也决定了英国的物价水平会受制于他人。英国本次通货膨胀的根源是自身的供给弹性较弱：一是脱欧和疫情叠加造成劳动力短缺，截至 2022 年 8 月末，英国失业率仅为 3.5%，创下 1974 年以来最低纪录，反映出劳动力市场的供不应求；二是俄乌冲突导致能源价格飙升，英国自身能源储备较少，未能及时找到可替代的能源进口；三是劳动生产率停滞不前，新自由主义模式下政府长期放松金融管制、执行自由放任的产业政策、忽视产业资本投入，造成产业布局不合理、去工业化严重等问题，进而导致英国劳动生产率相对低下。从英国此轮通货膨胀的演变逻辑来看，英国政府所采取的货币紧缩等政策只是"治标"，而"治本"的关键，在于解决英国产业结构不合理的问题。

（3）英国前任财政大臣克沃滕表示，减税措施的目的在于实现英国经济的增长。请你从内外均衡和开放经济的角度，评述一下特拉斯政府出台的"减税+能源补贴+加息"政策组合能否促进英国经济的增长。

答：1）丁伯根法则：荷兰经济学家丁伯根提出了将政策目标与政策工具联系在一起的模型，指出若想实现若干个独立的政策目标，至少需要相互独立的若干个有效的政策工具。这一理论被称为丁伯根法则。

从英国经济的问题上来看，主要存在两个问题：一是高通胀问题；二是经济衰退问题。这两个问题的独立性比较强。一般来说，在经济衰退期间，通货膨胀通常不是主要的原因，因为经济衰退会抑制消费，抑制通货膨胀。而从英国政府所采取的经济政策来看，英央行加息的紧缩性货币政策主要是抑制通货膨胀。然而"减税+能源补贴"的扩张性财政政策会对紧缩性的货币政策进行干扰，削减紧缩性货币政策的实施效果，政策之间存在较高的负相关性，彼此之间会相互削弱政策的作用，不利于实现既定的政策目标。

2）克鲁格曼三元悖论：美国经济学家保罗·克鲁格曼就开放经济下的政策选择问题提出了三元悖论，其含义是：本国货币政策的独立性、汇率的稳定性、资本的完全流动性不能同时实现，最多只能同时满足两个目标，而放弃另外一个目标。三元悖论原则是国际经济学中的一个著名论断。但是，该理论是高度抽象的，只考虑了极端的情况，即完全的货币政策独立、完全的固定汇率和完全的资本自由流动，并没有论及中间情况。在后续的理论发展过程中，学术界提出了二元悖论：无论是固定汇率还是浮动汇率，只要资本自由流动，货币政策就会受制于资本流动带来的汇率升值或贬值压力。

英国作为一个高度开放的经济体，其资本的流动性很高。而且英国采取的是浮动汇率制度中的单独浮动，英镑不与任何外国货币形成固定比价，其汇率根据外汇市场的供求状况实行浮动，所以英国放弃了汇率的稳定性。从三元悖论来看，英国政府具有货币政策的独立性，可以自由地使用货币政策，但从二元悖论来看，其实英国政府的货币政策还是或多或少受制于汇率的稳定性。例如，当英镑突发大幅贬值时，为了经济的稳定，英国央行也有可能下场干预。所以英央行的连续加息政策可能既有抑制国内通货膨胀的考虑，又有干预英镑贬值的打算。

从抑制国内通胀和干预英镑贬值两方面来说，加息 50 个基点可能效果较弱，达不成这两方面目标。但是如果加息的步伐大了，也会影响克沃滕想实现英国经济增长的目标，所以加息 50 个基点，更像是折中的方案，既有外部汇率稳定的考虑，又有兼顾国内经济增长的打算。

3）蒙代尔-弗莱明模型：蒙代尔-弗莱明模型其实是在四经济部门情况下的 IS-LM 曲线，再加上国际收支均衡函数的曲线去分析开放经济情况下，利率和汇率变动的情况，以及总产出（总收入）的变动情况。

在开放经济下的 IS 曲线，由四部门经济构成，分别为消费、投资、政府支出和净出口，表达式如下：

$$y=c\ (y)\ +i\ (r_w)\ +g+nx\ (e) \tag{7}$$

其中，c 为消费函数，i 为投资函数，r_w 为世界利率，g 为政府支出，$nx(e)$ 为以汇率为自变量的净出口函数。

在间接标价法下，$nx(e)$ 的表达式为：

$$nx(e)=a-\gamma y-ne\cdot\frac{p_d}{p_f} \tag{8}$$

其中，a 为自发净出口部分，γ 为边际进口倾向，y 为总收入，γy 表示居民在收入增加的情况下会增加多少的进口，e 为间接标价法下汇率，p_d 和 p_f 分别为本国的物价水平和外国的物价水平。可以看出，当实际汇率较大时，净出口下降，因为此时国外的产品会比较便宜，所以进口增加，出口减少，导致净出口下降。

在开放经济下的 LM 曲线，按照凯恩斯货币需求理论，货币的实际需求量由交易动机、谨慎动机和投机动机决定。其表达式如下：

$$\frac{M}{P}=L(r_w,y) \tag{9}$$

M 为名义货币供给量，P 为物价水平，$\frac{M}{P}$ 为实际货币供给量。

在开放经济下的国际收支均衡函数是由净出口函数和净资本流出函数所决定的，在国际收支均衡的情况下，nx(净出口) 和 CF(资本净流出) 是相等的。因为当一国有贸易盈余时，$nx>0$，贸易所得的外国货币会用来购买外国的资产，导致资本流出，而且应当等额；同样当一国有贸易逆差时，$nx<0$，逆差差额必定通过出售该国人所拥有的国外资产来筹资。

所以 BP 曲线(国际收支均衡曲线)为 $nx-CF=0$。在前面的假设中资本净流出是在资本可流动情况下，由两国利率差异所引起的，所以资本净流出的表达式如下：

$$CF=\sigma\cdot(r_w-r_d) \tag{10}$$

其中，σ 是资本流动程度，其值越大资本流动性越强，r_w 是世界利率，r_d 是本国利率。于是令 $nx(e)=CF$，便可求出 BP 曲线的表达式，如下：

$$r=r_w-\frac{a}{\sigma}+\frac{\gamma y}{\sigma}+\frac{ne}{\sigma}\cdot\frac{p_d}{p_f} \tag{11}$$

应用蒙代尔-弗莱明模型进行分析，由于 LM 曲线和 BP 曲线都是向右上方倾斜的曲线。所以分为以下两种情况：一是 LM 曲线的斜率大于 BP 曲线的斜率；二是 LM 曲线的斜率小于 BP 曲线的斜率(见图12)，之所以会出现这种情况是由资本流动程度 σ 决定的，当资本流动程度大时，BP 曲线斜率较小，LM 曲线斜率就会大于 BP 曲线的斜率。

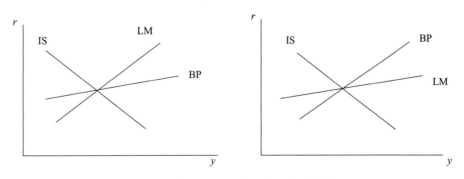

图11　蒙代尔-弗莱明模型的两类图像分析

　　蒙代尔-弗莱明模型的结论是：在固定汇率制度下，财政政策有效，货币政策无效，其中财政政策效果与国际资本流动程度有关，在其他条件不变时，国际资本流动利率弹性越高，财政政策越有效；在浮动汇率制度下，财政政策和货币政策均有效。但是财政政策的效果仍然会受到国际资本流动程度的影响，此时，国际资本流动程度越高，财政政策越差，在资本完全自由流动的情况下，财政政策无效。

　　英国实行的是单独浮动的浮动汇率制度，且国际资本流动性程度较强，但并非完全自由流动，所以LM曲线的斜率应当大于BP曲线的斜率。英国"减税+能源补贴"的财政政策会扩大政府的支出，导致IS曲线右移。此时国内利率高于世界利率，本币升值，导致净出口减少，IS曲线左移。同时本币升值，间接标价法下汇率e上升，导致BP曲线左移，最终IS-LM-BP会重新交于一点（见图12）。不过这个点的利率上升，且产出小幅增长，具体的效果随国际资本的流动程度的增加而减弱。英国前财政大臣克沃滕说过，减税政策的主要目标是在于刺激经济增长，从蒙代尔-弗莱明模型来看，由于英国的资本流动程度较高，英国的财政政策的效果较差，克沃滕想通过减税政策来刺激经济增长面临一定的难度。

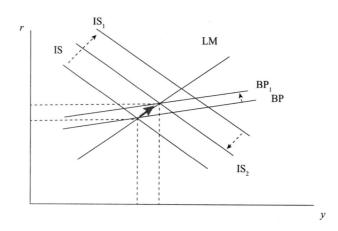

图 12　英国扩张性财政政策分析

　　英国加息的货币政策，会导致货币供应量减少，LM曲线左移，进而国内利率高于世界利率，本币升值，净出口减少，使IS曲线左移。本币升值导致间接汇率e减少，所以BP曲线左移，最终IS-LM-BP会重新交于一点（见图13）。此点利率水平上升，而且产出大幅减少。从蒙代尔-弗莱明模型来看，英国的加息政策可能会导致英国经济大幅衰退。

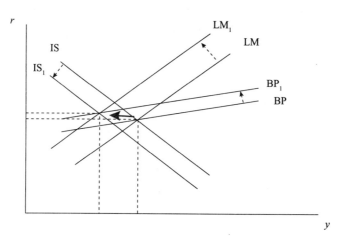

图 13　英国紧缩性货币政策分析

所以，对于英国的"减税+能源补贴+加息"政策，从蒙代尔-弗莱明模型的角度上来看，英国财政政策对于经济增长促进效果较低，而货币政策对于经济的抑制效果较强，很可能会引发英国经济的衰退，达不到克沃滕想实现英国经济增长的目标。

(4)英国是一个金融贸易大国，其国内经济的微小冲击都可能经由金融市场放大，然后对国内经济产生巨大的冲击。请你从金融加速器效应的角度，试分析英国金融市场对于英国经济问题的金融加速器效应。

答：金融加速器效应：所谓金融加速器，顾名思义，就是金融系统对于冲击的放大和加强作用。伯南克和格特勒认为，投资水平依赖于企业的资产负债表状况：较高的现金流量和资产净值对于投资有直接或间接的正面影响，直接的影响是因为它增加了内部融资的来源，间接的影响是因为它提供了更多的抵押品而减少外部融资成本。当企业遭受到经济中的正向冲击或负向冲击，其净值随之升高或降低时，经由信贷市场的作用会将这种冲击对经济的影响放大，因为外部融资成本是反经济周期变化的：在经济萧条时，企业资产负债表往往不好看，此时融资成本会上升，使经济加速萧条；在经济扩张时下降，企业的资产负债表较为稳健，融资成本下降，更容易使经济加快增长，但也有经济过热的风险。这种在经济周期中的加速效应，伯南克等称为金融加速器效应。

英国的能源危机和进口物价的上涨使企业的生产经营成本上升，企业必然要将上升的成本转嫁到消费者身上。如果企业的通货膨胀风险能一直转嫁成功，则企业可以收回资金继续生产。但消费者承受通货膨胀风险的能力是有限的。随着输入型通货膨胀愈演愈烈，企业的生产成本也越来越高，消费者的收入有限，所能消费的商品越来越少，注定会有一部分商品的销售状况不佳，导致企业资金回笼受阻。这部分企业要么倒闭，要么借款经营，但是外部融资的成本会因为企业的资产负债表恶化而上升，而且受到英央行加息的影响，银行的贷款利率也在上升(见图14)。

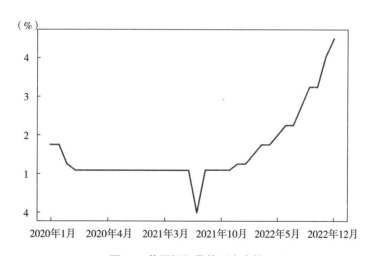

图 14　英国银行贷款利率走势

资料来源：Trading Economics。

事实上，由于图15的银行贷款利率只是最低的贷款利率而已，对于遭受通货膨胀冲击而资金短缺的企业，其借贷成本肯定远远高于最低贷款利率。根据金融加速器效应，经由信贷市场的放大作用，企业融资困难，引发企业倒闭潮，导致经济的进一步衰退，或者企业融到资金，但是无法偿还，导致风险在金融市场内部传播，有可能引发金融危机，使经济遭受更大的冲击。英国国家统计署(ONS)最新统计数据显示，2022年第二季度(3~6月)英国企业破产水平达到历史新高，3~6月的破产企业数量为5629家(见图15)，接近2009年全球经济危机的创纪录水平。

从GDP数据上看，英国从2021年6月直到2022年12月，GDP增长率持续走低，在2021年6月达

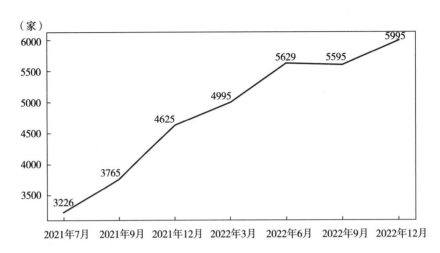

图15 英国破产企业数量

资料来源：Teading Economics。

到 22.2% 的增长率（见图 16），而此时也是英国本轮通货膨胀高涨的起点，随着英国国内经济的问题越来越严重，GDP 增长的速度放缓，其中不乏有金融加速器效应所起到的"助推"作用。

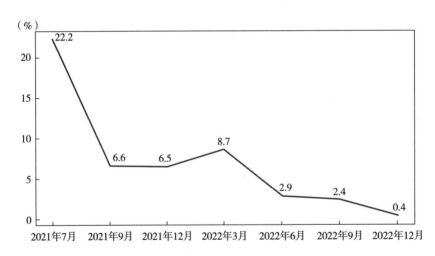

图16 英国 GDP 增长率走势

资料来源：Tradin Economics。

（5）英国此次"债股汇三杀"的直接原因在于特拉斯政府采取的经济政策，但本质上是投资者对英国可能爆发主权债务危机的担忧。此次英国的情况与 2009 年欧洲主权债务危机有何相似之处？此外，截至 2023 年 4 月，英国"债股汇"三市已经回归到近几年的正常水平，这是否说明英国已经摆脱了此轮的英债危机？

答：2008 年在美国爆发的次贷危机，在欧洲演变成了主权债务危机，其直接原因是欧洲各国庞大的财政赤字和公共债务。首先，第二次世界大战后，欧洲各国纷纷建立高福利的社会保障制度，包括儿童津贴、病假补助、医疗、教育、住房、养老保险、殡葬服务等包罗万象的社会福利制度。德国总理默克尔在多个场合反复提到几个数字：欧盟人口占世界 9%，国民生产总值占全球 25%，而福利开支却占世界 50%。但是经济发展速度远远低于社会福利水平的增长速度，高福利政策只好依靠巨额的财政赤字和公共债务来维持。其次，在 2008 年金融危机之后，为了挽救金融市场和实体经济，欧洲各国普遍采取扩张的货币政策和财政政策。然而，扩张性的政策致使各国公共债务水平不断攀升、财政赤字不断恶化。2009年，欧元区财政赤字占 GDP 的比重从 2008 年的 2% 攀升至 6.3%，政府债务占 GDP 的比重由 2008 年的 69.8% 上升为 79.2%。庞大的政府支出和债务压力，使欧洲多国出现国家主权债务超出自身清偿能力，导致无法偿还或者无法如期偿还债务。

从根源上来看，欧洲主权债务危机爆发的内在根源有两个：一是欧洲各国经济结构长期发展失衡：由于欧元区实行较低利率政策，希腊等国能够享受低廉借贷成本以维持经济增长，就不必靠着发展国内的制造业来扩大出口，赚取外汇。这样的借贷行为之下，这些国家的生产行为减弱，从而导致本国经济失去了"生产性"，经济发展虚浮，对抗风险的能力下降。二是欧盟经济体制存在的固有结构性缺陷：在欧元区内部，货币政策由欧洲中央银行统一实施，而财政政策由欧元区各成员国自由决定，分散的财政政策和统一的货币政策之间的矛盾是欧元区国家的制度性缺陷。当金融危机爆发时，欧洲各国只能依靠财政政策来调节国内经济，不可避免地会扩大财政支出，导致赤字率上升。

本次英国"债股汇三杀"爆发的直接原因，在于特拉斯政府所采取的经济政策，但本质上是投资者对英国可能爆发主权债务危机的担忧。首先，英国政府从新冠肺炎疫情开始时，就在大幅增加财政支出，赤字率快速上升，导致英国政府举债筹资，加重了英国政府的债务压力。其次，从国内经济结构上来看，也存在长期发展失衡的现象，英国很多重要的商品依靠进口，长期以来存在着工业弱、金融强的情况，导致国内经济脱离实体。从这两方面来看，英国目前的情况与 2009 年欧洲主权债务危机爆发的前兆如出一辙，投资者的担心不无道理。

在 2009 年欧洲主权债务危机爆发时，有些国家如德国、芬兰等，面对债务危机采用了开源节流的财政政策来应对危机，使这些国家能够快速摆脱危机。其中，开源的主要措施有发展高新技术产业、重视科技创新、增强国际竞争力等来扩大出口；节流是一方面通过促进就业来改善就业情况，另一方面通过改革福利和社会保障制度减少过高的福利支出。

英国"债股汇三杀"之后，特拉斯也在 2022 年 10 月 20 日宣布辞职，任职仅 45 天，接替上任的新首相苏纳克很明显吸取了经验教训，把开源节流作为首要的任务，极力削减政府支出和增加政府收入，使英国金融市场的投资者逐渐恢复信心，"债股汇"三市回归正常水平。从目前的状况来看，只要保持政策稳定，英国不太可能会重蹈覆辙，"债股汇三杀"的危机暂时解除了。

但是，目前英国国内的经济发展并没有明显的好转：通货膨胀没有明显的下降，仍旧保持在高位；GDP 增长率较低，经济并未出现明显增长，加之紧缩性的财政政策和货币政策，英国民众在可预见的一两年内会承受较大的经济压力，这可能加重英国经济的衰退。正如英国新任财政大臣亨特所言，每个人都要做出牺牲，英国人的好日子要到头了。

（6）请结合本案例，分析英国股市、债市和汇市三者的联动性及其传导机制。

答：1）利率—汇率的联动传导机制：在市场经济条件下，利率和汇率高度相关，二者相互制约，尤其是利率对汇率的影响十分明显，并共同对一国货币供应量和内外均衡形成影响。

利率对汇率的传导机制可从两方面展开：一是经常账户；二是资本账户。首先在经常账户方面，利率变化通过影响企业成本，进而影响出口，引起国际收支变化，最终影响汇率变动。例如，一国利率上升时，企业借贷成本增加，导致出口商品价格上升，竞争力下降，出口减少，带来经常账户逆差，使本币贬值。在资本账户方面，利率变化影响国际套利资本流动，引起国际收支变化，最终影响汇率变动。例如，一国利率上升，国际资本大量流入，资本账户顺差，使本币升值。

汇率对利率的传导机制也可以从经常账户和资本账户这两方面展开：一方面，从经常账户上，汇率变动会通过产品相对价格的变动影响到国际收支，最终影响利率。例如，本币贬值，出口商品相对价格下降，而进口商品相对价格上升，容易带来贸易顺差，使外汇储备增加，本币投放增大，最后导致利率下降。另一方面，从资本账户上，汇率变动会通过投资者对未来汇率变动的预期，而影响国际套利资本的走向，最终影响利率。例如，本币贬值，若投资者认为本币将进一步贬值，导致资本外逃，为使本币不过度贬值，央行在外汇市场进行公开市场业务，使国内货币减少，利率上升。若投资者认为本币贬值后会出现反弹，会导致国际套利资本流入，为了维持币值稳定，央行会购入外汇，投放本币，可能会导致利率下降（见图17）。

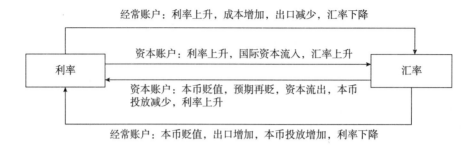

图17 利率—汇率传导机制

资料来源：笔者整理。

在经常账户上，英国在2021年12月开始加息，利率的上升促使企业的借贷成本增加，出口商品价格上升，导致竞争力下降，经常账户逆差进一步增加。2022年3月，英国经常账户逆差达到516.73亿英镑，相比2021年12月的逆差额73亿英镑，增加了400多亿英镑的逆差额，本币有贬值的压力。

表2 英国经常账户差额和资本账户差额　　　　　　　　　单位：（百万英镑）

时间	经常账户差额	资本账户差额
2021年12月	−7300	−774
2022年3月	−51673	−468
2022年6月	−33768	−536
2022年9月	−19402	−402
2022年12月	−2483	−1560

资料来源：前瞻数据库。

在资本账户上，利率上升带来资本流入，2022年3月、6月和9月的资本账户逆差相比2021年较小。不过第四季度，由于英国"债股汇三杀"的影响，导致资本流出大增，但是资本账户的逆差额相比经常账户少很多，所以资本账户的影响不大。

由于英国国内的高通胀问题，英央行采取了加息的货币政策，导致汇率的变动，无法自发地调节利率，但是英镑贬值也会通过汇率—利率渠道来影响英国的经济：英镑贬值带来出口增加，经常账户收支得到改善，自2022年3月之后，英国经常账户逆差在逐渐缩小。资本账户上，由于英镑有强烈的贬值预期，加之国内通货膨胀严峻，英央行不断调高基准利率，防止资本过度流出，但是由于9月下旬遭遇了"债股汇三杀"事件，导致资本大量外逃，使资本账户逆差成倍扩大。

2）利率—股价联动传导机制。在利率和股价之间关联的理论研究中，比较著名的有 M. J. Gordon（1967）的研究结果：$P_0 = D_1 / (k-g)$。该结果认为股票的价格 P_0 等于股息 D_1 的净现值。其中 $k-g$ 即贴现率，k 就相当于利率，g 为股息增长率。在该公式中，利率和股票价格之间存在着负相关关系。

利率对股价的影响主要通过以下三个渠道：第一，利率—成本渠道：银行改变借贷利率时会影响企业的融资成本，例如，利率上升，企业利润减少，股价下跌。第二，利率—投资渠道：利率的改变会影响市场中投资者的投资意愿，当利率下降时，投资意愿增加，社会整体需求增加，产出增加，经济增长导致股价上升。第三，利率—消费渠道。当利率改变时，会影响居民的消费行为。例如，利率下降，人们会增加当期的消费，而减少储蓄的意愿，消费的提高有助于经济增长，从而刺激股价上涨。

股价对利率的传导机制主要有三个解释：第一，信用传导机制。当企业的股价越高，则其市场价值越高时，企业的评级往往也越高，从而企业贷款时的利率就越低，扩大了企业的融资规模。当企业将资金投向实体项目时，会拉动经济增长，短期利率可能下降，但是当资产价格泡沫严重时，央行可能会采取货币紧缩来抑制经济过热，导致利率上升。第二，消费传导机制。根据莫迪利安尼的财富效应理论，消费者的支出取决于其一生的财富，包括人力资本、真实资本和金融财富。其中金融财富的主要形式是普通股票。当股票价格上涨时，消费者会增加消费，促进经济增长，短期利率可能下降，但是当经济过热时，货币当局可能会采取紧缩性货币的政策，导致利率上升。第三，投资传导机制。根据托宾的 Q 理论，当 Q>1 时，企业的市场价值高于其重置成本，企业发行较少的股票而买到较多的投资品，投资支出便会增加，短期利率可能下降，当投资规模持续上升会造成投资需求过剩，政府会实施紧缩性货币政策来抑制投资，导致利率上升（见图 18）。

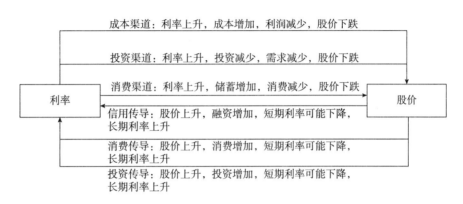

图 18　利率—股价传导机制

资料来源：笔者整理。

英央行的加息政策，从利率—成本渠道而言，企业经营成本上升，利润便会下降，更有甚至直接破产，英国 2022 年企业破产数量已刷新高，股价也难免会下跌；从利率—投资渠道而言，通货膨胀限制了居民购买力，利率上升提高了投资成本，导致投资减少，利润下降，进而导致股价下跌；从利率—消费渠道而言，利率增加，居民会更愿意储蓄而减少当前消费，导致企业利润下降，股价下跌。

利率的上升导致了股市的下跌，股市的下跌本应该促进利率的下跌，奈何英国的通货膨胀太过顽固，至今没有出现明显的拐点，在通货膨胀下降之前，英国应会继续保持高利率，这将会进一步对股价产生抑制效果。

3）汇率—股价联动传导机制。关于汇率与股价之间的关系，已有两种成熟的理论模型，即流量导向模型和股票导向模型。前者强调经常项目或贸易平衡，认为存在着由汇率到股价的关系，这种分析主要着眼于企业微观层面；而后者强调资本与金融项目是动态汇率的主要决定因素，认为存在着由股价到汇率的关系，这种分析主要着眼于国内外宏观层面。

流量导向模型主要从两方面描述汇率对股价的影响：一是汇率—资产与负债渠道，基于公司的资产负债表进行分析，本币升值会减少以外币标价的负债，有利于公司利润的增加，股价有上升趋势，但本币升值也会使公司以外币标价的资产减少，股价有下跌的趋势，而至于股价是上升还是下跌，则要看公司外币标价的负债与资产的对比。二是汇率—进出口渠道，本币汇率的变动会影响公司进出口业务，对出口导向的公司来说，本币升值会导致公司的国际竞争力下降，商品相对价格上升，出口减少，进一步引起股价下跌，而对进口导向公司来说，本币升值会使原材料进口成本降低，进而利于股价上升。因此对于不同的公司而言，汇率的影响也是不一样的。

存量导向模型的主要理论是资产组合平衡理论。该理论认为，当本国股价上升时，投资者卖出国外资产，回笼本币投资于本国股市，由此本国货币需求量增加，本币升值；如果本国股价下跌，投资者会卖出本国资产，取得外汇，导致本币贬值（见图19）。

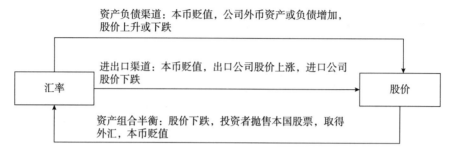

图19 汇率—股价传导机制

资料来源：笔者整理。

从存量导向模型来看，英国的股市影响着汇市的走势。在英国"债股汇三杀"时期，股市大幅走低，遭遇大量资本抛售，并流出英国，导致对外汇的需求量增大，英镑进而贬值，对英镑汇率造成冲击。

英镑贬值又反过来刺激投资者为避免汇率风险而抛售股票快速离场，导致股市进一步走低。而且从流量导向模型来看，英镑汇率的走低可能对英国国内的企业产生冲击，投资者预期企业利润下降，便纷纷抛售股票，又导致了股价进一步下跌。

五、关键要点

本案例分析的关键在于从英国内外经济环境的角度切入，掌握英国上演"债股汇三杀"时面临的内外部经济状况，并能结合相关的理论分析英债危机爆发的内因和外因，能够通过相关的经济指标分析"债股汇三杀"爆发的过程和演变，最后结合事件的结果，得到一定的启示。

教学的关键要点如下：

（1）了解英国"债股汇三杀"爆发的内外经济环境，重点探究英国的国内经济在近几年的发展情况，如何为本次英债危机埋下祸根。

（2）了解特拉斯政府采取的政策，探究特拉斯政府的政策中存在什么问题，才使本次危机爆发。

（3）了解英国"债股汇三杀"事件的经过与演变，清楚特拉斯政府如何挽救失败的政策，以及该"债股汇三杀"给英国的经济造成了什么影响，能给其他全球主要经济体带来什么启示。

六、建议课堂计划

本案例可用于专门讨论课。如下是按照时间进度提供的堂计划建议，仅供参考。

（一）课堂计划

整个案例课堂时间控制在90~110分钟。

（二）课前规划

在课堂讨论本案例之前，要求学生至少阅读一遍案例全文，并对启发思考题进行初步的思考。将同学按情况进行分组。

(三)课中计划

(1)简要的课堂前言，明确三个主题"英国面临的内外经济环境""特拉斯出台的相关政策"和"'债股汇三杀'的经过和演变"(5~10分钟)。

(2)告知要求后，令学生分组讨论案例的启发思考题(30分钟)。

(3)小组发言(根据班级学生人数分成若干组，每组3~5人，选择部分组发言，每组发言15分钟，总体控制在50分钟内)。

(4)引导全班进一步讨论小组发言中没有涉及的内容，以及各组存在分歧的内容，并进行归纳总结，梳理案例中涉及的关键要点(15~20分钟)。

(四)课后计划

请同学们继续关注英国政府相关的政策，关注英国"债股汇"三市的走势，通过浏览新闻和查看文献等方式，继续了解关于英国"债股汇三杀"相关的资料。采用报告形式进一步分析，并要求各小组在期末提交一份案例分析报告，字数在3000~5000字。